甲斐良隆・宍戸栄徳・加藤進弘［編著］

関西学院大学出版会

心とお金を繋ぐ地域金融

甲斐良隆
宍戸栄徳
加藤進弘　編著

はじめに

　地域の様々なニーズを満たすように資金の循環がうまく行われなければ、地域経済や社会の健全な発展はない。地域金融と地域活動は車の両輪であり、地域金融の活性度は地域活動を映すバロメーターである。現状は、地域金融機関の資金が地元に還流しないため地域経済の資金循環が円滑に行なわれず、政府系金融機関が一部を補完している状況にある。資金需要がないため、あるいは資金流出した地域の経済パフォーマンスが悪いことが原因か、といえば必ずしもそれだけではない。むしろ、信用リスクを回避する地域金融機関側の資金運用問題が根底にあり、預貸率の減少は金融仲介機能の低下を表している。2003年に導入されたリレーションシップ・バンキング（地域密着型金融）は、地域に密着した地域金融機関が取引先との情報の非対称性を克服することにより、資金を有効に循環させて地域ビジネスの生育と成長を促し、地域活性化が実現することを目指してきた。

　一方、地域経済社会は過疎化の進行・地場産業の不振・少子高齢化の進展・生産年齢人口の減少・財政の悪化などの様々な課題を抱えている。このため21世紀初頭から前世紀の大規模集約型政治経済社会システムとは対極的な分散型政治経済社会システムを構築することが提唱されてきた。このような時代背景の中で、構造改革特区制度（2002年）や地域再生制度（2005年）が導入されマーケットメカニズムのもとに創業支援や経営革新といった自助努力を高める動きがはじまっているが、我が国における事業の開業率が廃業率を下回っているなど、未だパラダイム転換の調整局面にあるといえる。

　こうしたなか、まちづくり・新産業創出・福祉・環境・防災などの地域課題に対し、民間企業・大学・市民団体・NPO・自治体など地域内外の多様な主体が課題解決のため、積極的に参加・連携し「ソーシャル・キャピタル（社会関係資本）」を形成する動きが始まっている。これらの活動には、資金確保が不可欠であるが、通常の経済活動に比べて相対的に収益性が低く、資金調達（コミュニティ・ファイナンス）も容易ではない。そ

こで注目されるのは地域住民を中心とした寄付や出資により、価値観の共有や信頼といった要素と金融手法を組み合わせながら資金を確保しようとする新しい動きである。金融の基本であるリスクとリターンに加えて感情や心理の要素が取りこまれた、「寄付と投資の間」の資金供給が広がりを見せ始めており、いわば心とお金を繋ぐ地域金融やコミュニティ・ファイナンス作りが重要な課題となっている。

　我が国では、1997年〜98年の金融危機とそれに引き続く事業再生活動の一環として、法律・会計・税制の大変革がなされ、デットとエクイティの中間であるメザニン・ファイナンスやリスク転換のための証券化手法等様々なツールが開発されてきた。この結果、地域を取り巻くリスクの担い手は金融機関だけでなく機関投資家やファンド或いは志のある個人へと拡がっていった。しかし地域が持つヒト・モノ・自然・文化・伝統などの地域資源を活用して発展する地域の内発的ムーブメントは未だ単発的な状態に留まっており、資金循環を誘発するインセンティブの開発が求められている。

　今や地域経済は海外のグローバルな動きと切り離すことはできず、さまざまな面で直接的な影響を受けている。円高や生産拠点の海外シフトの問題にとどまらず、原油価格や原材料・穀物価格の変動性が増しており、その舵取りの巧拙が経営にインパクトを与える時代となった。最近はこれらの不確実性をヘッジするデリバティブや保険を地域企業が身近に利用するケースが見られるようになってきたが、未だ拡がりを見せるまでには到っていない。

　企業がリスクとリターンを自己責任で負いながら、競争を通じた効率化と健全な市場経済の構築に向けて、地域金融の更なる工夫と革新が必要とされているのである。

　本書では地域の担い手の視点に立って、地域金融の機能面と利用分野面の双方を広範にカバーしている。従って本書における「地域金融」は、融資や株式発行などの従来型の金融だけでなく、証券化などの市場型間接金融や保険・デリバティブを含めた地域ファイナンスの全般を対象とした。

　本書の構成は次の通りであるが、地域金融機関や証券会社・保険会社の

役職員だけでなく、事業会社や地方公共団体・NPO或いは地域活性化に取り組む研究者や学生の読書層に配慮し、地域金融の最先端について事例（ケース）を交えながら記述している。

　第1章「地域社会の課題」では、益々深刻になる地域の閉塞経済・農業問題・都市と地域の格差・繋がりが薄れる社会等、地域社会が抱える様々な課題を浮き彫りにする。

　第2章「寄付と投資の間」では、最近高まっている人々の社会貢献意識がコミュニティの資金作りに寄与しており、その理論的背景を「寄付と投資の間」として位置づけ論じている。「地域住民の郷土愛がお金の投資」として表れる県債の購入や環境定期預金、或いは「労働の投資」として表れる地域通貨など、市民感覚を具現化する地域金融の役割について説明する。

　第3章「企業経営（資金調達）」では、リスク変換によるクレジットの創造である証券化とキャッシュフローをベースとするクレジット創造であるプロジェクト・ファイナンスについて記述する。併せて近年登場してきた様々な信用補完方法を紹介しスワップやオプションなどによる資金調達のリスクヘッジについて概説する。

　第4章「企業経営（リスク管理）」では、天候と資産価格のリスクのヘッジ方法について論述したあと、事業継続計画（BCP）の策定と時間効果を用いたキャッシュフロー対策の重要性及び災害を対象とするリスクファイナンスについて概説する。

　第5章「企業経営（事業創出・再生）」では、デットとエクイティの中間にあるメザニン・ファイナンスの開発で事業創出・再生の双方の道が大きく拓かれたことを見ていく。商法をはじめ数々の法律・会計・税制面の大改正が行われたことで、ベンチャー企業や不振企業に対するリスク・マネー供給のツールが整ったことを記述する。併せてM&Aや事業承継などの事業再編に関わる資金調達についても解説する。

　第6章「農業振興」では、農業金融の現状と新しいアグリ金融の取り組みについて概観した後、自然条件に左右される農業経営のリスクヘッジについて記述する。また我が国農業の近代化にむけた各種取り組みとその

ファイナンスについても触れる。

　第7章「環境保全」では、政府による規制に加えて各種の「環境金融」の組合せが環境保全に有効であることを説明する。そして地域の今後にとって欠かせない国内排出量取引と土壌汚染のファイナンスについてやや掘り下げた解説を行った。

　第8章「コミュニティ経営」では、先ず持続可能な地域経済作りを目指すPFI／PPPやインフラファンド及び社会投資ファンドについて概観すると共に、自治体の財政を金融として捉えるパブリック・ファイナンスの重要性を考える。そしてソーシャル・キャピタルの担い手や地域プロデューサーの金融面での支援について記述したあと、ご当地ファンド・市民出資ファンド・地域通貨・マイクロファイナンスなどの取り組みや課題について説明する。

　第9章「産学官の連携」では、地域企業のビジネス・マッチングやM&A或いはベンチャーの育成や産業クラスター支援策として、産学官の連携の重要性と金融機関の役割をクローズアップする。そしてPFIや地域再生ファンド或いは事業承継ファンドにおいて民間のリスク・マネーを活かすためには、官が果たす梃子の役割が重要であることを見ていく。

　第10章「金融機関の役割」では地域金融機関におけるリレーションシップ・バンキング導入の経緯やその意義について概観したあと、金融仲介機能の再構築に向けた取り組みについて記述する。

　本書は関西学院大学経営戦略研究科と香川大学地域マネジメント研究科の共同プロジェクトである「地域マネジメントを担う金融人材の育成――地域産業の国際競争力強化に向けて」（平成20年度　専門職大学院における高度専門職業人養成教育推進プログラム）の一環として企画され、関係者により分担執筆された。両大学は、地域性（関西、四国）、設置形態（私立、国立）、バックにする産業特性（もの作り、商業流通）を異にしており、取り上げられたケースは我が国のどの地域でもモデルとしての役割を果たせるであろう。折しも本書の脱稿時に東日本大震災が発生したが、震災からの復興に向けた震災ファイナンス設計の一助に本書の内容が役立つことも期待している。

本書の執筆に当たっては多くの方々のお世話になった。各章で採り上げたケースの取材の際、積極的にご協力賜わった企業や団体をはじめ自治体や研究機関等の皆様に厚く御礼申し上げたい。また、大阪府中小企業信用保証協会、財団法人ひょうご産業活性化センター、香川県庁、香川県商工会議所連合会からはプロジェクトの推進面で多大な協力をいただいた。
　最後になるが、本書の刊行にあたり関西学院大学出版会統括マネージャーの田中直哉氏、戸坂美果氏の暖かい励ましに心から感謝申し上げる。

　2011年7月

甲斐良隆

目　次

はじめに……………………………………………………………… 3

第1章
地域社会の課題……………………………………………… 17

1　地域を包み込む閉塞経済………………………………… 17
　　（1）成熟経済のジレンマ
　　（2）厳しい地場産業
　　（3）地域資源の活用
2　農業問題…………………………………………………… 19
　　（1）農業政策の挫折
　　（2）新しいビジネスモデルの芽生え
3　都市と地域の格差………………………………………… 21
　　（1）少子高齢化と企業立地の変化
　　（2）合成の誤謬からの脱却
4　繋がりが薄れる社会……………………………………… 24
　　（1）技術と文化の継承
　　（2）行政の限界
　　（3）つながり力の再構築

第2章
寄付と投資の間……………………………………………… 27

1　寄付と投資の間…………………………………………… 27
　　（1）「かんじょう」の動物
　　（2）高い社会貢献意識
2　コミュニティ創造の資金作り…………………………… 30
　　（1）コミュニティのニーズ

　　　　(2) 芽生えるソーシャルファイナンス
　　3　資金だけでない金融の役割……………………………………… 32
　　　　(1)「お足」の役割
　　　　(2) 金融の知恵
　　4　団塊の世代の再登場…………………………………………… 35
　　　　(1) コミュニティ経営の担い手
　　　　(2) 地域金融の役割
ケース1　不動産証券化（京町家）……………………………………… 37
ケース2　市民風車（NPO法人北海道グリーンファンド）…………… 45

第3章
企業経営（資金調達）……………………………………… 53

　　1　資金調達の多様化……………………………………………… 53
　　　　(1) 金融構造の変化と新しいリスクの担い手
　　　　(2) 知的資産評価融資の地域金融における役割
　　2　リスク変換によるクレジットの創造………………………… 57
　　　　(1) 資産流動化
　　　　(2) リスクの切り分け
　　　　(3) ポートフォリオのリスク分散効果
　　　　(4) 資産流動化の進化に向けて
　　3　キャッシュフローをベースとする資金調達………………… 61
　　　　(1) ノンリコース・ローン
　　　　(2) プロジェクト・ファイナンスのリスクの分担
　　4　信用補完方法の多様化………………………………………… 62
　　　　(1) ABL（Asset Backed Lending；動産・債権担保融資）
　　　　(2) 知的財産担保融資
　　　　(3) 保証の創出による信用補完の例
　　5　資金調達リスクのヘッジ……………………………………… 69
　　　　(1) 金利先渡し
　　　　(2) 金利スワップ
　　　　(3) 金利オプション
ケース3　自治体CLO（千葉県）………………………………………… 75
ケース4　コミュニティ・クレジット（神戸コミュニティ・クレジット）…… 84

第4章 企業経営（リスク管理） …………………………………… 91

1 企業経営とリスク管理 …………………………………… 91
2 天候リスク管理 …………………………………………… 92
　（1）天候と企業収益
　（2）天候リスクのコントロール
　（3）天候デリバティブのマーケット
　（4）価格付けと課題
3 資源価格ヘッジ …………………………………………… 96
　（1）コモディティ価格の変動リスク
　（2）多様なリスク・ヘッジ方法
　（3）コモディティ市場の現状と課題
4 事業継続管理（BCM）とリスクファイナンス ………… 104
　（1）災害大国で求められるBCM
　（2）BCP策定のインセンティブ
　（3）時間軸によるキャッシュフロー対策
　（4）災害を対象としたリスクファイナンス
　（5）BCMに関わるリスクファイナンスの課題
ケース5　天候デリバティブ（西部ガスエネルギー㈱、西部ガス㈱）… 113
ケース6　商品価格リスク・ヘッジ（㈱白清舎） ………………… 120
ケース7　BCPと災害発動型保証予約システム（㈱クリアテック）… 129
ケース8　BCPと地震デリバティブ（中京フロン㈱） …………… 134

第5章 企業経営（事業創出・再生） …………………………… 139

1 リスク・マネーの供給 …………………………………… 139
　（1）メザニン・ファイナンスの活用
　（2）エクイティ・ファイナンスと種類株式
　（3）リスク・マネーの担い手
2 事業創出 …………………………………………………… 142
　（1）ベンチャー企業の成長段階に応じた資金調達手段
　（2）種類株式を利用したベンチャー・キャピタルによる資金調達
　（3）新株予約権付融資

　　　　（4）知的財産権信託
　　3　事業再生 …………………………………………………… 146
　　　　（1）事業再生のインフラ整備とリスク・マネー
　　　　（2）債務の株式化（DES）
　　　　（3）債務の劣後化（DDS）
　　　　（4）法的整理申立て後の運転資金供給（DIPファイナンス）
　　　　（5）事業再生ファンド
　　4　事業再編 …………………………………………………… 153
　　　　（1）M&Aの資金調達
　　　　（2）事業承継の資金調達
　　ケース9　ベンチャー・ファンド（百十四ベンチャー・ファンド）……… 158
　　ケース10　事業再生（㈱くつろぎ宿　東山温泉）………………… 163

第6章
農業振興 ……………………………………………………………… 171

　　1　農業金融の現状 ……………………………………………… 171
　　　　（1）日本公庫と農協による金融
　　　　（2）担い手の支援と農地法の改正
　　　　（3）競争促進策
　　2　新しいアグリ金融の模索 …………………………………… 174
　　　　（1）CDSを活用した信用補完
　　　　（2）農業信用保証保険制度の活用
　　　　（3）農業ABL
　　　　（4）アグリファンド
　　　　（5）新品種の育成者権信託
　　3　農業のリスク・ヘッジ ……………………………………… 179
　　　　（1）農業共済制度
　　　　（2）パンデミックリスクへの対応
　　　　（3）デリバティブや保険のニーズ
　　4　農業の産業化とファイナンス ……………………………… 182
　　　　（1）農商工連携
　　　　（2）バイオマスの活用
　　　　（3）生物多様性の取り組み
　　ケース11　アグリクラスター（鹿児島銀行アグリクラスター推進室）… 188

第7章
環境保全 ………………………………………………………… 195

- 1 環境保全と環境金融 …………………………………… 195
  - (1) 環境保全に有効な環境金融
  - (2) 環境債務と環境金融
- 2 様々な環境金融の手法 ………………………………… 196
  - (1) エコ融資
  - (2) エコ預金
  - (3) エコ保険
  - (4) エコファンド
- 3 国内排出量取引 ………………………………………… 200
  - (1) 低炭素化へ向けた国内の取り組み
  - (2) 国内制度の各種クレジット
  - (3) 排出量取引の動向
- 4 土壌汚染のファイナンス ……………………………… 208
  - (1) 土壌汚染問題
  - (2) 環境債務の移転
  - (3) 難しい環境保険の引き受け
  - (4) リスク・シェアリングによるリスク移転方式
- ケース12 水質改善定期預金（大和信用金庫）……………… 217
- ケース13 国内クレジット制度（山梨罐詰㈱と静岡ガス㈱の共同事業）
  - 〈参考例　Ａ オフセット・クレジット、Ｂ 排出権信託〉…… 224
- ケース14 土壌汚染の環境債務移転事業（㈱フィールド・パートナーズ）232

第8章
コミュニティ経営 ……………………………………………… 241

- 1 コミュニティの活性化 ………………………………… 241
  - (1) コミュニティ活性化とPPPの役割
  - (2) 地域経済の持続可能性──インフラファンド、社会投資ファンド
  - (3) パブリック・ファイナンス
- 2 地域力の向上 …………………………………………… 246
  - (1) ソーシャル・キャピタルの役割
  - (2) ソーシャル・キャピタル担い手の支援

　　　　　(3) 地域プロデューサーの支援
　　3　コミュニティ・ファイナンス……………………………………250
　　　　　(1) ご当地ファンド
　　　　　(2) 市民出資ファンド
　　　　　(3) 地域通貨
　　　　　(4) マイクロファイナンス
　　　　　(5) コミュニティ・ファイナンスの課題
　　ケース15　地域通貨（おうみ草津）………………………………261

第9章
産学官の連携……………………………………………………267

　　1　情報のハブ化………………………………………………………267
　　　　　(1) つながり力
　　　　　(2) ビジネス・マッチング
　　　　　(3) M&A
　　2　「学」との連携 ……………………………………………………271
　　　　　(1)「産学官+金」連携
　　　　　(2) 産業クラスター
　　3　官民連携……………………………………………………………275
　　　　　(1)「民」の活用―― PFI
　　　　　(2)「官」によるリスク・マネーのサポート
　　ケース16　産学官ファンド（コラボ産学官）……………………280

第10章
金融機関の役割…………………………………………………287

　　1　地域金融機関の現状………………………………………………287
　　2　リレバンの経緯……………………………………………………288
　　3　資金提供から経営相談まで………………………………………290
　　4　金融仲介機能の発揮………………………………………………291
　　　　　(1) 情報の非対称性
　　　　　(2) リスク分散とリスク低減
　　　　　(3) 地域金融のプラットフォーム
　　　　　(4) 地域における金融仲介機能の再構築

索　引……………………………………………………… 296

〈執筆者〉

はじめに、第1章、第2章、第10章	甲斐良隆
第3章～第9章	加藤進弘
ケース1、16	宍戸栄徳
ケース2、4	菅原俊子
ケース3	田中　豊
ケース5～8、13、14	加藤進弘
ケース9、10	本多八潮
ケース11	村田淳一
ケース12	新　元秀
ケース15	甲斐良隆

〈執筆者紹介〉

新　元秀	大和信用金庫　総合企画部副部長
甲斐良隆	関西学院大学　経営戦略研究科教授・研究科長
加藤進弘	関西学院大学災害復興制度研究所フェロー
宍戸栄徳	香川大学　地域マネジメント研究科教授
菅原俊子	株式会社ハート・オーガナイゼーション　取締役
田中　豊	財団法人　自治体国際化協会ロンドン事務所　所長
本多八潮	香川大学　社会連携・知的財産センター客員教授
村田淳一	元　香川大学　地域マネジメント研究科

第1章 地域社会の課題

1 地域を包み込む閉塞経済

(1) 成熟経済のジレンマ

　サブプライムローン問題の発生とその後のリーマン・ショック（2008年9月）といった一連の金融危機が世界中の実体経済に大きな動揺を与えたのはまだ記憶に新しいところである。2010年ごろからようやく経済の回復機運が出てくるのだが、その回復過程で鮮明になってきたのがBRICS等の新興国の相対的地位向上とその裏返しに当たる先進国経済のもたつきである。欧米や日本経済は緊急避難的な金融機関への巨額支援やエコ減税を始めとした景気刺激策で一息ついてはいるが、一方では巨額支出による財政問題が浮上してきた。失業率の高止まり、高齢者の増加に加え、国家による多額の借金は前途の多難を思わせる。

　いわばわが国経済は未だ病み上がりの状態であり、アジアへの輸出が好調な一部業種は持ち直しているが、低調な国内消費を前に経営者は慎重なスタンスは崩していない。リストラは順調に進むのだが、雇用や設備投資の拡大といった前向きな政策には及び腰である。そのため若年者の失業、就職難はなかなか解消されない。ここにきて折からの円高により企業の生産機能の海外移転が再び加速しており、これがますます国内市場を冷え込ませる。悪循環をどこかで断ち切らねば、成長軌道への復帰は見えてこない。

(2) 厳しい地場産業

　特に閉塞経済の影響を強く受けているのが地方である。地域経済の活性度を表す代表的な指標に「県民総生産」がある。都道府県別のGDPのようなものであり、経済活動が生み出す付加価値の総和にあたる。東京都が飛びぬけて大きく、大阪府や神奈川、愛知県が上位グループである。一方、県民総生産が少ないのは東北や四国、九州である。しかし、繁栄か衰退を論じるなら問題にしなければならないのは、その大きさでなく成長率である。生産額を地域別に合計した表1-1が示すように、豊かな地域はより豊かに、貧しい地域はより貧しくなっていることが分かる。

表1-1　地域別総生産額

	2002年	2007年	伸び率
北海道・東北	62.2	60.7	-2.28%
関東	194.5	203.7	4.77%
中部	77.6	82.4	6.10%
近畿	79.6	81.3	2.16%
中国	28.9	29.9	3.50%
四国	14.0	13.5	-3.09%
九州	47.2	48.7	3.12%

　地方の都市で良く見られる現象なのだが、商店街の人影もまばらで夜の7時になると一斉にシャッターが閉められる。最近は昼間から閉めている店が目立ちシャッター通りと呼ばれる。アーケード等は綺麗に飾られていても肝心の人口が減少しており街全体の活気が失われつつある。

　商店街の様子は地域の衰退を表すシンボルであるが、並行して製造業をはじめ産業の競争力も落ちてきた。かつては、輸出企業の代名詞になっていた「地場産業」も昔日の面影がない。地場とは、特定製品の生産工場が集中している地域を指すもので、燕市の食器や鯖江のメガネ等が有名である。徹底した分業と柔構造の生産方式、人件費の安さが国際的な競争力を生み、高名なブランドとなって多くの海外ファンを魅了してきた。しかし、

継続的な円高や技術の移転を受けた新興国の攻勢によって次第に我が国地場産業のシェアは低下し始めた。ここにきて廃業する工場も目立ちだした。また、地方には、技術を生かして自動車、電機の大手企業の傘下で部品製造を担っている企業も多いが、これも親会社の海外進出で仕事を失う状況が散見される。地場産業は地域の雇用、消費への波及効果が大きく、その縮小が地域衰退に拍車をかけている。

(3) 地域資源の活用

このまま手をこまねいていてはやがて地域経済は消滅してしまう、といった危機感に背中を押され、官民共同で様々な振興策が進められだした。都会にない地方の強み、すなわち豊かな自然環境、農産物、伝統や文化、広大な土地、それらの魅力を前面に押し出した新商品、新事業の開発が始まった。一村一品運動、ふるさと農園等が該当する。もう1つは産業のクラスター化であり、工業、農業、流通業、観光業等を連携させることによって今までには作れなかった付加価値の高い商品を生み出そうとするものである。

2006年11月に三菱総研が行ったアンケートによると、増益傾向にある中小企業の特徴に「地域資源」を活用した差別化が挙がっていた。ここでの「地域資源」とは農林水産物や温泉、森林、海岸等の有形物だけでなく、文化や伝統、もてなし等の無形物をも含んでいる。

2　農業問題

(1) 農業政策の挫折

農業問題も正念場である。関税が縮小され貿易が自由化される過程で競争力のない産業、企業は退出を余儀なくされる。まさに農業の歴史である。日本の農家1戸当たりの平均耕地面積は米国農家の1％に過ぎず、まともに価格競争できるレベルでない。大規模化しようにも耕地そのものが傾斜地であるか虫食い状態で機械化、集約化が困難である。

これまでの農業政策は零細農家を保護することを優先してきた。高い関税、減反政策、コメの買い取り制度等のほか、最低限の所得保障といった後ろ向きの政策に偏っていた。少ない収入を補うため、兼業しながら細々と農業を行うのがやっとで、いったん台風の大被害に見舞われ後継者が都会に出ていくと、それさえも途絶えてしまう。農地のままで売却するのは価格面で不利なので、用途変更のチャンスが来るまで保有し続ける農家が多いこともあり、年々耕作放棄地が拡大し全国で40万ヘクタールに達した。その結果、食料自給率は先進国で最低の40％に落ち込んだ。

　農家の金融面を支えてきたのが農協である。農家にとって、農具、農薬の手配から貯蓄、自宅の住宅ローン融資まで、生活の隅々まで面倒を見てくれる農協は頼りがいある存在だ。戦後から今日まで、農家の生活安定、農業の近代化における農協の貢献は極めて大きかった。農家は流通や販売先の動向を気にせず黙々と「作る」ことに専念すれば良かった。その反面、ブランド戦略や価格政策という、通常の企業なら持ち合わせている能力や知恵が育つことはなかったし、必要性もさほど感じなかった。このような護送船団方式のもとではビジネスモデルを革新しようとする発想が出てこないものである。

(2) 新しいビジネスモデルの芽生え

　2000年の農地法改正で農業生産「法人」が認められ、農業に企業経営的手法を導入する道が開けた。当初、法人化の歩みはゆっくりしたものであったが、2005年以降、農業生産法人は急増し始めた。最近では、農協の力を借りずに自主経営を目指す生産法人も目立つ。融資は地域の金融機関から受ける、販路は自ら開拓し消費地と直接結びつく、オリジナルなブランドを育成する、そんな施策を進める集団である。

　農業経営における新たなビジネスモデルとして、アグリクラスターが全国各地で推進されだした。アグリクラスターとは、地域特性を活かし、農業（川上）、食品加工業（川中）を中心とし、川下である流通、更に関連産業まで含めた商流に係る産業群のことで、地元の金融機関がその育成と拡大を支援する。これは農業を出発点とし工業、商業を巻き込んでいくプ

ロセスであるが、最近逆向きの流れも活発化してきた。流通業や外食業から農業への参入である。セブン＆アイ、ワタミ等がその代表であり、大きな資本力を活用し大規模農地で大量生産し、仕入れ価格の安定化、低コスト化および品質の均一性で優位に立とうとするものである。「作ったものを食べる」から「食べるものを作る」へと変わりつつある。

　また、消費者の「食の安全性」に対する関心が高まるにつれ、流通経路を明らかにする、つまり、農地と消費地をつなぐトレイサビリティが付加価値を持つに至った。農家は生産物が何の用途に使われ、どこのスーパーに出荷されたかを知り、逆に、消費者はどの地区でいつ作られた生産物かを知ることになる。この追跡を可能にするには、商品へのバーコード張り付け等を含めた一貫したIT管理が必要である。コストはかかるがその分安全安心を消費者にもたらす。安全志向が広がるとともに多少価格が高くても消費者が進んで購入するようになる。

3　都市と地域の格差

(1) 少子高齢化と企業立地の変化

　2009年は日本の人口が減少し始めた年であり、いよいよ少子高齢化社会の時代を迎えた。65歳以上の比率が22.7％ということは、ほぼ若者3人が老人一人を扶養することを意味する。現役の働き手にかかる重荷はかつてないほど過酷なものになる。

　人口そのものの減少と高齢化はどの地域にも少なからぬ影響を与えるが、その大きさは地域により異なるであろう。都道府県別人口の動向が表すように、大都市への人口移動が止まないからである。表1-2は人口増加、減少の上位5都道府県である。沖縄を除くと上位5県は全て東京圏であり、下位5県には東北、山陰、四国が並ぶ。地方の学卒者が集団就職で大挙して都会に集まった高度成長期とは比べることはできないが、高齢化と人口減少が地方の衰退を早める。

　かつては大都市圏に本社や営業部門を構える一方、工場は地方に設置す

表1-2　都道府県別人口増加率ランキング（2009年）

1	沖縄県	0.45%		43	岩手県	▲0.87%
2	神奈川県	0.29%		44	高知県	▲0.9%
3	千葉県	0.28%		45	島根県	▲0.93%
4	埼玉県	0.24%		46	青森県	▲0.94%
5	東京都	0.23%		47	秋田県	▲1.1%

る、というのが一般的な企業戦略であった。しかし、円高の進展、新興国市場の台頭により、日本からの輸出でなく直接アジアに製造拠点を設ける企業ががぜん多くなりだした。今や、地方での工場立地は減少しつつある。また、液晶や太陽電池、半導体といった最先端の製品は国内といっても近畿の臨海地等の三大都市圏でも作られるようになっており、北海道や東北、九州の立地は以前に比べ少ない。立地件数の増加する県と減少する県に二極分化するとともに、地方が製造拠点であった時代は遠くなりつつある。

人口が減少し、そのうえ企業誘致がはかばかしくないので、地方では「仕事がない」「お金が回ってこない」「財政に余裕がなくリスク管理に投資できない」等の状況が日常化する。地元の金融機関は集めた預金の有力な貸出先がなく、勢い低利回りだが安全な投資先の国債や東京圏にお金が向かう、それがまた地方の景況を悪化させる。負のスパイラルがどんどん地域の問題を深刻化させる。このことは表1-3の預貸率と表1-4の1時間当たりの賃金に表れている。かつては政府が厚めの公共工事を地方で実施することにより実質的に地方への所得移転がなされてきたが、それも公共工事の削減で不可能になった。大都市と地方の格差を埋める有効な手立てが見つからない。

表1-3　都道府県別預貸率

1	東京都	1.32		43	三重県	0.56
2	大阪府	0.98		44	徳島県	0.55
3	福岡県	0.91		45	島根県	0.53
4	沖縄県	0.85		46	和歌山県	0.51
5	広島県	0.80		47	奈良県	0.48

表1-4　1時間当たり平均賃金（2009年）

東京都	791			鹿児島県	630
神奈川県	789			宮崎県	629
大阪府	762	（平均）	713	沖縄県	629
埼玉県	735			佐賀県	629
愛知県	732			長崎県	629

(2) 合成の誤謬からの脱却

　地方で企業経営を行おうとする立場からは、2つの問題に集約される。一つは新規事業に必要な資金が調達できないという問題である。十分な資産を保有している中小企業・ベンチャー企業は稀であり、一方、地方の地価は何年も値下がり傾向が続いており土地担保にも限界がある。もう一つは事業リスクの増加である。特に、製品ライフサイクルの短期化、原油・鉱物資源価格の乱高下、海外取引やインターネット取引等の増加はチャンスの一方、経営の不安定さをもたらす。経営者はこれらを的確にマネジメントする自信がないと、新事業の前で二の足を踏み、結局、従来のビジネスにとどまることになる。また、リスクの増加傾向は製造業だけでなく、農業、観光業にもあてはまる。近年の自然災害の多発、異常気象、伝染病によって経営が脅かされている。種々のリスクを克服し安全安心な社会を実現する妙手があるのだろうか。

　合成の誤謬が起こっている。都会への集中は地域の衰退や都会の環境悪化に拍車をかけることになる。個々の人々には合理的な行動かもしれないが、全体として皆が不幸になりかねない。自然環境の喪失、悪化に加え、若者が去った地域では伝統や文化が廃れ、都会の企業を退職して故郷に帰ろうとしても肝心の故郷が変わり果ててしまっている。一方、東京も2020年ごろから人口減少が予測されている。つまり、地方に起こっている問題は東京も含めた日本の問題の先取りにすぎない。地方での試みがうまくいかないとなるとわが国の将来もうまくいかないということだ。

4　繋がりが薄れる社会

(1) 技術と文化の継承

　経済問題のほかに、地域は多くの社会的課題を抱えている。若者世代の流出による人口減少と後継者不足、古くから地域に住む人々と新住民との断絶、河川や森林の荒廃による風水害、地震等の災害危険性、等々。これらの前では個人の力は小さく、行政の力のみでも解決は難しい。

　農村部においては人口減少で農業技術の継承が困難になっている。農業技術で本当に重要なのは一般論でなく、その地域でしか通用しない作付けや栽培法である。気候や地形が違えば最適な農法が異なるためだ。何十年、何百年と改良を重ねた先人の知恵が後継者不在により無に帰してしまうのは耐えられない。また製造業でも、地域や零細企業が育成してきた口承が困難なノウハウが廃業と共に失われる。職人の技術も後継者がいないとそれまでだ。

　とりわけ地域において待ったなしの解決を望まれているのが、地域の文化や伝統の保護である。伝統建築や文化芸能が廃れつつある。はるか遠い祖先から受け継がれてきたこれらのものは一度失われると二度とは戻ってこない。

(2) 行政の限界

　2009年の総務省調査によれば、世帯当たりの人数は平均2.4人でこれは戦後最低の水準である。核家族化が進み近くに身寄りがいなくなると、ちょっとした困り事でも気軽に相談する相手がいない。転勤族の場合はなおさらである。家庭の主婦に親しい友人ができるのは簡単でなく孤独感は人一倍強い。人のつながりが弱まる中、独居老人がなくなっても誰も気づかないといった事件も頻発している。便利で快適なマンションが密集する地方都市では、表面上は多くの人が肩を寄せ合って生きているようだが、その実、人とのつながりを感じられず悩んでいる人が増えている。

個人で解決するのが難しい住民の悩み事全てを行政が面倒見る余裕はない。行政側も財政難で十分な人手を確保できないし、そもそもこのような問題では官と民の間の線引きがはっきりせず一律のサービスに馴染まない。行政がなにがしかの支援を行なったうえで住民団体やNPOに任せた方が良い場合も多い。

(3) つながり力の再構築

助け合いには、個人の自助努力や行政サービスに加え、昔の大家族や近所付き合いを継承したような組織が必要である。いわば個人と行政の中間的な、町内会、自治会のようなものが目的別に作られるイメージである。行政がそのようなコミュニティへ権限と資金を移譲する方が効率的な場合も多いであろう。資金の提供が困難であれば、公民館やグランドの提供、専門家の紹介等の面で支援すればよい。

全国各地で手入れが行われない森林、棚田、休耕農地が年々増加、人間だけでなく野生動植物の生存を脅かしつつある。一方、環境を汚染しない電力や交通手段へのシフトも急務である。日本古来の里山は少なくなったが、嘆いているのは「帰りなんいざ、田園まさに荒れなんとす」と詠んだ陶淵明だけではあるまい。環境荒廃に心を痛め、地域の自然保全に力を尽くしたいと考えている住民は多い。人は年をとるほど故郷への思いが強まり、自分を育ててくれた地域に恩返ししたい、人の役に立ちたい、自分の経験能力を活用したいと思うだろう。特に、会社生活からリタイアした人にとってはそのような活動が新たな生きがいにもなる。

活動の主体、コミュニティが成功するための条件は何だろうか。加入義務のない緩やかなつながりである組織が成り立つには、まず透明性が高いこと、すなわち参加者の貢献度が具体的に見える形になっていることが必要である。また、年齢や出資金等の参加に対する障壁が低いこと、信頼のおけるリーダーの存在も欠かせない。リーダーは参加者と利害を共にする、行政とのパイプ役である。

以下、2007国民生活白書の記事を引用する。

「人は、自分や家族だけでは充足できないことや達成できないことにつ

いて、近隣に住む人との助け合いによって満たしてきた。同じ集落に住む人々が協力して田畑を耕し、水を利用し、収穫するといったことは、かつて我が国の中心産業であった農業を行う上では欠かせないことであった。また、冠婚葬祭の手伝いや急病人が出たときの世話など『万が一のとき』だけでなく、日用品の貸し借りや届け物を預かったりお裾分けしたりなどといった『日常のとき』も含めた隣近所との協力関係は、農村部だけでなく我が国の至る所で目にされた光景である。さらに、地域の人との協力関係は、仕事や生活の様々な面に及んでいたことから、個人が自ら主体的に選択できる余地の少ない『全面的つながり』の関係に置かれることが通常であった。」

　再び繋がりを取り戻す方策はあるのだろうか。

第2章
寄付と投資の間

1 寄付と投資の間

(1)「かんじょう」の動物

　人間は「かんじょう」の動物である。これには2つの意味があり、一つはそろばん「勘定」、つまり人が行動を起こす基準は収益性や経済性であるというもの。もう一つの意味は「感情」で経済性より自分の気持や満足感を優先するというもの。寄付行為はその典型である。
　ところで、この2面性は一見排反事象のようだが、実際は普通の人間なら両方を持ち合わせていて状況に応じて一方が顔を出すようである。本章で取り上げる京町家保存(ケース1参照)のために発行された証券や北海道グリーンファンド(ケース2参照)に投資する人の大半は、投資資金の収益より環境や文化に対する思いを優先させる人達である。感情と勘定の間をさまよい、時には苦しむのが人の常であろう。
　投資した預金や株式がどの位のリターンを生むかに関心を持つのは当然として、お金が何に投資されているか、つまり、資金の使い道にも関心を持つ人が増えている。資産バブルが膨らんだ1980年代はそうでなかった。国民総不動産屋といわれたように、土地をいかに活用するかより土地を保有してどう売り抜けるかが関心の的であった。株式市場の売買回転率は上昇、企業業績から乖離して上がるから買う、買うから上がるといった現象が市場を覆っていた。投資先に対する関心が薄く資産を増やしてくれるものなら何でもよいという風潮はバブル崩壊の時まで続いた。
　日本経済が低迷、資産市場の下落と雇用・老後等をはじめとした社会問

題の深刻化が投資先への関心を呼び起こしたのは皮肉な話である。自分の投資資金が放漫財政の補填に使われたり、環境を顧みず利益獲得に奔走する企業への資金供給になるのを良しとしない人達が増えてきたのである。投資先の事業が自ら描く理想社会の実現と整合的であろうか、環境破壊や健康被害に結びついていないだろうか、収益が乏しいのならせめて身近なものや子供の将来に使って欲しいと考える人々である。人類を救うような新薬開発に資金が注ぎ込まれているなら当面は利益を生まなくても仕方ないと思う。

　「投資家」が資金の行方に関心を強めると、資金の取り手である「事業家」にとっても、リターンの大きさだけでなく事業そのものの社会性をPRせざるを得なくなった。こうしてCSR（Corporate Social Responsibility）報告書を作成する企業が急増したのである。

(2) 高い社会貢献意識

　非営利の社会的課題を解決しようとする事業は概して収益性が低く資金の確保が困難である。社会事業であっても継続できるかどうかの鍵を握るのはやはり資金の安定的確保である。金銭面だけでは投資対象として成り立たず、そうかといって一般からの寄付だけで大きな資金を集めるのは困難である。そこに工夫が求められるのだが、多くの投資家から賛同を得るには彼らの「勘定」と「感情」の両面に訴えることが有効である。その意味ではソーシャルファイナンスの担い手は、営利企業が兼業するより「感情」を共有できる市民団体、NPO、協同組合、さらに信用金庫や信用組合の方が望ましい。というのは、信用金庫はもともと地域振興を相互扶助的に行う組織であり、他の地域への融資ができない等会員の利益が最優先されるからである。

　社会事業に投資資金が流れるには、若干の収益性に加え、投資家の強い社会貢献意識が不可欠であるが、これには追い風が吹いている。2007年に行われた内閣府調査「社会意識に関する世論調査」によると、日頃社会の一員として何か社会のために役立ちたいと思っている人の割合が65％に上っている。この数字は年によって多少の凸凹はあるがほぼ一貫して上

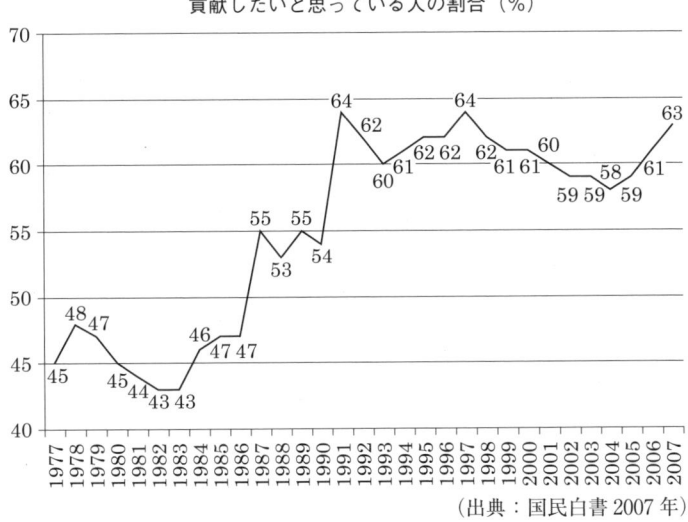

(出典：国民白書2007年)

図2-1　社会への貢献意識

昇している（図2-1）。

　この風潮が続く限り、経済的メリットだけで地域や将来世代への貢献が感じられない商品やサービスは徐々に廃れていくだろう。金融商品も然りで、金融とは表面はお金の流れであっても地域の産業を潤し世代交流に寄与する仕組みととらえるべきである。地域のニーズはまちまちである故地域金融もまちまちであり、「これが良い金融商品である」と画一的には示せない。地域の金融機関や行政の力を借りて現場自身が立ち上がりリーダーシップを発揮することが重要である。

　バブル崩壊、人口減少期の始まりを機に全国各地で社会的課題に対する金融の仕組み作りが行われるようになった。NPOバンク（預金でなく出資のため元本は保証されない）、市民バンク、コミュニティファンド（2004年地域再生推進のためのプログラムとして実施）、地域通貨、病院や学校に資金用途を限定した地方債、投資先を地元企業に絞ったご当地ファンド、商業地区再開発を目的としたREIT（不動産投資信託）等である。

　それらに共通しているのは資金用途を限定していること、用途に社会性

が強いことである。とはいえ基本的には投資行為なので投資家に成果を還元することも必要である。ただ配当は何もお金である必要はない。実際、地域の特産物、温泉入浴券、名所拝観料、施設の利用券等が投資の見返りとして還元されている。投資が持つ経済合理性と地域や将来世代に貢献したいという気持ちを表象しているところが成功のポイントである。

　（金融）商品購入に踏み切るには3つの価値観が影響していると言われる。経済的価値観、品質用途に対する価値観、および情緒的価値観である。情緒的価値観とは商品や生産企業に対する共鳴、心地よさである。次の例は売買価格には感情によるプラスアルファが含まれ、売買動機は3つの価値観に基づいていることを示している。

・「寄付をしてください」と言われるのには抵抗感があるが、実質的に寄付行為であると分かっていても「赤い羽根」だとついお金を出してしまう。
・環境保全分として通常より5％上乗せした電力料金に同意する。
・寄付付きの1枚60円の年賀はがきを購入する。
・1ピース（1人分）欠けたホールケーキがちょっとした話題になっている。顧客は欠けた分も含めて代金を払うのだがそれでも人気が出ている。その1ピース相当分は寄付金として途上国の食糧支援に使われる。

2　コミュニティ創造の資金作り

(1) コミュニティのニーズ

　急速に高齢化が進み、老人夫婦だけの少人数世帯が増加、また小さな子供を抱える夫婦共働きの家庭が多くなっている。それと裏返しに、三世代同居や濃密な近隣関係は珍しくなった。このような近年の激しい変化から様々な問題が発生している。病気になっても気づかれない独居老人、子育ての仕方に悩む若い母親等の増加である。また、若者の地方離れにより地

域文化や伝統の継承に赤信号がともる。個人の努力と従来型行政のフレームワークだけでは対応が難しく、社会のあり方を時代と共に見直すべきである。

　孤立する若夫婦やお年寄りの力には限界があり、そうかといって行政サービスでは痒い所に手が届かない。経験者や元気な者が弱者を助ける仕組みはかつて大家族や町内会が担ってきたものである。「こども手当」のような金銭面の補助だけでなく地域で子供を育てお年寄りの面倒をみるシステム、すなわちコミュニティの再建が待ったなしである。コミュニティはいわば家族と行政（県・市町村）の中間ゾーンであり、近隣の人が少しずつ時間を割き労力を提供しあうことで成り立つ。看護師の経験がある人や法律や危険物の取り扱いに詳しいお年寄りがいれば、その人達の知識を取り込むのも有用である。趣味、学問、スポーツ等どんな分野でもよい、貢献できる人に協力を願う。

　コミュニティの構成員は対等であり相互に労働や知恵を提供しあうので、高齢者は社会から一方的に助けられる存在でなくなる。また世代や男女の違い等のバラエティがマイナスでなくプラスとして働く。

(2) 芽生えるソーシャルファイナンス

　コミュニティの組織は参加の義務がない緩やかな集合でありいつでも離脱可能である。その分、参加者が恩恵を感じられるとともに組織やリーダーに対する信頼感がコミュニティを継続させるには必要である。また、諸費用を賄うキャッシュフローを安定的に確保することが何より重要である。行政サービスには税金という資金源が存在するのに対し、コミュニティの運営母体は強制的な資金徴収ができない。寄付や会費で賄えば良いが、規模の大きい事業の場合は持続的な資金源にはなりにくい。

　その場合の有力な調達手段は「投資ファンド」である。不動産証券の町家ファンドや地域通貨の例（ケース15参照）が示すように、投資家の勘定と感情の双方を満たす仕組みをファンドで実現するのである。現金だけでなく地域の特産品を配当にまわす、一口当たりの金額を小さくできる限り多くの人に参加してもらう等の工夫をこらし経済性と地域への貢献を

同時に満たすことで魅力を高められる。

　市民からの出資をもとに福祉や環境事業のNPOやコミュニティビジネスに融資を行うのがNPOバンクである。1件当たりの融資額は小さいが比較的低金利で無担保が原則である。金融機関以外では預金を取り扱うことが出来ないので市民からの預かり金は「出資金」という形になる（つまり、元本は保証されない）。わが国で最初に設立された未来バンク事業組合の場合、出資者数510名、一人当たりの出資金平均は約30万円であった。ほぼこれと同様の仕組みがマイクロクレジットである。農民や都市スラム住民などの貧困層に対して少額の資金を融資し経済的自立を図る仕組みであり、バングラデシュのグラミン銀行をはじめ貧しい途上国で普及している。

　また、2003年度から自治体等が行っていた公的施設の管理・運営業務を企業やNPOに代行させることが可能になった。いわゆる「指定管理者制度」と呼ばれるもので、今では全国に普及している。小泉内閣の「民でできるものは民で」の方針に沿った改革で、利用者の利便性向上、低料金化を目指すもので家族と行政のはざまを埋める仕組みと捉えることも可能であろう。

　そのほか、お金の使い道でなく収入面での改革も進んでいる。2008年度から始まった「ふるさと納税制度」とは地方自治体に寄付した金額が上限はあるもののほぼ全額税額控除される仕組みである。また、千葉県市川市はじめいくつかの自治体で1％支援制度を運営し始めた。これは納税者が納める市民税額の一部をボランティア団体やNPOなどに支給されるよう指定できる制度である。これらの仕組みを通じて納税に対する意欲を高めるとともに、市民活動や地域活動を活発にしようとするものである。

3　資金だけでない金融の役割

(1)「お足」の役割

　金融の最も重要な機能は資金の循環であるが、金融の役割はそれだけに

とどまらない。倒産の影に怯えることがない安全安心な企業経営、若者と老人が交流する街、伝統や文化を慈しみ育てる街、子どもがのびのびと育つ環境、これらを金融の仕組みによって実現しようといった試みが注目されている。これらは多分に心の問題であり、金融が与える冷徹なイメージとは相いれないと思われがちだ。しかし、少し視点を変えれば、ともに社会に循環してこそ価値が出るもので、ホットな心をクールなお金を通して社会で回せないかと考えてみよう。心とお金が相互に形を変え、変えながら社会で循環するのである。伝えたくてもなかなか伝わらない善意、その善意に足をつける、まさに金融とは「お足」の役割である。

繰り返しになるが、人が働き先を決定し投資先を選別する基準は金銭面だけでなくそこから得られる満足感である。満足感とは「人の役に立った」「環境に良いことをして気持ちが良かった」「安心して働けるのは何よりだ」「故郷が良くなっていくのはこの上なく嬉しい」という心の充足感である。金融とはお金を使ってこの気持ちを実現する、つまり心とお金を繋ぐ仕組みである。それだと寄付に頼ればよいと思う人がいるかもしれない。しかし、寄付だけでは安定的な運営が不可能であり、そもそも寄付者には事業への参画意識が芽生えない。受益者であること、事業への参画意識、少しの経済性、の3つがすべて盛り込まれることが事業成功のポイントなのである。

特に、非営利事業を安定、継続実施するのにお金と心を組み合わせる様々な工夫がなされている。郷土の振興に住民のお金を活かすためにご当地ファンドや県民債等が用いられる。地域通貨が仲を取り持つことで、お年寄りと若者が交流し、共同清掃や棚田保全が進む。そのほか、環境改善を達成すると金利が上乗せされる定期預金の売れ行きが好調である等、全国各地で金融を使った地域活性化の取り組みが展開されている。不動産担保に乏しいベンチャービジネスや農家にとって、知的資産や食材を担保にすることで事業が可能になる。実際、時価評価が難しく換金性に問題があるものの、特許の証券化やABL（Asset Based Lending）が増加してきた。

(2) 金融の知恵

　リスクへの備えも重要である。台風や地震等の自然災害の確率は小さいがひとたび発生すれば壊滅的な打撃を地域に与える。また大半の企業は天候不順に見舞われると売り上げが減少する。無論リスクは天災や自然現象にとどまらない。金利、為替、取引先倒産等、まさに工業から商業、農業まで経営とはリスクとの戦いである。対処すべきリスクと放置すべきリスクを峻別し、対処すべきリスクには多少のコストはかかるが保険やデリバティブを利用する。

　この10年間、保険・保証に加え膨大なデリバティブ関連商品が生み出された。金融工学の発展によって最も発展したのはリスク管理のツールと言われるほどである。クレジット・デリバティブを用いると債権を売却しなくても簡単に信用リスクを排除することが可能になるし、逆に信用リスクをとる代わりにプレミアム（報酬）を獲得することができる。

　あるアンケートによると、世の中全体で社会的貢献をしたいと思う人が60％に対し、実践している人は20％にすぎないと言われている。金融の仕組みを用いてそのギャップを埋めることが可能なのである。1991年に始まった国際ボランティア貯金が2004年には2741万件の加入件数に達した。また、赤い羽根共同募金が187億円の社会的事業への配分を実施した（2006年）例をあげるまでもなく、社会貢献をしたいと思っている人は多い。その篤志を直接事業に結びつけるのが金融の知恵である。金融市場の成長は著しく、今日ではGDPの約5倍の規模になっている。20年前は両者の大きさがほぼ等しいことを考えると、驚異的な成長ぶりである。シンジケートローン、不動産流動化、金銭債権流動化、ノンリコース・ローン等、金融技術は融資分野で特に飛躍的な発展を遂げた。しかし、その技術の応用はとどまることを知らない。お金の貸し借りだけでなく、排出権取引や不動産証券化のようにリスクを削減し環境や文化財を保護、農業振興にも役立っている。

4 団塊の世代の再登場

(1) コミュニティ経営の担い手

　今後社会的事業を進める上で、特に注目されるのは大量退職が始まった団塊の世代である。総勢600万人といわれ、これまでに蓄積された資産のストックがいずれ膨大な消費に転化される可能性がある。そのインパクトは経済面だけにとどまらない。団塊の世代は青年期に学園紛争を経験、社会への関心が強く、退職したあとも地域のために何か貢献したい、投資をするにも単純にお金儲けだけはいやだという気持ちの持ち主が多い。また、日本の高度成長を満喫した世代でもあり、投資や資産形成にも高い興味を示す。各種のアンケートや表2-1で明らかになったように、悠々自適の生活よりも社会との接点を持ち続けたい、近隣社会の振興や環境保護のために、労働や資金を提供してもよいと思う人の割合が高いのである。

　フィディリティ投信レポート（2006年）によれば、定年退職後の生活資金は自助努力で行うべきと考える人の割合は38％である。国や会社の年金に頼るべきだという55％に比べれば少ないが、年々増加の傾向にあ

表2-1　60歳代の社会への参画意識（希望の割合）

	正社員	短時間・嘱託勤務	ボランティア	無活動
61歳	42%	50%	9%	3%
62	41	51	9	3
63	36	53	10	4
64	29	56	12	5
65	27	54	15	7
66	5	39	27	21
67	5	38	28	22
68	4	34	27	25
69	4	31	27	27
70歳〜	3	26	26	34

る。首都圏にある人口の多い自治体にとっても、団塊世代とどう向き合うかが課題になっている。大学と提携、学習機会を提供し、成人式ならぬ熟年式を行う自治体もでてきた。

(2) 地域金融の役割

　社会が豊かになり、一定の収入が確保される目途がつくと、賃金を得るためだけの仕事に満足できなくなる。仕事に社会的意義、自己を成長させる仕事、人の巡りあいを求める。企業の経営もこのような従業員の欲求を満たせなくては結局企業の成長も危うくなる。この関係が断ち切られるのが退職である。これから人生の最後の時期を過ごすにあたり「生きる」ことを実感する機会を求める。自分の専門性の活用は生きてきた証しでもある。ゆえに「八王子のお助け隊」のようにほんのわずかあるいは対価なしで中小企業支援に奔走する人々が生まれている。そのような気持ちにこたえる社会の仕組みが必要である。

　それが地域への投資（お金）として表れると、ご当地ファンドや県債の購入、エコファンド、CSRファンド、環境定期預金であり、地域への投資（労働）として表れると清掃や棚田の保全を促す地域通貨である。そのような仕組み総体が地域金融であり、家族でもなく、会社人間でもなく、市民という感覚が現実のものになる。

ケース1　不動産証券化（京町家）

	有限責任中間法人 京都不動産投資顧問業協会
設立目的	京町家の保存と再生
メンバー	京都市内の不動産事業者13社
設立等	平成15年に設立され、証券化事業が成功裡に終了した平成22年に解散

京町家とは、平安時代に端を発して連綿と受け継がれ発展しながら戦前に建てられた、京都の市街地にある低層高密度な都市型木造住宅である。冬寒く、夏暑い、エアコンのききの悪い、燃えやすい、地震によく揺れる建物である。しかし、逆にいえば、日本の風土の特徴である四季を感じられる建物であり、建物の中にいても外の自然とゆるやかにつながった環境で生活ができる。本ケースは、文化を守ろうとする人々の意思が如何に証券化という仕組みによって結実していったか、その過程を検証しながら「寄付と投資の間」の実例として見ていくこととする。

1　京町屋証券化事業の背景

　京都の伝統的な職住併用型都市住宅である京町家が、「京町家ステイ」など伝統文化の見直しの中でブームとなっている。京町家は坪庭などから土・木などの感触、季節の移り変わりなどの自然を感じられるため、風情、伝統や歴史性といった京都の個性に直接触れることができるのが魅力である。しかし京町家の現実は厳しいものがある。京町家が老朽化し居住者が高齢化するのにともない、所有者や居住者の維持・修繕の負担が増加、多くの伝統的町家が除去されつつある。このため地元ではかねてより京町家の保存・再生ができないか模索が続いていた。

　このような中で、京町家を住宅でなく、店舗、飲食店等として賃貸することで投資案件として成立するのではないかと考えられだした。改築等のための投資資金を広く公募しテナント料で回収するスキーム、つまり不動産証券化の手法である。有限責任中間法人京都不動産投資顧問業協会（以下、「協会」と略称する）は、早くから不動産証券化に関心を持ち、京都

では初めてとなるワンルームアパートの証券化を実施していた。その経験を生かして、国土交通省の「地方都市の証券化促進に関する調査」プロジェクトのモデルケースとして京町家の証券化に取り組むこととなった。調査委員会の地元メンバーである「協会」、NPO法人京町家再生研究会、京都市、財団法人京都市景観「まちづくりセンター」の4者が「京町家証券化実施に向けての研究会」を結成し、不動産証券化による京町家の保全、活用事業を開始した。このような活動の経緯やスキーム作り・課題等は「京町家証券化事業報告書（2007/5）」（以下、「報告書」と略称する）として詳しくまとめられている。

2　証券化の検討と推移

　この研究会による最初の調査結果は「一般的な証券化手法では京町家の証券化は採算面で不可能である」というものであった。大都市での大規模開発と異なり京町家は賃料が低いため、証券化に当たっての固定費用の占める割合が高くなる等、経済性が疑問視された。また、京町家は第二次世界大戦前に建てられた既存不適格建築物（建築された当時は建築や防火の基準に適合していたが、建築後に行われた法改正や都市計画の変更などにより、現行の規定に適合しなくなった建築物）で、火災・地震等の自然災害の危険度が高く、維持管理費用も高額である。このように証券化の一般的なリスクに加えて京町家固有のリスクが問題となった。

　これらの困難を乗り越えるためにまず採られたことは、京町家の歴史的な意義や地域への貢献について広く市民にPRすることであった。これをきっかけに町家の再生・保全のための篤志的資金を調達することができれば、証券化のスタートが切れると考えたのである。そこで、次のような方針で取り組むこととなった。

① 　アレンジメントを全て自力でおこなう
② 　証券化に関連するプレイヤーを全て地元で整える
③ 　研究会構成4者による協力体制を維持する

④　広く市民・団体に周知し出資を募る
⑤　地元金融機関によるシンジケートローンの組成
⑥　第1、第2の優先劣後の仕組みを採り入れる
⑦　最低でも1億円以上の証券化規模とする

（「報告書」より筆者が抜粋編集）

　証券への出資者募集を行うと、京都市民だけでなく全国からも趣旨に賛同した多数の応募があり募集口数を大幅に上回る等、関係者の懸念を覆す結果となった。なかには大口の出資希望者もいたが、多数の人の参加を求めるといった方針により、一人あたりの出資口数の上限制限を設けることにした。こうして我が国ではじめて篤志家向けになされた京町家の証券化は最大の難関、投資家確保をクリアーし、その後、事業対象の3件の町家は店舗・飲食店として順調にキャッシュフローを生み始めた。そしてスタートから4年目の平成22年に、3物件は京町家として保存・活用を約束する篤志家に売却されるとともに、出資金の返還を終えて成功裡に証券化事業を終了した。また、推進母体であった「協会」も所期の使命を終え解散した。

3　証券化の概要

(1) スキーム

京町家証券化事業は「資産の流動化に関する法律」（平成10年法律第105号）に基づく特定目的会社のスキーム（図2-2）を採用した。なお期間は5年である。
①　地元京都の不動産業者13社で構成される有限責任中間法人京都不動産投資顧問業協会が発起人として特定出資を行い、アレンジャーとして京町家証券化特定目的会社（SPC）を設立。
②　協会のメンバーである（株）八清（ハチセ）が、取得していた町家3物件をSPCに9864万円で売却。

図2-2 スキーム

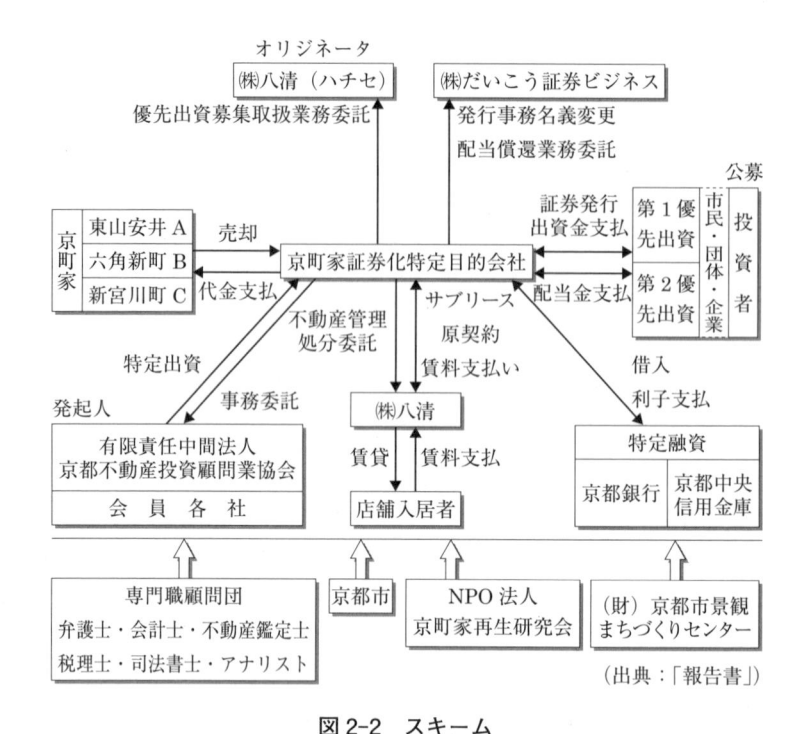

③ SPCは優先出資証券を発行して合計6500万円を調達すると共に、不足資金は複数の地元金融機関から計4000万円を借入。
④ SPCは（株）八清との間にサブリース原賃貸借契約を結び、（株）八清が転借人（町家のテナント）より受領した転賃料から発行会社に対し賃料を支払い。（この方式により、テナントからの賃料収入が入らなくなることによる事業リスクは相当程度軽減される。）

(2) 資金調達

京町家3軒の取得費用等105百万円に対し、優先出資65百万円、特定借入40百万円の資金調達を行った（上記③）。具体的には、優先出資は、元本割れのリスクの低い第一優先出資と、劣後する第二優先出資の二種類から成り、利益の配当、元本の償還、残余財産の分配について、前者は後

者に優先することとされた。第一優先出資の総額は5500万円（1口の額面10万円で550口）とし、配当の上限は3％、残余財産の分配は1口につき5000円を上限と設定。また、第二優先出資の総額は1000万円（1口の額面10万円で100口）とし、配当の上限は設けず、残余財産の分配は1口につき5000円とした。

特定借入については全京都によるバックアップということで、京都銀行と京都中央信用金庫からノンリコース型にて各2000万円の合計4000万円の調達とした。借入金元金の返済は本計画の業務の終了時に各々一括して元金全額の返済を行う。利息は固定金利にて年2.0％、特定資産の全てを共同担保として第1順位の抵当権が設定された。

(3) 配当基準

公募した第一優先出資証券の配当率の上限を3％と設定、第二優先出資証券の配当率等はそれを前提に決定した。第一優先出資証券配当率の上限3％を決めた理由として関係者のコメントを次に示す。

- 当時のリートや他の不動産関係の投資だと利回りが5〜6％で、地域貢献の事業でも半分ぐらいは必要ではないかと思ったこと（金利水準として3％なら融資が得られるレベルであること）。
- 5年後の定期預金の利息も想定し、出資者が経済的メリットを感じられること。
- 1人10万円のロットで、2.5％では利回りの絶対額のありがたみの感覚が減ること。
- 土地の値上がり予想があること。
- 先行の証券化事例から、ランニングコストがあまりかからないことが把握できていたこと。

（「報告書」より筆者が抜粋編集）

優先出資の利益配当に優先するものとしては、銀行からの特定借入の利息金の支払いがあり、発行会社は優先出資証券に対する元本の償還及び残

余財産の分配を保証していない。また、税金が免除となるように、配当可能利益の90％以上を優先出資の配当として毎期払い出すこととされている。

なお、事業リスクには、賃料変動や動産評価額の変動以外にも、地震などの天災地変・水火災等によって対象資産が滅失・毀損・劣化する危険性が考えられる。これらは特に町家では大きなリスクであり、大規模な修繕が必要になる場合には特定資産を修繕せずに売却し、計画を終了することがありえると明示された。

(4) 投資参加者

第一優先出資の申し込み状況を表2-2に示す。全国から想定を上回る申込があったが、なるべく多くの出資者を募るため大口出資を制限し20口を上限とした。出資の動機をみると、資金運用の魅力というより京町家の保存・再生に役立ちたいという項目が一番多い。町家の証券化というユニークな取り組みに参加したい、京都を良くしたいと答えた人も多く、京町家に対する熱い気持ちが窺える。

表2-2　第一優先出資申し込みの状況

申込総額	72,300千円（723口）――募集額55,000千円
投資人数	209人　（申込人数　238人）
都道府県別	京都府162人、大阪府12人、滋賀県11人、兵庫県6人、奈良県5人、東京都4人、茨城県3人、愛知県2人、その他県4人
出資の動機 （出資者のアンケート結果より）	①町家の再生や保存に役立ちたい74％、②ユニークな取り組みに参加したい54％、③京都を良くするため43％、④資金運用として魅力がある23％

（「報告書」より筆者が抜粋編集）

4　証券化の意義と今後の課題

(1) 不動産の証券化としては低めの配当率にも関わらず、京町家の保存・

再生に関心を持つ多数の人々から出資を得ることに成功した。証券化が成立する条件は何にもまして対象事業が投資家のニーズに適合しているかどうかであるが、表2-2の出資の動機が示すように、出資者は資産運用としての魅力よりも京町家の保存に意義を見出している。配当率はさほど重視されておらず、社会的に意味のある事業には「意思のあるお金」が集まる可能性が示唆されている。

(2) しかし本ケースでは、アレンジャーや専門家等のボランティア的活動に依存しており、類似の事業を今後実施するには課題を残している。証券化に要するコストのうちスキーム作りや募集等の固定費部分が占める割合が高いので、さらなるコストダウンには事業規模の拡大が必要である。多くの京町家を継続的に証券化していくには、公的機関によるファンド組成や京町家の先行取得の仕組み作り、また、京町家取得目的に限定した住民参加型市場公募債（ミニ公募債）の発行等などの工夫が不可欠であろう。

(3) その保存が待ったなしの状況にあるのは京町家だけではない。我が国の各地域に点在する文化財は行政の保護を受けている一部のものを除き、いずれも消失の危機に直面している。維持管理するための費用が工面できないのが最大の理由である。京町家証券化の事例はこのような地域の抱える問題を解決する際の参考になろう。京都という特殊なブランドであったにせよ、その証券化の得失、関係者の担うべき役割等は共通すると思われる。今後、証券化を進めるに当たって、具体的なハードルとなると予想される問題および対策を表2-3にまとめた。

表2-3　京町家証券化に当たってのハードル

(1)	事業のコストの大きさとそのカバーの困難さ
	①SPCを使った証券化手法は、手続が複雑でかつ書類ボリュームが大きくなる。アレンジャー費用と専門職への支払いコストが多額となり、組成の実務と事業コストが過重になる。②アレンジャーや専門職は、ボランティアで業務を行ったとしても、訴訟リスクなどにさらされる。③出資を小口で広く公募すると手間がかかる。④京町家の改装費用・メンテナンスコストは割高になる。
(2)	事業対象とする町家の確保の難しさ
	①事業コストをカバーするには事業規模の拡大が最も有効だが、対象物件の京町家をまとめて入手することが難しい。②京町家を無理に買おうとすると価格を高騰させる。③京町家の保有者には売却の抵抗感が多く、空き家のまま放置される場合も見られる。④金融機関等が担保物件として京町家を取得した場合、処分が早く確実で換金価値が高い方法が選ばれることが多い。
(3)	事業収入の限界
	①店舗として賃貸すれば、一定の収入が期待できるが、住宅として賃貸すると採算に合わない。②事業スキームとして、フローの収入に依存するのが本筋である。土地の値上がりを見越した出資者や大口投資家を中心にかなり存在したとの見方がある。土地の値上がりが期待できない、あるいは地価が下落傾向にある場合の事業の実現可能性は小さくなる。
(4)	京町家の伝統的建築様式を残すこと、住宅として残すことの困難性
	①京町家の保存・再生のために、伝統建築様式を残すと、事業採算がより厳しくなる。②居住用の京町家の保存・再生も望まれるが、改装費用の負担が大きい。③建築基準法上の既存不適格物件であり、様々な法規制をクリアーする必要がある。④京町家は、登記や固定資産税の評価上は実態が反映されていないことが多い。（本件事業では、課税条件の変更につながり、税が増額となった）⑤火災や震災に弱いので、災害リスクの多い投資物件となる。
(5)	事業の支援体制の不足
	①地方には相談する人がいない。また、行政関連部局も不動産証券化事業に携わる経験が少ないためノウハウの蓄積が十分とは言えず、効率的な実施ができない。②運営段階でも専門の受託者がいない。東京の専門家に依頼すると、採算的に合わない費用を請求される。
(6)	関連制度の未整備
	資本金規模別法人住民税の算出において、出資金を資本金とすると相対的に割高な税負担になる（借入金と同等に取り扱い、資本金と評価しないことを確保したい）。今回のように小規模の証券化の場合、キャッシュフローと税務処理に乖離が起こり、90％配当要件の維持が困難となってくる。
(7)	その他の改善の検討を要する点
	①事業期間が5年間であり、事業終了時点で売却するとその後の町家の再生・保存の担保がない。より長い事業期間が必要だが、投資家確保の面では不利になる恐れがある（火災・地震で滅失する危険が他の物件より高いなど）。②金融制度の側面からは、投資家へのリスク説明、リスクヘッジ方法、事業実施上の責任の所在の明確化についてさらに工夫を要する。

（「報告書」より筆者が抜粋編集）

ケース2 | 市民風車（NPO法人北海道グリーンファンド）

特定非営利活動法人北海道グリーンファンド	
設立	1999年
所在地	北海道札幌市
事業内容	グリーン電気料金システムや市民風車の運営等

　市民風車とは、市民が出資などを通じて参加する風力発電事業のことである。市民風車は風力といった自然エネルギーを用いるので二酸化炭素を排出せず環境を傷付けず、持続可能な社会形成に貢献すると期待されている。風力発電の先進地、デンマークでは、「市民風車」が多く建設されており、国内の風車の約8割が個人や協同組合などが所有する「市民風車」である。市民風車に出資することで、市民に自然エネルギーへの社会的関心が広がる。そしてこの関心の広がりが市民間の連帯感を促進し、出資者の輪を拡大するという相乗効果を生み出す。ここでは、市民風車のパイオニアであるNPO法人北海道グリーンファンド（以下HGF）のケースを紹介する。

1　市民風車取り組みの背景

　旧ソ連のチェルノブイリ原子力発電所4号炉の爆発事故が1986年に発生した。翌年、生活クラブ生活協同組合北海道（以下、生活クラブ生協――理事長が現HGF理事長を兼務）が共同購入していた無農薬栽培のお茶から自主基準値を越える放射能が検出された。その出来事をきっかけとして、生活クラブ生協は「原発反対・脱原子力社会」に取り組み始め、1988年には「泊原子力発電所の運転の可否を問う道民投票条例」制定のための直接請求運動を行う等、活発な活動を続けた。やがて抵抗するだけの反対運動に限界を感じ、原発にとって代わる自然エネルギーの普及活動に方向転換していった。

　1997年のCOP3（地球温暖化防止京都会議）の開催や、ヨーロッパやアメリカでのグリーン電力プログラムの登場を目の当たりにして、現HGF

事務局長も「今後、自然エネルギーがあたりまえになる時代が来るだろう」と強く感じていた。わが国でも電気事業法の改正による規制緩和が始まり「変化の兆し」が見え始めた。依然として電力事業は規制の厳しい分野ではあったが、「自然エネルギーを売りたい人がいて、買いたい人がいる。両者が結び付けることができれば社会はきっと変わるにちがいない」と確信するに至った。

そもそも、生活クラブ生協では、安心・安全な食べ物を消費者が選び、生産者から直接購入するというしくみが機能していた。食同様、エネルギーについても「好きな電気を選んで購入できないのはおかしい」という素朴な疑問から、自然エネルギーによる電力を共同購入しようという発想が生まれた。このような経緯を経て1999年にHGFが設立された。HGFの目標は誰でも無理なく地球環境の保全に貢献できることであり、当面はグリーン電気料金制度の普及と風力や太陽光などの自然エネルギー発電所づくりを目指した。

2 グリーン電気料金制度の構想

HGFが実施する主要事業は
①グリーン電気料金システム（寄附スキームによるグリーンファンド）
②市民風車（出資スキームによる市民ファンド）
③グリーン電力証書等環境価値の仲介事業（環境価値の地域内取引）
④省エネルギー、自然エネルギーの普及啓発活動
の4事業である。これら事業のうち、ここでは①グリーン電気料金システム導入の経緯と内容について概説する。

生活クラブ生協の有志たち（現HGFの理事長や事務局長等）によって、1997年頃からグリーン電力の研究が進められるようになった。欧米のグリーン電力料金ファンドの仕組みを学び、ドイツのモデルをベースに自分達のグリーン電気料金制度の構想を練り上げた。図2-3がスキームの概要である。制度に加入した世帯の月々の電気料金に5％相当のグリーンファンド分を上乗せした金額をHGFが北海道電力に代わって徴収し、こ

の5%をグリーンファンドとして自然エネルギーの市民共同発電所を建設するための基金として積み立てるものである。当時通常の家庭の待機電力は10%から15%を占めるといわれていたので、5%という金額は待機電力の節約を心がけるだけで達成できる。こうして無理なくファンドへの寄附が可能になる。1世帯あたりの平均的な月額負担は400円から500円程度と予想されたことから、「コーヒー1杯分の寄附で、原発も地球温暖化もない未来をつくろう」とのスローガンが使われた。

またグリーン電気料金の徴収については、母体の生活クラブ生協のインフラである代金決済システムが利用された。この結果、HGFのグリーン電気料金制度は低廉なコストで運営可能となり、次のようなメリットが生み出された。

① 環境にやさしいエネルギー作りへの参画を表明可能
② 気軽に継続的に続けられる仕組み
③ 電気料金5%分を節電
④ 市民共同発電所（市民風車）建設のための基金を蓄積

(出典：北海道グリーンファンドのHP)

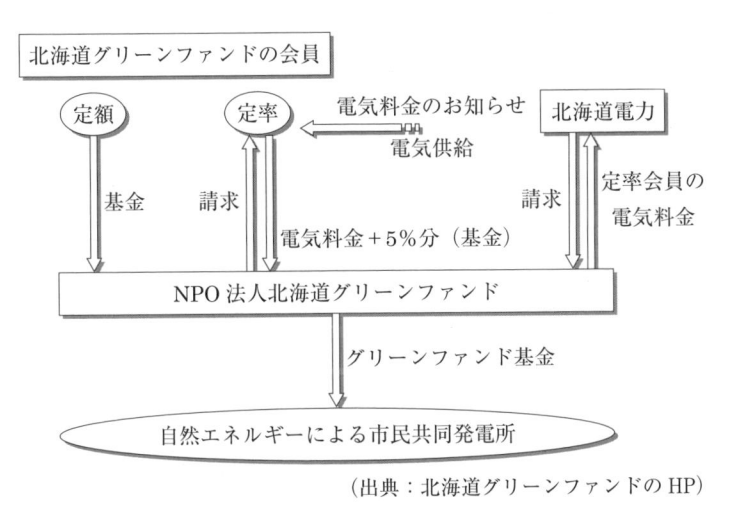

図2-3　グリーン電気料金制度の仕組み

3　市民風車第一号機の建設

グリーン電気料金制度で集められた「グリーンファンド」がHGFの資本金(注1)となり、その資金をもとに株式会社北海道市民風力発電が設立された。風車建設には、約2億3千万円の資金が必要であり、環境問題に意識の高い市民から出資を募った。具体的には、1口50万円で匿名組合契約を通じたファンドを組成したが、最終的には1億4150万円の資金が集まった(注2)。残りの事業費は北洋銀行から融資を受けることにし、市民風車第一号機「はまかぜちゃん」が建設された。

㈱北海道市民風力発電はSPC（Special Purpose Company；特別目的株式会社）として設立されており、風力エネルギーを北海道電力へ売電し、その収益を元本の返済と配当にあてる。匿名組合契約については、母体のHGFが投資家と直接契約をすることもできるが、特定非営利活動法人には事業収益の分配が認められていないため、同社が契約主体となる図2-4のようなスキームが組まれた。なお、同社はその後、市民風車事業の開発・保守管理業務を担う事業会社として株式会社市民風力発電に改称されるとともに、第一号機のSPCとしての役割は株式会社浜頓別市民風力発電に事業継承されている。

4　市民風力発電事業普及のためのプラットフォーム

HGFでは第一号機で成功した市民出資スキームを全国に広げるため、新たに株式会社自然エネルギー市民ファンドと前述の㈱市民風力発電を設

(注1)　自己資本：2500万円（HGF1000万円、個人13人1500万円）。なお、HGFの1000万円は「グリーン電気料金」5％分と寄付金などによるグリーンファンドからの出捐。

(注2)　「匿名組合出資」：1億4150万円（個人200人・248口、16法人団体・25口、市民風車サポーターの会・10口）。匿名組合出資の出資者は出資額を超えて損失を分担することがない有限責任であり、株式出資の場合と異なり経営への関与はできないが、業務や財産の状況を検査する営業監視権が認められる。

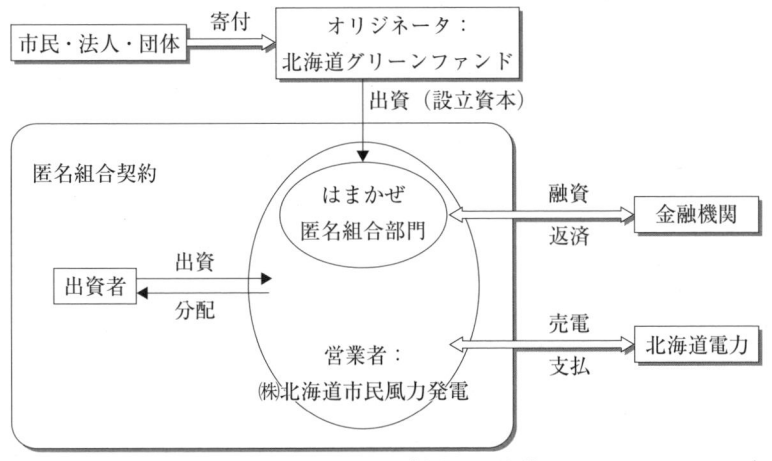

図2-4　第1号機：はまかぜちゃんの事業スキーム

（出典：北海道グリーンファンドのHP）

立した。㈱自然エネルギー市民ファンドは個々のプロジェクトに対し匿名組合契約による市民出資ファンドを組成し、この資金を事業者に融資、出資者には配当を分配する。一方、㈱市民風力発電は、事業開発・メーカーや電力会社との折衝・風況データの解析・コンサルティング・保守管理委託など事業運営に関わる専門業務を担い、㈱自然エネルギー市民ファンドが投資すべきプロジェクトのスクリーニングを果たすことで、出資者のリスク低減を図っている。この2つの事業法人がそれぞれ役割分担することで市民風力発電事業のプラットフォームを形成している。

2005年以降は、オリジネーター（推進団体）の倒産隔離を目的とするSPCとして一般社団法人を設立するスキーム（図2-5）が採用されている。また2006年に組成された「市民風車ファンド2006」では、1つのファンドから複数の事業者（大間・秋田・波崎・海上）への融資を行うことでリスク低減が図られている。

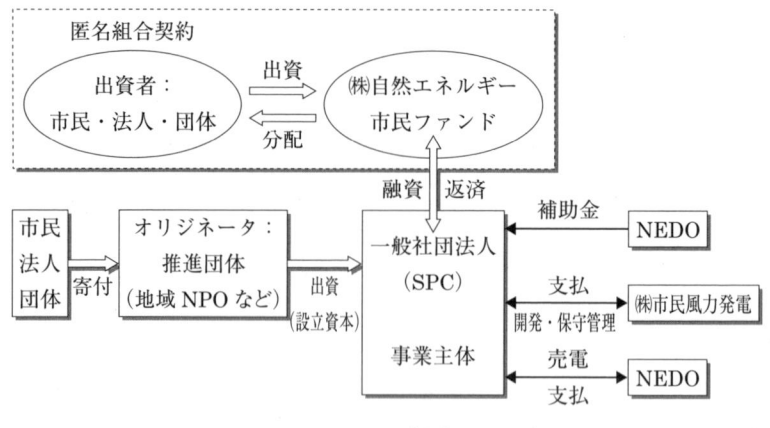

図2-5　2005年以降の事業スキーム

（出典：北海道グリーンファンドのHP）

5　市民風車活動の意義と今後の課題

　HGFで開発された寄附スキームと出資スキームは、市民のお金を地域で活かすための仕組みとして、様々な地域事業活動に利用可能である。キャッシュフローを予測し事業のリスクを管理することによって、市民がほしいと思う財やサービスを自らの手で作り出すことができるのである。

　匿名組合契約による出資スキームの成功要因の一つは、電気料金に寄附を上乗せすることで節電を促したり、気楽に寄附を募ることができるような仕組にある。もう一つの要因は市民が自然エネルギーをつくることに参加・応援・貢献しているのだというオーナーシップ（当事者意識）を生み出したことである。風車には記念として出資者の名前が刻みこまれており、出資者は自分も事業者でもあることを感じるのである。寄附スキームによる市民ファンドを作る際のポイントを次に掲げる。

> ① 利用料金の徴収システムを構築するうえで、既存のインフラや決済システムを利用してコスト低減をどのように図れるか。
> ② 寄付調達の仕組みとして継続性をどのように担保できるか。
> ③ 特定の問題意識を持った人々の層だけでなく、より広範な人々の層の参加を呼び込めるか。
> ④ 寄付提供のインセンティブをどのように確保できるか。

　HGFではこの運動をさらに強化するために、自然エネルギーファンドを環境問題に興味のある人のみならず、金融商品として広く一般投資家からの資金を呼び込めないかを検討している。そうすることで、より大規模な資金調達が可能になり、一層多くの風力発電事業が展開できるからである。今後の課題として、次の2点を掲げている。

> ① 金商品取引法（2007年9月30日施行）で付け加わった規制により増大している管理コストと手間への対応
> ② 改正貸金業法（2010年6月完全施行）による適格要件を満足するために純資産5000万円以上の維持

　東京都では、我が国で初めての温室効果ガス総量削減義務と排出量取引制度の導入を含む環境確保条例の改正を行い平成22年4月から施行している。このため都内では自然エネルギーに対する需要が高まっており、風力発電事業者が東京の大手ビルとの直接売電契約を進める事例が出てきた。このような規制が全国的に広がることで、市民風力発電や市民太陽光発電に対する関心が高まると期待される。

〈参考文献〉

小島廣光、他「NPO・政府・企業間の戦略的協働 ——霧多布湿原トラストと北海道グリーンファンド」『經濟學研究』57（4）2008
鈴木　亨「地域における環境保全のための市民ファンドの設立とその運営——市民風車とソーシャルファンドの事例から」2009
自然エネルギー市民基金「自然エネルギー事業のファイナンス初心者ガイド」2007
田畑耕一、高橋　現「自然エネルギー市民ファンド社長　鈴木亨氏——日本初『市民風車』がまわるまで」『イノベーティブワン』日本LCA 2005 www.innovative.jo/2005/0608.html
常富浩太郎「たくさんの人にお金をだしてもらう仕組みがわかる本」ソフトバンクパブリッシング　2005
西城戸　誠、丸山康司「"市民風車"に誰が出資したのか？市民風車出資者の比較調査」『京都教育大学紀要』No. 108　2006
日本政策投資銀行地域企画チーム「実践！地域再生の経営戦略　全国62のケースに学ぶ"地域経営"」社団法人金融財政事情研究会　2004
北海道グリーンファンド「市民発の自然エネルギー政策　グリーン電力」コモンズ　1999

第3章 企業経営（資金調達）

1 資金調達の多様化

(1) 金融構造の変化と新しいリスクの担い手

　バブル崩壊後の不良債権処理の過程で、わが国の企業を取り巻く金融環境は大きく変化してきた。今日の金融仲介機能の担い手は金融機関だけではなく、表3-1に示すようにリースやファクタリング等のノンバンク、各種のファンドや機関投資家など多様なプレイヤーが登場し資金やリスクの担い手となっている。銀行に過度に依存した資金調達構造の限界が指摘されるなかで、市場型間接金融である資産の証券化、キャッシュフローに注目したプロジェクト・ファイナンスが地域金融にも導入されてきた。また「リレーションシップ・バンキングの機能強化」のなかで土地・不動産担保に依拠しない融資形態の必要性が指摘され、資産担保融資（ABL）や知的財産担保融資が拡大した。ベンチャー資金の供給や事業再生においてはエクイティの活用を含めた資金調達手法の多様化が進んだ。

　これらは、経済のストック化とともに成長したファンドや年金基金等の機関投資家等が徐々にリスク・テイカーの役割を担うといった形で行われてきた。本章では知的資産評価融資について記述したあと、主にリスクの変換やリスクの分担ならびに信用補完等の観点から地域金融における資金調達について概観する。また、借入金利の上昇リスクのヘッジについても言及する。なお、事業創造や再生に係る資金調達については第5章で述べる。

表 3-1　資金・リスクの担い手とファイナンスの形態

担い手	銀行、ノンバンク 公的金融機関	←――――――→	機関投資家（年金基金、損保、生保、ファンド）・個人
形　態	民間融資、公的融資、保証（ABL、知財担保融資）プロジェクト・ファイナンス ファクタリング、リース	資産流動化（ABS、CLO、MBS、CDO 等のストラクチャード・ファイナンス）メザニン・ファイナンス（新株予約権付融資、DDS、DES 等）	社債 転換社債 株式

(2) 知的資産評価融資の地域金融における役割

①情報の非対称性の克服

　企業の定量情報ないし定性情報に基づいて行なわれる地域金融における最大の課題は、貸し手と借り手の間に存在する「情報の非対称性」の克服であり、精度の高い情報生産手法の確立にある。貸し手と借り手の間に形成される信頼関係の厚みは、双方にとってどれだけ有益な情報の交換ないし共有ができるかに依存している。

　企業における経営資源にはヒト・モノ・カネ・情報システムがあるが、このうちカネは財務情報（定量的評価の対象）、ヒト・モノ・情報システムは非財務情報（定性評価の対象）に分類される。

　バブル期以降、わが国の銀行は企業の業績や資産内容などカネの定量情報の側面を重視し、ヒト・モノ・情報システムの定性情報についてはあまり重要視していないのではないか、という指摘がなされることが多い。この点に関して、特徴的な傾向を図3-1にイメージとして示している。カネに関しては定量評価が容易であるため、ポジティブ・ネガティブの両面が対称的に評価される。他方、ヒト・モノ・情報システムに関する非財務情報については定性評価となるため、リスク回避志向の強い銀行の性格とも相俟って、ネガティブにバイアスのかかった評価をする傾向があるとされている。

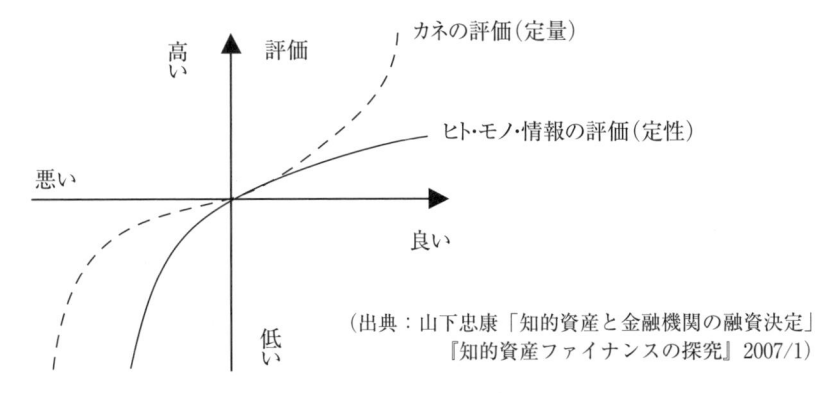

図3-1　企業評価の非対象性

(出典：山下忠康「知的資産と金融機関の融資決定」
『知的資産ファイナンスの探究』2007/1)

　企業が新商品の開発や新分野への進出に挑戦する場合には特に「情報の非対称性」の問題が浮上する。また、信用収縮や経営悪化に直面した場合にも同様である。リレーションシップ・バンキングや次に述べる知的資産経営評価融資が提起している課題は、このような情報の非対称性の克服策と密接に関連している。

②知的資産評価融資

　企業のヒト・モノ・情報システムに係る非財務情報を如何に共有するか、その手掛かりになる文献に知的資産経営報告書がある。図3-2が示すように、ブランド・ノウハウのような知的財産や特許権・著作権等の知的財産権は無形資産よりは狭い概念であり、知的資産は、人的資産（従業員が退職時に一緒に持ち出す知識で、ノウハウ、モチベーション、経験など）、構造資産（従業員の退職時に企業内に残留する知識で、データベース、文化、システムなど）関係資産（企業の対外的関係に付随した全ての資産で、イメージ、顧客満足度など）から成り表3-2のように分類整理されている。

　借り手により作成される知的資産経営報告書をリレーションシップ・バンキングに生かそうというのが、知的資産評価融資の取り組みである。知的創造型経済社会にふさわしく、企業の知的資産がもたらす企業価値への貢献度を正しく評価する仕組みづくりが求められる時代である。銀行の目

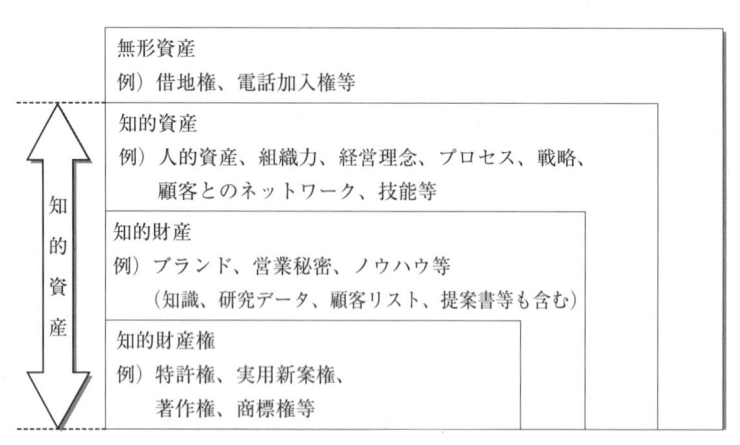

```
┌─────────────────────────────────────────────┐
│ 無形資産                                     │
│ 例）借地権、電話加入権等                     │
│ ┌─────────────────────────────────────────┐ │
│ │ 知的資産                                 │ │
│ │ 例）人的資産、組織力、経営理念、プロセス、戦略、│ │
│ │   　顧客とのネットワーク、技能等         │ │
│ │ ┌─────────────────────────────────────┐ │ │
│ │ │ 知的財産                             │ │ │
│ │ │ 例）ブランド、営業秘密、ノウハウ等    │ │ │
│ │ │　　（知識、研究データ、顧客リスト、提案書等も含む）│ │ │
│ │ │ ┌─────────────────────────────────┐ │ │ │
│ │ │ │ 知的財産権                       │ │ │ │
│ │ │ │ 例）特許権、実用新案権、          │ │ │ │
│ │ │ │　　著作権、商標権等               │ │ │ │
│ │ │ └─────────────────────────────────┘ │ │ │
│ │ └─────────────────────────────────────┘ │ │
│ └─────────────────────────────────────────┘ │
└─────────────────────────────────────────────┘
```

（出典：経済産業省「知的資産経営評価融資の秘訣」2009/3）

図 3-2　知的資産の概念

表 3-2　知的資産の分類

人的資産	従業員が退職時に一緒に持ち出す資産
例）イノベーション能力、想像力、ノウハウ、経験、学習能力、モチベーション etc	
組織資産	従業員の退職時に企業内に残留する資産
例）組織の柔軟性、データベース、文化、システム、手続き、文書サービス etc	
関係資産	企業の対外的関係に付随した全ての資産
例）顧客ロイヤリティ、顧客満足度、供給業者との関係、金融機関との交渉力 etc	

（出典：経済産業省「知的資産経営評価融資の秘訣」2009/3）

利き機能をシステム化するのは容易なことではないが、それこそが地域金融機関に求められている役割であり、金融庁の検査マニュアルや総合的監督指針にも示唆されている。

2　リスク変換によるクレジットの創造

(1) 資産流動化

①概説

1990年代初頭から法整備（表3-3）が進み、資産流動化の対象資産の拡大と基盤整備が図られた。この結果、資産流動化の対象は次に示す金融資産や不動産、さらには知的財産権にまで拡大した。

〈対象金融資産の例示〉

社債・国債・一般貸付債権・売掛債権・リース債権・クレジット債権・入居保証金・診療報酬債権・自動車ローン債権・クレジットローン債権、不動産担保融資債権等

これらは大企業の大口の案件だけでなく、地域の中堅・中小企業における売掛債権・リース債権・診療報酬債権等の金融資産や京町家等の小規模不動産（第8章のケース集参照）、或いは休眠中の特許権にも及び、企業規模の大小にかかわらず証券化や信託による資金調達が普及した。また、自治体CLO（ケース3参照）によって地域企業の無担保借入が可能になっ

表3-3　資産流動化に係る主な法制度の整備

年	制度の整備	補足
1973年	住宅ローン債権信託取り扱い開始	
1993年	特定債権等に係る事業の規制に関する法律	リース債権、クレジット債権の証券化
1996年	国内ABSとABCPの発行解禁	ABSとABCPが証券取引法上の有価証券に指定
1998年	特定目的会社による特定資産の流動化に関する法律	不動産等の資産証券化の基盤進展
2000年	上記が資産の流動化に関する法律へ改称	上記の使い勝手の向上
2004/05年	信託業法と信託法の改正	知的財産権信託の導入

（経済産業省報告書「創業・起業促進型人材育成システム開発等事業」(2004/5年) より筆者編集）

たケースも増加している。

②仕組み

資産流動化の仕組みづくりはストラクチャード・ファイナンスと呼ばれるが、このファイナンスの本質は表3-4の如く原資産のリスク・リターン（キャッシュフロー）を加工して投資家に移転することにより新たなクレジットを創造することにある。ストラクチャード商品の生成過程には原資産の「加工場」として、SPC（Special Purpose Company 特別目的会社）や信託等のSPV（Special Purpose Vehicle 特別目的手段）が必要である。SPVはオリジネータが保有する原資産からのキャッシュフローを投資家のニーズに合わせて組み替える働きをする。

表3-4　ストラクチャード・ファイナンスによるクレジット創造

原資産	商品形態
金銭債権のポートフォリオ	ABS
ローン・社債のポートフォリオ	CLO　　CDO
不動産のポートフォリオ	MBS　　REIT
地震・台風リスクのインデックス	災害リンク債

ABS（資産担保証券 Asset-Backed Securities）、CLO（ローン担保証券 Collateralized Loan Obligation）、CDO（債務担保証券 Collateralized Debt Obligation）、MBS（モーゲージ担保証券 Mortgage Backed Security）、REIT（不動産投資信託 Real Estate Investment Trust）

金銭債権ポートフォリオを原資産とする商品はABSに、ローンや社債のポートフォリオを原資産とする商品はCLOやCDOになる。ストラクチャード・ファイナンスは金融資産や不動産などの現物資産に裏付けられたものだけでなく、地震・台風などの災害インデックスをトリガーとしたもの（例えば、災害リンク債）も実用化されている。今後は原油や農産物・CO_2排出権等の経済資産が対象となってくることが予想される。

(2) リスクの切り分け

　ストラクチャード・ファイナンスのエッセンスは、SPVを利用した信用リスクのコントロールである。格付や倒産確率を用いて内在する信用リスクを評価し、信用リスクを価格変動リスクに転換する。住宅ローンや自動車ローンのように多数で均質な資産プールのリスクは、統計的に取り扱える。貸倒れ率が高くばらつきの多い部分を劣後受益権として仕組めば、残りの優先部分についてAAAの格付けを取得することも可能になる。

　資産担保証券（ABS）を例にとると、多数の資産をプールすることで分散効果を得ることができる。図3-3に示すように、発行体は支払優先順位の異なる複数の債券（「シニア」「メザニン」「エクイティ」と呼ばれる）を発行することによって、低リスク・低リターンのトランシェから、高リスク・高リターンのものまで、さまざまな選択肢を投資家に提供する。

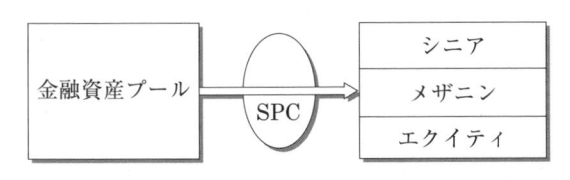

図3-3　リスクの切り分け

(3) ポートフォリオのリスク分散効果

　資産流動化により、もともと有価証券でない様々な金銭債権や不動産がSPVを通して有価証券に転換、換価性が付与される。投資家にとっては原資産の種類が多様化するにつれてポートフォリオのリスク分散効果を高めることができる。ただ資産流動化商品は社債や債権に比較して流動性が低いこともあり、図3-4のイメージ図のように同格付けの債券に比しスプレッドが厚く高利回りとなる。

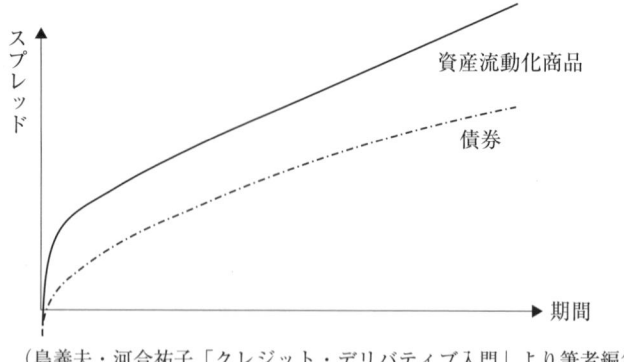

（島義夫・河合祐子「クレジット・デリバティブ入門」より筆者編集）

図 3-4　クレジット・スプレッドの比較（同一格付け）

(4) 資産流動化の進化に向けて

　金融に関わるリスクを統計指標としてとらえる手法は、今日における金融技術を支えるバックボーンである。従来は「ある」もので、「作り出す」ものではなかった信用力を操作（maneuvering）することが可能になったのである。資産流動化は債権や不動産にかかわるリスクを資本市場に移転することであり、そのリスクの取り手は資本市場での投資家である。資金の出し手は債権や不動産からのキャッシュフローに興味があり、リスクとリターンと時間をパラメータとして流動化商品を評価することになる。

　2000年には住宅金融公庫の住宅ローン債権の証券化が始まり、2005年

表 3-5　資産流動化の課題

投資家層の広がりを促す施策	・アマチュア投資家に適合した商品の開発 ・ディスクロージャーの改善 ・セカンダリー・マーケットの創設 ・メザニンや劣後部分を保有する投資家の育成
市場のインフラ整備	・資産流動化商品の価格や裏付け資産のパフォーマンス情報の提供 ・市場での取引内容や規模に関する統計の整備等

（中小企業庁「新しい中小企業金融研究会報告書」2006 より筆者編集）

には日本銀行が中堅中小企業の売掛債権を裏付けとした資産担保証券を購入した。今後は知的財産権の流動化の拡大が期待されているが、そのためには表3-5に示すインフラ整備が必要だ。

3　キャッシュフローをベースとする資金調達

(1) ノンリコース・ローン

　設備投資や不動産開発などの資金調達にあたり、企業の信用力をベースとした方式（コーポレート・ファイナンス）に制約がある場合でも、プロジェクトが生み出すキャッシュフローに注目した方式（プロジェクト・ファイナンス）が可能となることがある。プロジェクト・ファイナンスはノンリコース、すなわち事業のキャッシュフローが企業から切り離され、調達資金が企業のバランスシートには計上されず、その事業が失敗した場合でも企業に損失を補填する義務はない。従ってプロジェクト・カンパニー（特別目的会社）のキャッシュフローだけで借入金が返済できることが必要で（不動産開発事業の場合には、不動産売却代金を含めることもできる）、長期に亘り安定的なキャッシュフローを生むことが事業成立の前提となる。

(2) プロジェクト・ファイナンスのリスクの分担

　プロジェクト・ファイナンスには多くの関係者が存在するので予めリスクとリターンの負担について取り決めることが必要である。プロジェクトのリスクは基本的にプロジェクトの全局面に直接係わるスポンサーと金融機関との間でシェアされるべきものであるが、誰がどのリスクをどれだけシェアするか合意したものがセキュリティ・パッケージである。各リスクに対する負担やサポートの度合いは独立したものではなく、むしろ相互に関係し影響を及ぼし合うものである。スポンサーと銀行は個々のリスクと資金負担について調整、関係者が納得できるプロジェクト体制を構築していく。

　図3-5はプロジェクト・ファイナンスにおけるスポンサーや金融機関を

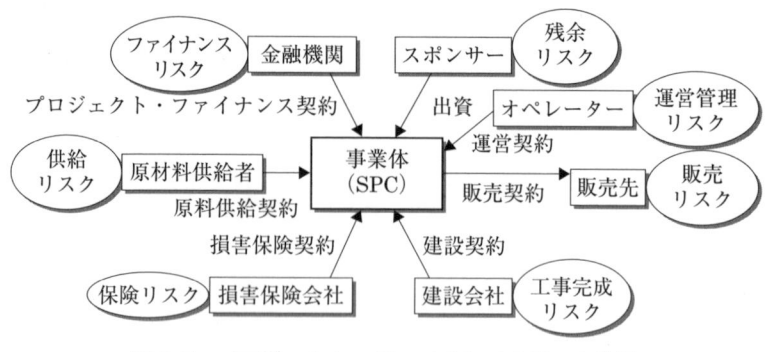

図3-5 プロジェクト・ファイナンスのリスク分担

はじめ、プロジェクト関係者のリスク分担のイメージ図である。借入の主体が事業体（SPC）であり、スポンサーの信用力に依拠した融資ではないため、リスク分担を契約で明確かつ詳細に定める必要がある。リスクの分担に際しては、当該リスクを最も適切にコントロールすることができる主体に分担させるとともに、リスクに見合ったリターンが分配されねばならない。開発商品の販売量や価格に伴う不確実性や、原資産（材料）の供給リスク（インフラ案件や製造業案件の場合）はプロジェクトの成否に大きな影響を与えるため、事業体は販売先や原材料供給者との事前調整が重要となる。この他、建設業者、管理運営のオペレーター等が負担するリスクも取り決める必要がある。残余のリスクはファイナンスを行う金融機関と出資を行うスポンサーが負担することになる。

4　信用補完方法の多様化

　バブル崩壊後、それまでの不動産担保偏重の間接金融手法の限界がクローズアップされた。歴史的に見れば産業の高度化とともに、産業金融を支える担保設定手法は変化・発展を遂げており、それまでは担保物件としてみなされていなかったものが産業政策的な観点から担保物件化されてきた。例えば大正時代における、財団組成物件として各種機械設備などの事業資産を組み入れた工場、鉱業、鉄道の各種抵当法の制定などは良い例で

ある。

　金融機関は、従来型の不動産担保融資に代わる新たな資金供給の手法として、従来は担保としてあまり評価されることもなかった企業の在庫や売掛金、或いは知的財産を担保とする融資に取り組み始めている。これらは担保評価や担保処分の難しさを伴う分野であるが、工夫次第では大きな可能性を秘めている。

(1) ABL（Asset Backed Lending；動産・債権担保融資）

　ABLは借り入れ企業の在庫・売掛金・流動預金等を一体として担保取得し、担保資産の内容を常時モニタリングしながら、資産の一定割合を上限に資金融資を行う方法である。担保の補完や売却処分を想定した従来型の動産担保でなく、「事業のライフサイクル」つまり事業の本来的な価値を算出し、それを見合いに融資を行う新しいスキームであるといえる。従来の動産担保融資は実務の煩雑さや法的権利の不安定性がネックであったが、公示制度の整備やITによる在庫管理を採り入れることにより効果的なスキームとなった。不動産担保や保証余力が不足している企業にとって在庫や売掛金が担保となれば成長を支える大きな資金調達手段となる。米国でのABLはミドルリスク、ミドルリターンの資金供給手段として、総貸出残高に対する比率は2割程度と大きなシェアを占めている。

① ABLの仕組み

　ABLの仕組みは図3-6に示す通りである。ABLは極度額内であれば随

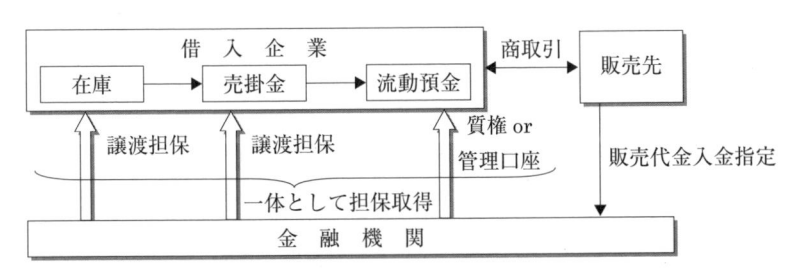

図3-6　ABLのスキーム

時借り入れができ、約定通り返済すれば融資枠が復活する仕組みとなっている。借入金融機関に管理口座を開設し、売掛金の回収口座として指定するほか、定期的に経理・財務内容を報告すること、自己資本比率やインタレスト・カバレッジ等のコベナンツ（借り手が貸し手に対して行う約束）条項を設定しそれを順守することが要請される。経営の規律付けとモニタリングが可能なため、業況が急速に悪化した際にも金融機関としては早期に再生支援体制に移ることができる。

②動産・債権譲渡登記制度の創設等

動産譲渡担保の第3者への対抗要件として「動産譲渡登記制度」が創設（2005年）され、借り手の手元にある在庫が引き続き占有されていても登記によって所有権移転が公示できることになった。また、売掛金などの将来債権についても「債権譲渡登記制度」の対象となるよう改正（2005年）されたので、在庫と将来債権を同時に担保設定することも可能となり、ABLが推進されやすい条件が整った。

③担保の評価性と処分性

動産担保の対象は表3-6に示される様に多岐にわたり、客観的かつ適正な評価が難しく外部評価会社が担保評価を実施することが多い。

動産にICタグを付けることにより、担保管理がシステム化されるようになった。担保となる動産が事業サイクルに従って在庫→売掛金→口座入金へとそれぞれが逐次変化していくので、これらの紐付けが必要であるからだ。借り手に求められるのは、適切な在庫管理と金融機関への定例な

表3-6　ABLの対象資産

種類	B／S科目	具体例
個別動産	機械・装置・車両 器具・備品など	工作機械、建設機械、IT機器、医療機器、トラック、バス　印刷機械、照明器具など
集合動産	原材料・製品など	肉用牛、養豚、鮮魚、冷凍水産物、米、生花、衣料品、酒類、醤油、素麺、家電品、仏壇など

（野村総合研究所「動産・債権等の活用における資金調達手段」より筆者編集）

在庫情報・経営情報の速やかな報告である。借入企業の在庫や売掛金を管理する業務は、単に担保価値の測定だけでなく、借入企業の経営・財務状態が悪化する兆候を早期に把握するための与信管理上のモニタリングの役割を果たすといえる。

また担保処分の際には、不動産市場や穀物市場と違って売買市場が非公開の場合が多く、売却にオークションを用いるなど処分手段の工夫が重要になるケースもある。

④ ABL 普及に向けた課題

動産・債権への設定担保を有効とするためには、地道な実績データの積み上げが必要である。ABL の取組みを後押しするために信用保証協会の保証制度が活用できるようになったが、今後の課題を次に掲げる。

(イ) 動産鑑定士制度の立ち上げなど動産評価人材の育成
(ロ) 価格や取扱い数量・処分実績等に関する情報の共同利用
(ハ) 「添え担保」扱いとしての利用にとどまることの多い ABL の現状に対して、適格担保として扱い得るための基準の明示

(2) 知的財産担保融資

知的財産は企業のバランスシートに載らず、従来は担保として利用されることもなかった。その知的財産を担保とする融資が新たな資金供給の手法として注目を浴びている。日本政策投資銀行による「知的財産権担保融資」の取り組みが1995年頃から始まり民間金融機関もこれに追随したものの、知的財産自体の価値評価の困難さや流通市場の不在、権利としての不安定性等により一時停滞していた。しかし最近になって、比較的評価のしやすい音楽やアニメ等の著作権をはじめ、サッカーチームの商標権、さらに米等の新品種育成権が担保に用いられる等の事例が見かけられだした。「知財立国」にふさわしい取り組みが徐々にではあるが広がりだした。

また知的財産権担保融資の他に、知的財産権を対象資産とした資産流動化・証券化による資金調達の登場や、信託法の改正により知的財産権の信

託が可能となり「知財信託」による資金調達をする動きもみられる時代となってきた。

①知的財産権の評価

知的財産権の主なものは表3-7に示す通りであるが、このうち担保対象の主流は特許権とプログラム著作権である。知的財産権は当該企業の基盤事業となっている場合と他社にライセンスしてフィーを受け取るケースがあるが、融資における担保評価は当該特許等をベースとした「事業」の予想キャッシュフローに基づく。

表3-7 主な知的財産権

	権利の種類	根拠法	登録機関	存続期間
工業所有権	特許権	特許法	特許庁	出願から20年
	実用新案権	実用新案権法	特許庁	出願から6年
	商標権	商標法	特許庁	登録から10年
	回路配置利用権	半導体回路配置法	SOFIC	登録から10年
	新品種育成権	種苗法	農水大臣・知事	登録から25年
著作権	著作権（下記を除く）	著作権法	文化庁	創作から(死後)50年
	コンピュータプログラム著作権	著作権法	SOFTIC	創作から(死後)50年

（工業著作権にはこの他に意匠権・商標権・商号がある。
SOFTIC：(財)ソフトウェア情報センター）

知的財産権の生み出すキャッシュフローは売上、原価、経費等から算出されるが、知的財産権担保に特有の問題もある。対象事業のマーケットはニッチなものが多く、かつ振れ幅も大きく市場調査や収益の見積もりが難しいため、算出には当該分野の有識者の意見が不可欠である。また、ソフトウェアの場合、数年に一度発生する大きなバージョンアップのための経費等、知的財産価値を維持するための費用を見積もっておくことが必要となる。

②担保処分性

　金融機関が知的財産権を担保設定するためには、担保として処分可能であると同時に、権利を譲り受けた者がその事業を承継できることが不可欠である。したがって、当該知的財産権を譲り受けた者にとって、事業の根幹となる特許権・著作権を主担保としたうえで、関連する意匠権、商標権、マニュアル等を副担保として徴求することが必要となる場合もある。図3-7に示しているが、売却やM&Aの対象になるよう知的財産権の市場性を保持することが価値保全に欠かせない。「売却する場合、どんなルートで誰にアプローチをすべきか」ということは、債務者自身しか良くわからないケースが多く、倒産時のベンチャー企業からこの点につき十分な協力を得るのはなかなか困難な話である。

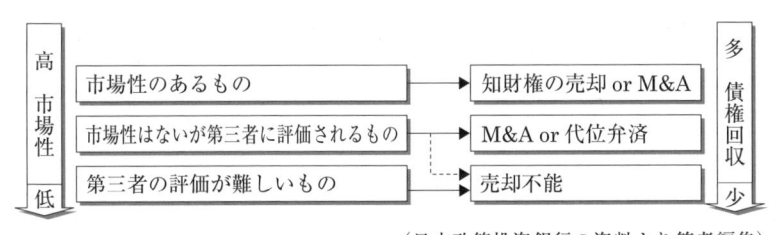

市場性			債権回収
高	市場性のあるもの	→ 知財権の売却 or M&A	多
↕	市場性はないが第三者に評価されるもの	→ M&A or 代位弁済	↕
低	第三者の評価が難しいもの	→ 売却不能	少

（日本政策投資銀行の資料より筆者編集）

図3-7　知的財産権担保の評価と処分

③知的財産権担保融資拡大のための課題

　現代の企業間競争では、新素材やコンピュータプログラムの開発など、知的財産への投資に多くの資金を必要としている。知的財産権担保融資が今後さらに定着するには、世界的なプロパテント政策の潮流の中で、
　（イ）知的財産権をマネジメントできる人材の育成
　（ロ）知的財産権を包括的に担保化する法的整備
　（ハ）知的財産権の流通性を確保するための転売市場の整備
などが必要である。

(3) 保証の創出による信用補完の例

①信用保証協会や政府系金融機関による新保証方式の導入

信用保証協会の中小企業向け保証事業は地域金融において大きな役割を担っており、時代の要請を受けて審査基準等の面で少しずつ変化している。ABLはその代表例で、裏付けとなる日本政策金融公庫の保険制度が2007年に改訂されたことによって裾野を拡大している。

また、図3-8は日本政策投資銀行などの政府系金融機関が民間金融機関の融資を促進する梃子の役割を果たした例である。知的財産権や新株予約権を利用した債務保証による資金調達スキームとして開発されたものである。知的財産権の担保や新株予約権取得による融資は個別性が強く手続きが複雑であり、ノウハウのある政府系金融機関が担保取得したうえで、ベンチャー企業に対する民間金融機関の融資に対する保証を行うものである。

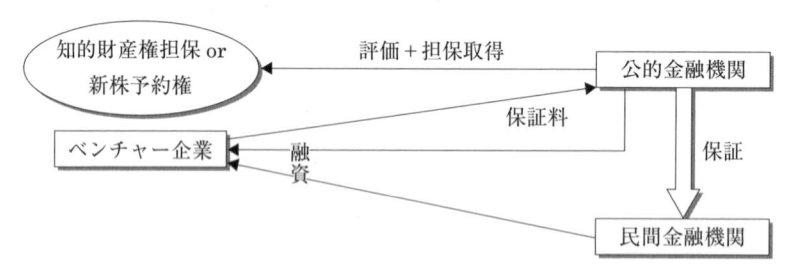

日本政策投資銀行資料より筆者編集

図3-8　知的財産権を利用した債務保証による資金調達

②コミュニティ企業の相互保証

相互保証とは資金を借り入れる複数の企業が相手の債務を保証しあうということである。同一地域（コミュニティ）でお互いに信頼関係にある企業が金融機関から資金調達する場合、その一部を連帯保証することにより単独企業では難しい資金調達を可能ならしめる方法がコミュニティ・クレジットである。我が国で古くから行われていた頼母子講の現代版といえる

スキームである。阪神淡路大震災で大きな被害を被った神戸市の中堅企業が地域経済を復興させるために立ち上げた「神戸コミュニティ・クレジット」（ケース4参照）と長野県諏訪地域の地場中堅企業群による「諏訪一の柱ファンド」（日本政策投資銀行と地域金融機関が支援）の例が有名である。企業にとって返済が滞って隣人に迷惑をかけることは、二度とその地域で仕事の機会を与えてもらえなくなることであり、返済のインセンティブが強く働く。強い絆で結ばれたコミュニティにおいてこそ成立するスキームであり、相関の小さな異業種グループ、共同受発注を行う企業グループ、地域活性化や集客力向上に取り組むグループなどでの応用が期待される。

5 資金調達リスクのヘッジ

　固定金利で資金調達を行うと将来の金利上昇リスクにさらされるし、輸入代金支払いのために外貨調達した場合には円安で損失が発生する為替リスクが伴う。固定金利の貸付金や外貨建債権の保有しておればこれらのリスクを減少できるが、そうでない場合のリスク減少策としては、金利・為替の先渡し契約をはじめスワップやオプションなどのデリバティブを利用することが考えられる。以下、資金調達における金利上昇リスクのヘッジ手段に絞って概観する。

(1) 金利先渡し

　金利先渡し契約は、将来借入れまたは貸し出す資金の金利（フォワード金利）を予め決めておく契約である。現時点の資金受け渡しの金利である「スポット金利」に対しフォワード金利とは、資金の先渡し市場で将来のある時点で受け渡すことを約束する資金の金利である。図3-10に示すように、将来の借入金利の変動から解放される。実際に資金の受渡しを行なうときのスポット金利がどうなっているかは先渡し契約を結ぶ時点ではわからない。結果的に、先渡し契約を結んでおいたことによって、受渡し時点のスポット金利に比べて低い金利で借りたことになるかもしれないし、

反対に、高い金利になってしまうかもしれない。

(2) 金利スワップ

　金利スワップとは同じ通貨で異種の金利を交換する契約で、図3-9のように変動金利と固定金利を交換するのが一般的である。変動金利の資金調達をしている企業が金利上昇懸念を持つ場合、固定金利と交換しておくのが有効である。また反対に固定金利の資金を調達、将来の金利低下が予想されるときには、変動金利にスワップすればよい。金利スワップは金利リスクをコントロールする手段として便利で、図3-10に示されるように金利先渡し契約と同じ機能を持つ。金利スワップ市場は取引規模が大きく、そこで形成されるスワップ金利（固定金利）は固定利付債のクーポン決定の指標になっている。なお、市場で決まるスワップ・レートは信用度の高い金融機関や企業の間の取引金利であり、信用度が低い企業に適用する場合は、スワップ・レートに上乗せした金利になる。

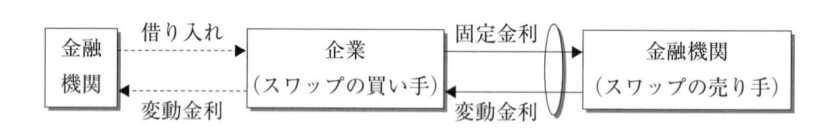

図3-9　金利スワップの仕組み

(3) 金利オプション

　金利オプション取引ではキャップやスワップションが多用されているが、ここではキャップ取引について記述する。キャップは市場金利（変動金利）を原資産とするコールオプションの集合体である。キャップの買い手は売り手にプレミアムを支払う代わりに、予め定められた時期の市場金利が行使金利より高い場合には、金利差分を売り手から受け取ることができる。従って図3-11に示すように、変動金利借入をしている企業がキャップ取引を行えば、借入金利に実質的な上限を付けることになり金利上昇リスクをヘッジできる。また市場金利が行使金利より低い場合は支払う変動

金利も低くなり金利スワップ取引に比べたメリットがある。

　金利の先行き見通しによってスワップとキャップを使い分けするのが一般的である。金利上昇について強気の相場観であれば金利スワップに取り組み、そうでなければキャップを使う。ただし、市場のスワップ金利よりも低い行使金利でキャップを買う場合、そのプレミアムは高くなる。逆に市場実勢よりも高い行使金利のキャップを買うと、ヘッジ効果が生じる可能性は低いのだが安いプレミアムの支払いで済む。オプションが便利なのは、行使金利を自由に設定できることである。

　なお、これらの取引はいずれも相対取引であるので、相手方の信用リスクに留意せねばならない。また、ヘッジ取引については第4章で述べるように、ヘッジ会計のルールに従わねば時価会計が強制的に適用されるので注意が必要である。

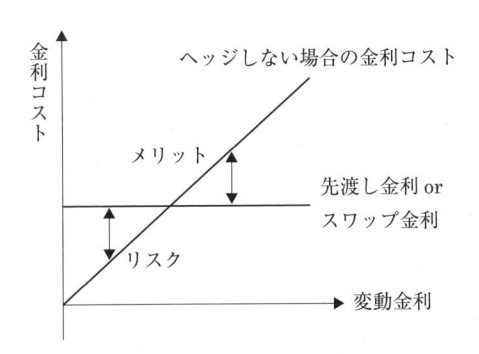

図3-10　金利先渡しとスワップの金利コスト

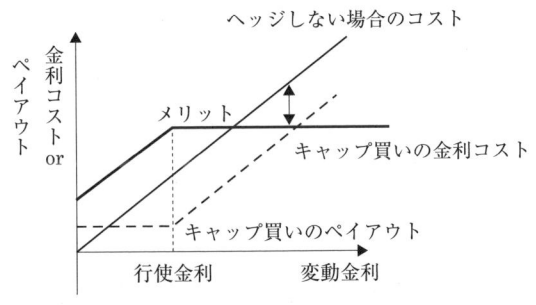

図3-11　キャップ買いの金利コスト

用語説明

ABCP〈Asset Backed Commercial Paper〉	資産の裏付けを持ったコマーシャルペーパー（CP）で証券化商品の一種。企業が短期資金を調達するために発行する約束手形としてのCPは無担保であるが、ABCPは担保付CPである。貸付金や売掛債権等を裏付資産として、SPV（Special Purpose Vehicle；特別目的組織）がABCPを発行する。
ABS〈Asset Backed Security〉	リース債権・消費者ローン債権・ショッピングクレジット債権・売掛債権等を裏付資産とする証券化商品（除くMBS）。ABSの組成はSPVが取得した原資産を裏付けに証券を発行して行われる。
ABL〈Asset Based Lending〉	事業のライフサイクルである在庫・売掛金・流動預金等の企業の事業フローのみを引き当てとして融資する方式。従来の一般融資のように企業の不動産・機械設備や有価証券等を担保として徴求したり、代表者の個人保証に過度に依存することはない。
CLO、CBO〈Collateralized Loan（Bond）Obligation〉	ローンや社債などを裏付けとする証券化商品で、ローンの場合はCLO、社債の場合はCBOと呼ばれる。原債権者（オリジネーター）から複数のローンや社債をSPVにプールして隔離・譲渡したうえ、キャッシュフローを組み替えて信用補完等を施し、これを引当てに証券を発行する。
MBS	〈Mortgage Backed Security 住宅抵当担保証券〉ABSの住宅版
REIT〈Real Estate Investment Trust〉	不動産に対する投資資金を株式発行や社債・借入により調達する投資ファンドの一種で、REITは株式発行による資金調達の形態を採り、証券取引所に上場され一般投資家の投資対象とされる。投資家は不動産から得られる家賃収入等を株式配当として受け取る。
ノンリコース・ローン〈Non Recourse Loan〉	融資に伴う求償権の範囲を担保物件に限定するもので、担保物件以外には遡及されないため、担保物件を売却して債権額に満たない場合でも債務者は免責される。リコースとは「遡及される」ことで、国内の通常の融資のリコース・ローンと対比される。
金利先渡し〈(Interest Rate Forward〉	将来のある時点から始まる一定期間の金利を現時点であらかじめ定めておく契約で、金利リスクのヘッジを目的に行う。金利先物が取引所に上場され取引所で取引されるのに対し、金利先渡しは取引対象や期間を当事者間で決められるため、多様なニーズに対応できる。その反面、取引相手先の信用リスクを負う。

金利スワップ〈Interest Rate Swap〉	同一通貨間における異なる金利の交換のことで、一般的には固定金利債務（債権）と変動金利債務（債権）についてその金利部分だけを交換することにより、金利リスクをヘッジする。なお、異種通貨間でも利用される（クロスカレンシー金利スワップ）。
金利オプション〈Interest Rate Option〉	あるレートの金利を一定期間内あるいは将来の一定期日に、一定の価格で「買う権利」または「売る権利」を売買する取引をいい、直物オプションと先物オプションがある。直物オプションは、現金決済を前提とする金利直物商品（T-Bond・T-Noteなど）を対象とするオプション取引をいう。先物オプションは金利先物商品を対象とし、現物の受渡しがほとんど発生しないことから金利オプション取引の大部分を占める。
金利キャップ〈Interest Rate Cap〉	売り手が買い手に対して基準金利があらかじめ合意された上限金利を超えている場合には、その差額を支払うことを約する契約。キャップの買い手である借入人は、差額を受け取る権利の対価として売り手にプレミアムを支払い、借入れ金利の上昇リスクをヘッジする。逆に資金の運用者が金利下落をヘッジする場合は金利フロアーを購入する。
金利スワップション〈Interest Rate Swaption〉	スワップを原資産とするオプション。スワップションの買い手は先行きスワップを実行するか否かを選択する権利を持つ。原資産が金利スワップの場合にはスワップの固定金利がオプションの権利行使価格となる。
知的資産評価融資	企業の持つ知的資産（人的資産・構造資産・関係資産）を評価して融資を行おうという取り組み。借り手により作成される知的資産経営報告書をベースに、リレバンに生かそうとするもの。

〈参考文献〉

中小企業庁『新しい中小企業金融研究会報告』2006/7
村本 孜『リレーションシップ・バンキングと金融システム』東洋経済新報社 2005/2
古川 顕『現代の金融』東洋経済新報社 2002/12
根本忠宣「中小企業における資金調達手法の多様化」『商工中金』2005/1
古賀智敏、榊原茂樹『知的資産ファイナンスの探求』中央経済社 2007/1
経済産業省『知的資産経営評価融資の秘訣』2009/3
中小企業基盤整備機構『中小企業のための知的資産経営指針の指針』2008/10
経済産業省報告書『創業・企業促進型人材育成システム開発等事業』2004/5年
三国仁司『地域金融機関と資産・債権の流動化』金融財政事情研究会 2004/9
岡内幸策『証券化入門』日本経済新聞社 2007/4
格付投資情報センター『ストラクチャード ファイナンス レーティング・メソロジー』2009年版
島 義夫、河合祐子『クレジット・デリバティブ入門』日本経済新聞社 2005/5
加賀隆一編著『プロジェクト・ファイナンスの実務』金融財政事情研究会 H19/12
トゥルーバグループホールディング㈱編『アセット・ベースト・レンディング』金融財政事情研究会 H20/7
経済産業省『ABL研究会報告書』2006/3
野村総合研究所『動産・債権等の活用における資金調達手段』H18/3
知的財産権研究所編『知的財産権の信託』雄松堂出版 2004/5
小林卓泰『知的財産ファイナンス』清文社 2004/12
トーマツ他『知的財産部員のための知財ファイナンス入門』経済産業調査会 H19/3
福島良治『アクティブ デリバティブ戦略』日経新聞社 2007/7
甲斐良隆、榊原茂樹、若杉敬明編著『企業リスク管理の理論』2009/9

ケース3　自治体CLO（千葉県）

千葉県（平成19年度）	
人口	6201千人（全国第6位）
面積	5156平方キロ（全国第22位）
県内総生産	名目19兆7千億円（全国第6位）
中小企業数	13万2千社（全国第12 位）

CLO愛称「なのはな」（千葉県花）

　中小企業の多くは、金融機関からの借入（間接金融）に依存しているが、優れた製品や高い技術力を持った企業でも担保や保証人を求められ、十分な資金調達ができないケースが多々見られる。そこで、平成12年に東京都では、石原知事のもと「東京債券市場構想」を打ち出し、優秀で元気な中小企業が担保や保証人がなくても市場から直接資金調達できるよう、直接金融への道を拓こうとした。投資家の資金を中小企業に供給するため、証券化の手法を活用したCLO（ローン担保証券）・CBO（社債担保証券）を発行した。その後矢継ぎ早に大阪府（平成12年）、福岡県（14年）、大阪市（15年）、そして全国第5番目として千葉県がCLO活用融資を導入した。千葉県版CLOは、『はばたけ!! 元気な中小企業』というキャッチフレーズのもと、全国で初めて地元の地方銀行がアレンジャーとなって実施された自治体CLOである。

1　千葉県版CLOの特色

　千葉県では県内の元気ある中小企業にさらに飛躍してもらうため「地域の連携による地域金融の円滑化」「県内中小企業者に利用しやすい融資」という2つのテーマを掲げ、その具体的事業としてCLOが導入された。

　まず、「地域の連携による地域金融の円滑化」という面では、千葉県中小企業に投資する投資信託を県民に販売することで、県民のお金が直接的に県内の中小企業に投資される、いわば「県民が支える中小企業」の仕組みを導入した。アレンジャー役は地元の地方銀行（千葉銀行）がリレーションシップ・バンキング機能の強化の一環として務めた。なお、自治体サイドは千葉県と千葉市が連携して関わった。

　また、「県内中小企業者に利用しやすい融資」という面では、信用保証

協会の保証付き融資を金融機関から受ける形にした。無担保で第3者保証人不要であり、かつ元金返済も2年半後と通常より緩和された。しかも既存の「県の制度融資」の限度とは別枠で借りられ、信用保証協会への保証料も若干低く設定されるなど、条件面でも様々な配慮がなされた。

2　具体的な内容

(1) スキーム

証券化の仕組みを活用した融資としては
① 金融機関の中小企業向け融資債権に優先劣後構造を設けたCLO
② 信用保証協会の保証付き融資債権を証券化する保証型CLO
③ 中小企業の発行する社債を金融機関が買取りこれを証券化するCBO
などの様々な方式が実施されている。千葉県版CLOでは、できるだけ多くの中小企業を融資の対象とするため、中小企業にもなじみのある②の方式が採用された。千葉県版CLOのスキームを図3-12に示す。

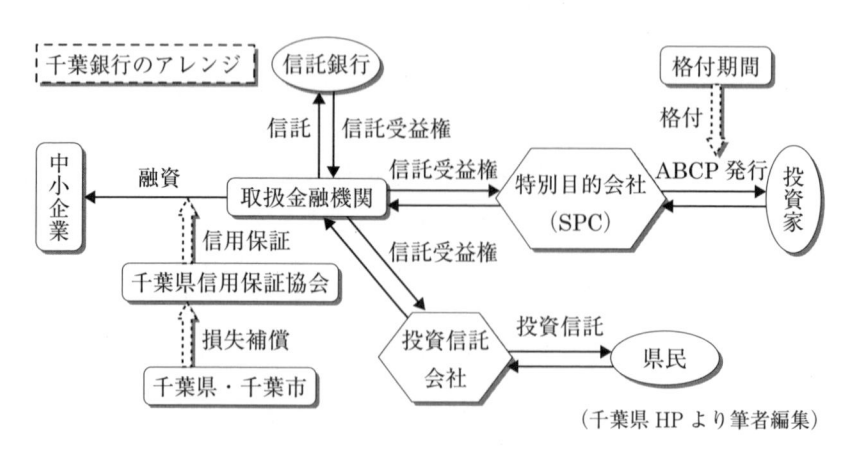

図3-12　千葉県版CLOのスキーム

(2) アレンジャー

こうした仕組みにおいては、関係者間での密接な連絡・連携が不可欠であり全体のスキームを運営するアレンジャーが重要な役割を果たす。千葉県版 CLO ではこのアレンジャーを地元の千葉銀行が第1回目から第3回目まで継続して担当した（第2回目のみ地元銀行2行との共同アレンジ）。なお、地元の金融機関がアレンジャーを務めるのは自治体 CLO では全国で初めてであった。

(3) CLO 活用融資

融資への参加条件及び融資条件について、ハードルを低くするよう様々な対策がなされた。無担保・第3者保証人不要・据え置き期間2年半のほか、信用保証協会の既存の無担保融資枠（当時8000万円）とは別枠で借りられることとし、保証料も若干低く設定された。第1回目の具体的な参加条件及び融資条件の概要は、表3-8の通りだが、その後、さらに若干の緩和が図られている。なお、取扱金融機関は千葉銀行ほか7行である（ただし第3回目は、一行のみ）。

(4) 信用保証と損失補てん

第1回目と第2回目においては、100％の千葉県信用保証協会の信用保証が付いていたが、その後部分保証制度に切り替えられ（平成18年9月までの間は上限が90％、その後80％）、千葉県の第3回目は90％の部分保証となった。また、事業者からの返済不履行が発生した場合は信用保証協会が保証履行することになるが、これに伴う損失補てんについては千葉市内の事業者分については千葉県と千葉市が2分の1ずつ、それ以外の事業者分については千葉県が全額信用保証協会に補てんすることにした。

(5) 県民や投資家向けの販売

一般投資家向けに証券（ABCP）が販売されるとともに、「県民が支える中小企業」を目指し、その一部は投資信託の形で県民に販売された。投

表3-8　第1回参加条件及び融資条件の概要

参加条件	次の条件を満たす中小企業者を対象とします。 (1) 同一事業を1年以上引き続き営んでいる県内の中小企業者（法人）であること (2) 直近の決算において 　・自己資本比率が10%以上であること（※） 　・経常利益を計上していること 　・営業利益支払利息率が100%以上であること (3) 窓口金融機関の審査を受け、また信用保証協会の保証承諾を得ること 　　（※）経営革新支援法の承認、創造法の認定を受けた企業については、自己資本比率が5%以上で可（この措置は「特定企業要件」という。）
融資条件	(1) 資金使途　　運転資金・設備資金 (2) 融資限度額　500万円以上5千万円（特定企業要件の場合は3千万円）以内で100万円単位。ただし月間平均売上げの1.5倍を上限とする。 (3) 融資利率　　TIBOR（※）+2.0～2.2%／年（他に証券化費用0.5%／年） (4) 融資期間　　5年間（2年6ケ月目から6ケ月毎の元金均等返済） (5) 担　保　　　不要 (6) 連帯保証人　第三者保証人不要 (7) 信用保証　　信用保証協会の保証が必要（保証料率年1.25%） (8) 取扱金融機関　千葉銀行等 (9) 融資実行時期　平成16年3月　　（※）TIBOR＝銀行間貸出金利　現状0.1%程度

（出典：千葉県庁資料）

資信託の愛称は県民の花の「なのはな」とし、知事自ら購入するなどのPRも実施、販売は地元地方銀行3行が担当した（ただし、第3回目のみは、アレンジャーの千葉銀行のみによる単独販売）。過去3回の販売実績は機関投資家向け証券が約380億円に対して県民向け投資信託が約111億円となっており、かなりの額が県民により消化された。なお、第1回目の販売では、県民向け投資信託の目標利率は0.4%に設定され、当時の公社債投信利回りを少し上回る水準であった。

3 CLO活用融資実績と利用者の評価等

(1) 融資状況と利用事業者の属性

　各回の融資状況は、第1回目（平成15年度）は、融資先806件に対して約224億円、第2回目（平成16年度）は、融資先486件に対して約150億円、第3回目（平成18年度）は、融資先426件に対して約121億円となっており、これら3回の累計では、融資先1718件に対して約495億円となった。このうち、第1回目でのより詳細な融資実績と利用事業者の属性（県の利用者実態調査による）は、それぞれ表3-9および図3-13の通りである。

(2) 利用者サイドの声

　第1回目の実施後、県によるCLO活用融資の利用者実態調査が実施された。その一部を見ると、CLOを知ったきっかけは「金融機関」が9割台半ばと圧倒的に多く、また利用動機は「金融機関に勧められたから」（78.2％）、「無担保の借り入れができるから」（25.3％）、「返済方法が魅力」（21.7％）、「千葉県が主導したものだから」（11.7％）の順であった。このように県の主導や金融機関の働きかけ、さらには有利な借入条件が利用動機となっている。次回以降の利用についても、回答者の約6割がまた「利用する」と回答し、その理由としても「据置期間や返済期間が魅力的」（63.6％）、「借入金額の規模が魅力的」（29.7％）、「金利が妥当」（14.5％）の順となっており概ね好評な様子が伺える。

(3) 地元の金融機関が中心になって取り組んだ理由

　千葉県は東京都に隣接することもあり、当時県庁には都市銀行から自治体CLOに対する提案などもあった模様である。しかし、もともと千葉県では千葉銀行をはじめ地域金融機関の中小企業に対する融資のカバー率が高く自治体とのつながりや関係がきわめて強い。地域金融機関が中心にな

表 3-9 CLO 活用融資実績（第 1 回目）

①取扱金融機関別実績

金融機関名	融資先数	融資金額（千円）	金額構成比
千葉銀行	741	20,638,000	92.0%
千葉興業銀行	18	509,000	2.3%
京葉銀行	5	175,000	0.8%
千葉信用金庫	8	204,000	0.9%
房総信用金庫	13	175,000	0.8%
銚子商工信用組合	7	200,000	0.9%
君津信用組合	6	140,000	0.6%
商工組合中央金庫	11	374,000	1.7%
合　計	＊809	22,415,000	100.0%

＊2金融機関から融資を受けた中小企業が3社あるため、融資先は809となっている。

②融資額の分布

融資額	企業数	構成比（%）
1000万円未満	100	12.4
1000万円〜2000万円未満	205	25.4
2000万円〜3000万円未満	126	15.6
3000万円〜4000万円未満	103	12.8
4000万円〜5000万円未満	32	4.0
5000万円	240	29.8
合　計	806	100.0

③業種別分布

（単位：百万円）

業種	融資額	構成比（%）	中小企業数	構成比（%）
製造業	5,074	22.6	162	20.1
建設業	6,974	31.1	245	30.4
卸売業	3,238	14.4	110	13.6
小売業	2,237	10.0	82	10.2
運輸倉庫業	1,118	5.0	38	4.7
サービス業	2,884	12.9	130	16.1
不動産業	890	4.0	39	4.9
合　計	22,415	100.0	806	100.0

（出典：㈱格付投資情報センター）

第 3 章 企業経営（資金調達）　81

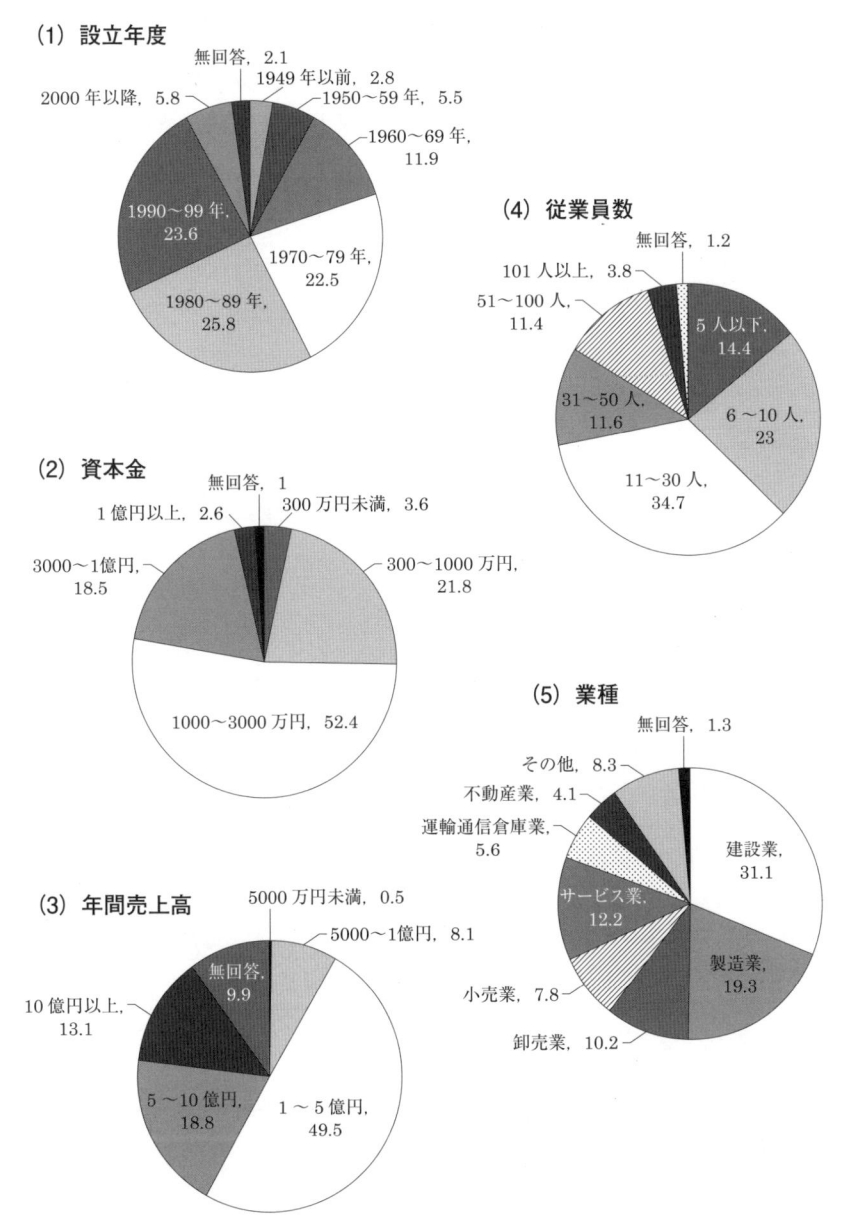

(1) 設立年度

- 無回答, 2.1
- 1949 年以前, 2.8
- 1950～59 年, 5.5
- 1960～69 年, 11.9
- 1970～79 年, 22.5
- 1980～89 年, 25.8
- 1990～99 年, 23.6
- 2000 年以降, 5.8

(2) 資本金

- 無回答, 1
- 300 万円未満, 3.6
- 300～1000 万円, 21.8
- 1000～3000 万円, 52.4
- 3000～1 億円, 18.5
- 1 億円以上, 2.6

(3) 年間売上高

- 5000 万円未満, 0.5
- 5000～1 億円, 8.1
- 1～5 億円, 49.5
- 5～10 億円, 18.8
- 10 億円以上, 13.1
- 無回答, 9.9

(4) 従業員数

- 無回答, 1.2
- 5 人以下, 14.4
- 6～10 人, 23
- 11～30 人, 34.7
- 31～50 人, 11.6
- 51～100 人, 11.4
- 101 人以上, 3.8

(5) 業種

- 無回答, 1.3
- 建設業, 31.1
- 製造業, 19.3
- 卸売業, 10.2
- 小売業, 7.8
- サービス業, 12.2
- 運輸通信倉庫業, 5.6
- 不動産業, 4.1
- その他, 8.3

（出典：千葉県庁の千葉県版 CLO 利用実態調査資料より著者編集）
（数字は％で表示）

図 3-13　利用事業者の属性

る形でなければうまく実施できなかったのでないかというのが、千葉県の関係者の声である。とはいえCLOのスキーム組成は地方銀行にとって決して簡単なものではなく、千葉銀行では平成13年から既に流動化業務に取り組みだす等、一定のノウハウを構築していたからこそ可能となった面がある。

4 課題と展望

(1) 高いデフォルト率

CLO活用融資は証券化という性格上、貸付後に返済条件の変更ができないことが一つの特色である。また仮に返済不履行が発生した場合には、信用保証協会の保証履行、ひいては自治体による損失補てんにつながる。東京都の例によると、平成21年3月末現在のデフォルト率は金額ベースで約6％（過去9回の単純平均）となっている。かなり高い印象を受けるが、一般の融資では返済条件変更したものをデフォルトにカウントしないのでCLOのデフォルト率は少し割り引いて考えることが必要である。

(2) 課題

無担保・第三者保証不要、据置期間2年半、返済が6カ月毎という条件は魅力的である反面、資金計画をしっかり作成できない事業者にとっては安易な資金調達になってしまう恐れがある。融資途中で返済条件を変更できない点、元本返済ができなくなった時点でCLO活用融資だけでなく、当該事業者へのすべての融資がデフォルトになることなどが課題として指摘されている。

また平成19年秋のサブプライムローン問題発生以降、金融機関が「証券化」に消極的になっている一方、東京都などが広域連携の取り組みを進めている。その時々の金融情勢や時代の変化に応じた様々な工夫や努力が今後とも必要と思われる。

(3) 地域金融機関の役割

　千葉県の自治体 CLO は全国で初めて地元の地方銀行が中心となり、過去3回にわたって合計で約 1,700 の融資先に約 500 億円にのぼる融資が実施された。またこのうち約 111 億円というかなりの額が投資信託として県民により購入されるなど、「県民が支える中小企業」・「地域自らの取り組みによる地域のための金融支援」が実現された。地元の金融機関が持つ地元中小企業者との接点が強みを発揮したのが今回の取組の特徴であり、今後はますます地域の実情をよく知る地元の金融機関の役割が重要となってくるものと思われる。反面、自治体 CLO を東京都や大阪府などの大都市部で実施する場合、大きなシェアを持つ地方銀行が見当たらず、いずれかの都市銀行が中心にならざるを得ないと思われる。

ケース4　コミュニティ・クレジット（神戸コミュニティ・クレジット）

神戸駅前大学の受講風景

日本トラストファンド㈱	
所在地	神戸市
出資金	2千万円（阪神淡路大震災被災地企業26社が出資）
事業	神戸駅前大学の運営と企業経営者のための人材育成セミナーの開催（株主が中心となり神戸コミュニティ・クレジットを運営）
活動期間	1999年～2010年

　コミュニティ・クレジットとは、信頼関係にある地域の企業が相互保証等の連携により資金を調達する金融手法である。地域企業どうしはお互いに対する豊富な情報を持っており情報の非対称性が小さく、連携することで個々の企業の信用より高い信用力が得られる。中小企業の場合、融資を受ける際の保証として不動産担保や経営者の個人保証に依存するケースが多く新たな資金の確保が難しい。阪神淡路大震災の被災地で日本トラストファンド㈱が運営した神戸コミュニティ・クレジット（以下、神戸CC）は、地域の信頼を担保にするという全く新しい発想のもとに資金確保の道を切り拓いた我が国で最初の例である。

1　神戸コミュニティ・クレジット立ち上げの経緯

　1995年の阪神淡路大震災、兵庫銀行の破綻等で深刻なダメージを受けた神戸地域の企業を中心に、貸し渋り・貸し剥がしが取り沙汰される中で新たな資金調達ルートを模索する動きが始まった。そして、1999年に異業種の地場企業経営者7人が共同で日本トラストファンド株式会社（以下JFTと略称する）を設立した。同社設立の目的は資本政策（特に直接金融）を学び、中小企業の連携組織を構築すること、そして被災地経済の復興のため神戸市に本拠を置く企業によって新規事業を作り出すことである。「自助・自立の精神による被災地経済の再生」を目指し、2000万円の出資金をもとに神戸駅前大学を設置、経営や人材育成などの勉強会を開催し企業間の連携や新規事業の構想を練った。

日本政策投資銀行の支援を得てJFTの株主企業を中心とした15社がコミュニティを形成し、日本政策投資銀行とみなと銀行（以下、「銀行団」と略称する）との協調融資により、神戸CCのスキームが実現された。借入企業6社は、15のコミュニティ参加企業（以下、「コミュニティ企業」と略称する）から3割の部分保証を得ることで、総額1億円の融資を受けた。2年後に貸付金額が回収され、銀行への返済と信託の委託者へ信託財産が交付された時点で神戸CCはその使命を果たし終了した。

　このクレジットの期間（2001年～2003年）を通して、コミュニティ内では融資対象事業に対して他の参加企業が顧客を紹介し、進捗状況の説明の際には相互に経営アドバイスをする等、コミュニティ内の企業が互助精神のもとに借入企業の事業に積極的に関わりを持った。

2　スキームの概要

　図3-14にてスキームを説明する。JFTの出資者である15社は、まずしんきん信託銀行に5000万円の「金銭の信託」を行い、銀行団はその信託受益権に質権を設定したうえで、しんきん信託に対し5000万円の融資を実施する。同信託は1億円の資金を原資として、コミュニティから選定された企業6社に対し貸付を行う。その際、借入企業はコミュニティ企業

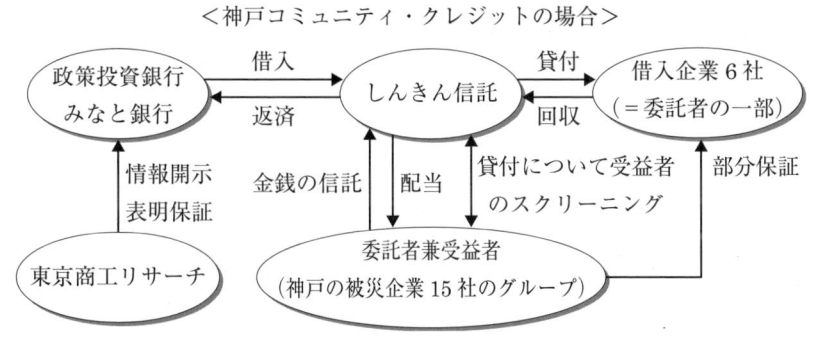

<神戸コミュニティ・クレジットの場合>

（出典：日本政策投資銀行「実践！地域再生の経営戦略」金融財政事情研究会2004）

図3-14　コミュニティ・クレジットの仕組み

から30％の部分保証を受けることが条件となる。信用調査とデューデリジェンスの機関として株式会社東京商工リサーチ、法律アドバイザーとしてアンダーソン毛利法律事務所が参加した。銀行団は不動産等の担保や経営者の保証を要求するのではなく、コミュニティのストラクチャー等を評価し、実質的にエクイティとなる信託受益権に質権を設定することでリスクに応じた金利を設定した。

3　特徴

この仕組みの特徴は「貸し付けを受ける企業はコミュニティ参加企業から部分保証を得る」ことであり、わが国古来の「頼母子講」がモデルになっている。地縁の付き合いから生まれる信頼関係を利用することにより資金調達が実現した。神戸CCの特徴はつぎの5つの仕組みに集約される。

> ① 地域内の情報を熟知したコミュニティによるスクリーニングを経て、高い信頼と事業に対するモチベーションを保有する企業を選定する。
> ② 借入を希望する企業が自ら信用調査会社を活用して主体的に情報開示する。
> ③ コミュニティは金融機関に対し借入企業の部分保証を行う。
> ④ 6社への分散融資により信用リスクの軽減を図る。
> ⑤ コミュニティ企業は、拠出する出資金を金銭の信託として信用補完する。

神戸CCは各メディアをはじめ多くの場で紹介され、海外ではアジア太平洋開発金融機関協会（ADFIAP）からADFIAP Awards 2002（地域支援・中小企業支援部門）を受賞したほか、国内でも金融庁の金融審議会報告書「リレーションシップ・バンキングの機能強化に向けて」等政府各省庁や自治体において地域金融を補完する方策として紹介された。その中では、新しい資金調達手法といった側面もさることながら、借り手と貸し手

間の情報の非対称性を埋め地域企業相互の信頼関係を強める働きが大きいことが強調されている。

4 信用リスクのプロテクション

(1) 信託方式によるモラルハザードの回避

神戸CCではコミュニティ・クレジットのみに業務を特定したSPVとして信託方式が利用された。「金銭の信託」(5000万円)の信託目的は6社に対するローン融資であり、信託終了時には金銭以外でも受益者に交付が可能な「金銭以外の金銭信託」という一般には馴染みの薄い契約であった。また受託者である信託銀行は銀行団から5000万円を借り入れることにより総融資原資を1億円とするが、この「金銭の信託」は信託方式特有の実績配当主義にもとづくエクイティの役割を果たすもので、全額返還される保証がない。

本スキームでは、ローン債権に不測の事態があった場合(期限の利益喪失事由が発生)に備えて、受益権に対し質権が設定されたほか、信託銀行は当該不履行債権を「金銭の信託」の委託者(15社グループ)に対して融資額の30%で売却することを可能とした(部分保証)。また、銀行団から借り受けた5000万円について、期限利益喪失事由が発生した場合、信託財産たる貸出債権をもって銀行団に対して代物弁済できる契約としている。

このように債務不履行時には、質権の実行をするか部分保証を求めるか或いは代物弁済によるか、多様なシナリオが用意されている。最終の回収段階に入って部分保証が履行された場合、残っているローン債権は信託行為の終了とともに現物で受益者のコミュニティ企業に交付され準共有となるので、「金銭の信託」は全額返還されないリスクを伴う。その意味で、コミュニティに一定の資金供与を求める本スキームはコミュニティのモラルハザードを防止するものとなる。

(2) 表明保証による情報開示

　借入れを希望する企業はコミュニティ企業の中から立候補し、他のメンバーの前で事業計画や財務内容のプレゼンテーションを行い、コミュニティ企業が納得したうえで融資対象 6 社が決定された。コミュニティ企業の 15 社は永年の信頼関係があるので「あの人がやるのであれば皆で応援しよう」ということで合意された。

　借入れを希望する企業は調査会社に対して主体的に情報開示を行い、作成された調査レポートはコミュニティの参加企業に届けられた。調査レポートを含めた企業の信用情報はコミュニティでの検証を経て金融機関に開示されるが、その際、コミュニティの全ての参加企業は開示情報の真正性を金融機関に連帯して保証することで情報の信頼性を向上させる。従って本スキームはコミュニティに審査機能を持たせ、コミュニティに信用力を認めたと捉えられる。

5　借入れ企業の動向

　神戸 CC によって実施された事業については「神戸駅前大学」で具体的な成果が報告された。JFT によりまとめられたレポート『中小企業の新しい金融のしくみ』の中から 4 社の例と借入れ企業の声を紹介する。

---

① ソフトウェア開発会社 A 社：保証をした企業（駐車場管理会社）と連携し、駐車場管理 POS のネット提供を事業化
② OA 機器販売会社 B 社：情報システム開発の共同受注やワンストップサービスを協力企業 22 社と事業化
③ 洋菓子製造販売会社 C 社：コミュニティを中心とした 49 人から私募債で約 7 千万円を調達し、コミュニティ・クレジットの資金とあわせて新店舗を出店
④ プラスチック成型製造会社 D 社：新素材を基にプラスチック製品の画期的な軽量化・軟質化・弾力化とイオン化加工の開発に取り

組み、新規顧客・新規市場を開拓

　ある借入れ企業の社長は「最後は互いの信頼が決め手。融資を受ける側に立つと、信頼されているのだから「止められない。失敗できない」となる。コミュニティのメンバーにお客様を紹介してもらえる面もあり、進捗状況の説明の度にアドバイスをもらったり……。当社にとっては、こちらの方がメリットは大きいかもしれない」と話している。神戸 CC がコミュニティ内の企業連携を強め、新たな事業展開を行っていくためのチャンスを作り出した。同社長は、また、次のように語っている。「信用・信頼はビジネスの基本である。しかし、本当に信用できる人間、経営者仲間はこれまで正直いなかった。そんな一生の財産を今回持つことが出来た」。

　このように、神戸 CC で借入れをした企業はコミュニティの信頼に応えるべく経営努力を行うと同時に、コミュニティ企業は借入れ企業の動向に常に注意を払う。また、販売先や仕入れ先の紹介或いは情報やアドバイスの提供など、借入企業の事業に積極的に関わった。特に、中小企業金融ではなかなか難しい「開発」資金の借り入れが可能となったことが意義深い。

　なお、JFT は神戸 CC プロジェクトの終了後に NPO 法人神戸地域総合研究所を設立し、神戸市産業振興財団と共に「神戸発！」の新規ビジネスや地域経済を発展させる事業を 2007 年まで企画推進し、2010 年に解散した。

6　地域金融への示唆

　地域金融を阻害する要因の一つに、地域企業と金融機関の情報の非対称性がある。中小企業 1 社毎の融資額が小さい上に、情報の信頼性や開示が十分でないことから、金融機関は期待収益率の割にはリスクが大き過ぎると感じる。一方、我が国の地域金融は長く担保や公的な保証機関に依存してきたため、金融機関の与信能力が低下している。その結果、低収益構造の銀行融資と商工ローン等の高利な連帯保証人融資が中心となってきた。これらの中間の金利で融資を行う金融機能が不在である。

このような地域金融が抱える問題解決の方法として、神戸 CC は好事例である。コミュニティが相互の信頼をもとに保証や貸借を行うことで中間金利ゾーンの市場を形成できる。また、与信のためにはスコアリングのような一律、機械的な信用判定ではなく「時間と労力をかけて、実際に汗をかく」必要性を示唆している。また、コミュニティ・クレジットは地域のお金を地域に再投資するもので、将来性のある企業を育てる仕組みである。地域の人間的なつながりを深め、中小企業経営を支援し元気づけるなど、日本の地域金融が目指す方向でもある。

〈参考文献〉

藤森朝詩　「コミュニティ・クレジットと地域金融の新たな方向」『銀行法務 21 No. 621』　2003/8
赤羽　貴「中小企業金融の一手法──コミュニティによる融資」『銀行法務 21 No. 621』　2003/8
日本政策投資銀行地域企画チーム『実践！地域再生の経営戦略　全国 62 のケースに学ぶ「地域経営」』社団法人金融財政事情研究会　平成 16/12

第4章 企業経営（リスク管理）

1 企業経営とリスク管理

　リスク管理や事業継続管理（BCM：Business Continuity Management）の必要性が我が国で叫ばれるようになったのは、阪神淡路大震災や銀行のニューヨーク支店における不正取引事件或いは乳業会社の食中毒事件以降であり、未だ10年余しか経っていない。かつてわが国で建前は別にしてリスク管理を真剣に考えなかったのは、長年右上がりの経済成長が続き多少の損失は土地や株式の含み益で対処できたからである。これまで「水と安全はタダ」と思い込んできたが、金融危機や震災を経験しリスク感覚を呼び起こされた。

　企業を取り巻く環境はグローバル化・IT化等により変化が大きくなると共に速くなった。一度リスクが顕在化しその対応に失敗すると企業は存亡の危機に直面、株主・従業員・消費者・市民など関係者への影響もかつてと比べられないほど大きくなった。益々重要になってきたリスク管理のプロセスは図4-1のような手順で進められる。

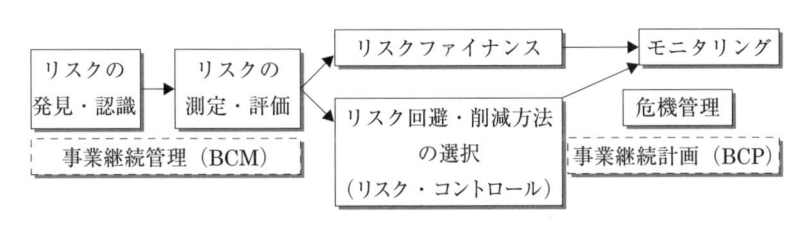

図4-1　リスク管理のプロセス

表4-1　リスクファイナンスの手段

〈金融市場〉	〈金融と保険の融合〉	〈保険市場〉
伝統的借入・社債	CATローン	伝統的保険
株式	CATボンド	取引信用保険
プロジェクト・ファイナンス	CATデリバティブ	天候保険
証券化	天候デリバティブ	ファイナイト
金利・為替デリバティブ	クレジット・デリバティブ	キャプティブ
	コモディティ・デリバティブ	

　企業は発見したリスクの評価に基づき、リスク回避・削減（リスク・コントロール）かリスクファイナンスの選択、あるいはそれらを組み合わせる。例えば、輸出業務における為替リスクを回避するには外貨建てのウエイトを高め、為替スワップを利用する。財務上過大な不動産保有に対しては証券化によりバランスシートから削除する。また火災や地震等の災害に対しては、耐火・耐震投資を行ったあと、残余リスクを保険で手当する。
　リスクファイナンスに関して、表4-1に示す通り、金融市場・保険市場の発展、融合によって様々な手法が開発されてきた。リスクファイナンスの対象は企業の抱える全てのリスクへと広がっており、従来保険で対処されてきたリスクについても適用が可能になっている。資本市場の投資家が自らの金融資産ポートフォリオでリスクを引き受けることで実質的に企業からリスクを移転するのである。
　リスク管理の目的はリスクの最小化でなく、リスク水準をビジネス戦略に合わせて決定することである。以下では天候リスク、資源価格リスク、災害リスクを対象にリスクファイナンスの活用方法をみていくこととする。

2　天候リスク管理

(1) 天候と企業収益

　一昔前は、天候による会社経営への影響は「Acts of God」（神のなせる

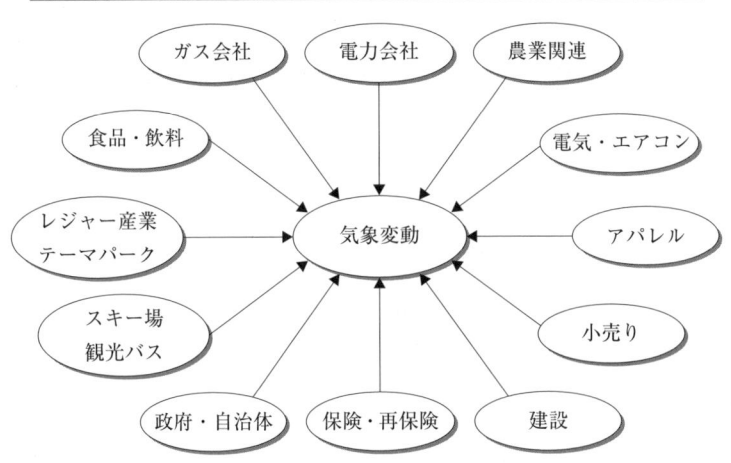

気候変動により収益に影響のある企業・組織は幅広い業種にわたる。

（出典：気象庁「企業の天候リスクと中長期予報の活用に関する調査」）
図 4-2 天候変動と企業収益

わざ）であり、やむを得ないとの暗黙の合意が社会全体に存在していた。有価証券報告書の営業概況の中に「今年は例年にない暖冬だったので、営業状況は厳しく……」といった表現が散見されたもので、業績不振に対する言い訳にも使われていた。図 4-2 は天候が様々な業界の経営に影響を与えている状況を表している。ある調査によると、企業の 8 割は天候から何らかのかたちで損益にインパクトを受けている。1997 年に開発された「天候デリバティブ」により、天候リスクはある程度回避し得るものに変り、天候に左右されない経営が可能な時代が到来した。

(2) 天候リスクのコントロール

もちろん事業自体をより天候に左右されにくい体質に変えていくことも重要である。そのためには分散化、すなわち商品の多様化、営業エリアの拡大、輸出の拡大等が有効なのだが、天候リスクを 100％回避するのは不可能である。

一方、天候デリバティブは天候の影響で損失が出た場合にその補てんを受ける契約である。具体的には、買い手が一定額のプレミアムを支払い、

気温・降水日数・積雪量・風速など様々な気象データをもとに金銭の支払いを受ける。補償額は気象データが事前に取決めた数値を上回った（下回った）程度をもとに計算される。損害保険と異なり実際の損害の有無は問われない。

　天候デリバティブはコストを伴う契約であり、コストと補償のバランスが重要である。例えば、冷夏によって利益が落ち込むと予想される衣料品メーカーの場合、経常利益が赤字にならない水準をヘッジの目安にする、また、遊園地を経営する企業では、夏休み時期やゴールデン・ウィークの降雨日数が平年比1.5倍になっても、総収入の減少を1割減までに留めるような契約を結ぶことが考えられる。

　損害保険会社から定型商品が提供されている。紅葉時期の天候不順は旅館・ホテルなどの観光業に大きな影響を与える。これら企業の降雨リスクをヘッジするのが図4-3の降雨日数をトリガーとした天候デリバティブ

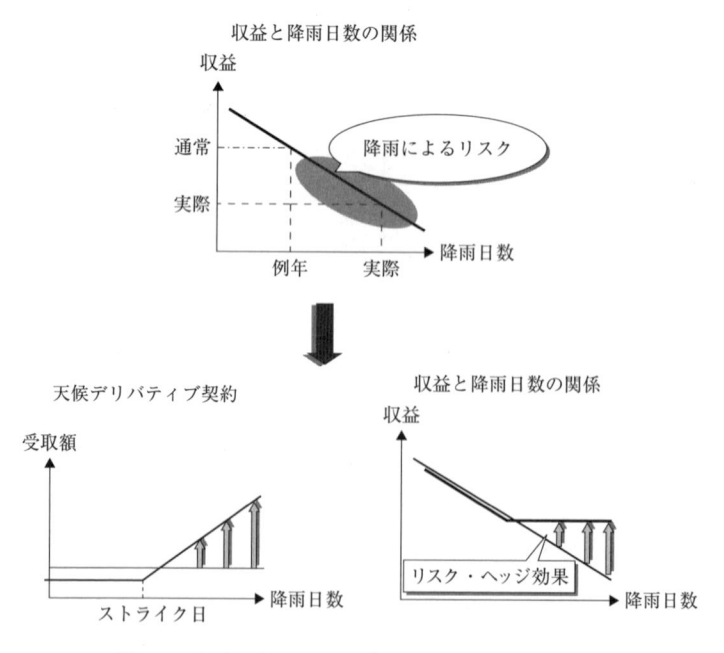

図4-3　天候デリバティブによるリスク・ヘッジ

（コールオプション）である。紅葉時期は地域によって異なることから補償期間を地域別に設定し、想定観光客の数によりプレミアムも異なる設計である。

　一般企業向けには、個々のニーズに応じて個別に設計する通常のオプション方式やスワップ取引やカラー取引が提供されている。スワップ取引やカラー取引はプレミアムのやり取りのないゼロコストの取引である。

(3) 天候デリバティブのマーケット

　米国の燃料ブローカーが原油デリバティブを変形して気温デリバティブを開発したのが1997年である。1999年にはシカゴのマーカンタイル取引所（CME）が気温リスクを対象としたオプションを上場し、電力・ガスといったエネルギー需要の変動をヘッジする手段として定着していった。その後、市場規模は急拡大と安定期を繰り返してきた。

　わが国でも米国市場の成長を追う形で1999年に最初の取引が成立して以来、着実に市場は拡大してきた。特に地方銀行が損害保険会社の定型商品を媒介するようになり、その成長を支えた。わが国の天候デリバティブ市場の特徴は、

　　（イ）中小企業の利用が多い
　　（ロ）気温のほか降水量や降雪量・湿度といった多種類の商品が取引されている
　　（ハ）取引規模が米国と比べ小さい

ことである。2007年の段階での市場規模は2000年の約10倍にあたる700億円程度でされているが、その後は安定期に入っている。2007年金融商品取引法の成立によるデリバティブ取り扱い業務の厳格化は地方銀行に影響を与えたといわれている。わが国においては保険にみられるアンダライティング取引が優越しており、トレーディング的取引が優越している米国と大きく異なる。これは天候デリバティブ市場の発展にとっての課題でもある。

(4) 価格付けと課題

　金融資産と違い天候そのものに価値がある訳ではないので、金融におけるブラックショールズ・モデルのようなスタンダードなプライシング理論は天候デリバティブに関して未だ確立されていない。取引の対象となる気象インデックスが市場で取引されていないので複製ポートフォリオの構築ができず無裁定価格評価は困難である。同時にその市場は非完備でありリスクの市場価格が一意に決まらないため、価格評価自体が難しく種々の研究がなされているところである。現実には、伝統的な保険的手法が採り入れられているようである。標準的には、契約条件に示される気象観測所・計算期間・気象要素における支払い予測値を求め、その予測値の不確実性に基づくリスク・スプレッドを期待値に加算する方法である。

　気象のトレンドと過去のボラティリティを何年とるかでオプションの価格に影響を与える。オプションの売り手（リスクの引き受け手）には突発的な異常気象が起きた場合に支払いが集中する。日本国内でリスク分散するには限度があり、引き受け手側には地球規模でリスクを管理できる体力とノウハウが必要である。日本のリスク・テイカーが米国のエネルギー総合商社（パワー・マーケター）と提携を図っている他、アジアの天候リスクを引き受ける等、リスク分散を図ろうとしており、オプション価格の改善につながる方策として注目されている。

3　資源価格ヘッジ

(1) コモディティ価格の変動リスク

① 21世紀の価格革命

　近年、原油や非鉄金属・農産物等の商品市場は「21世紀の価格革命」といわれているほどの価格上昇とボラティリティの増大に見舞われている。図4-4の商品指数（TOCOM）に示されるように、コモディティ価格は2008年7月に記録的な高値をつけて一旦下がったものの、歴史的に見

$2002/5/31 = 100$

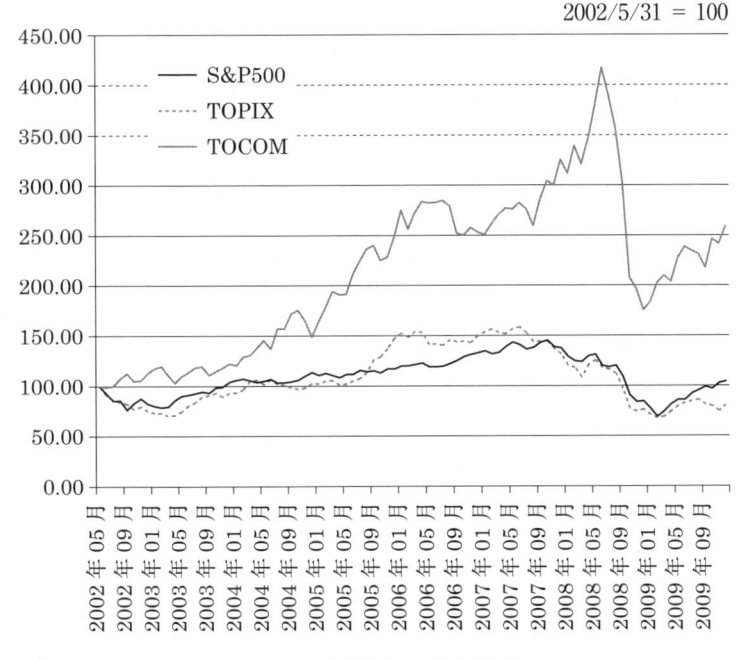

図4-4 商品指数と株価指数

て高水準を維持している。また、商品価格の変動幅は、株式（TOPIXやS&P 500）に比較するとはるかに大きいことがみてとれる。

　一次産品の価格変動が大きくなるのは、需要・供給の弾力性の低さに加え、その偏在性（その結果、供給が寡占状態になる）、有限性（そのため、価格が高騰しやすい）、戦略性（政治的に利用されやすい）に起因する。さらに、世界経済の牽引役が人口8億人の先進国から人口27億人のBRICs諸国などの新興国に移行し、コモディティの「安い価格帯」から「高い価格帯」にパラダイムシフトするにつれ価格変動幅も大きくなった。温暖化規制やファンドや機関投資家の巨額の投資資金が流入していることもこのような動きの背景にある。

②コモディティ価格の特徴

　コモディティの価格は時間とともに一方的に上昇或いは低下し続けるこ

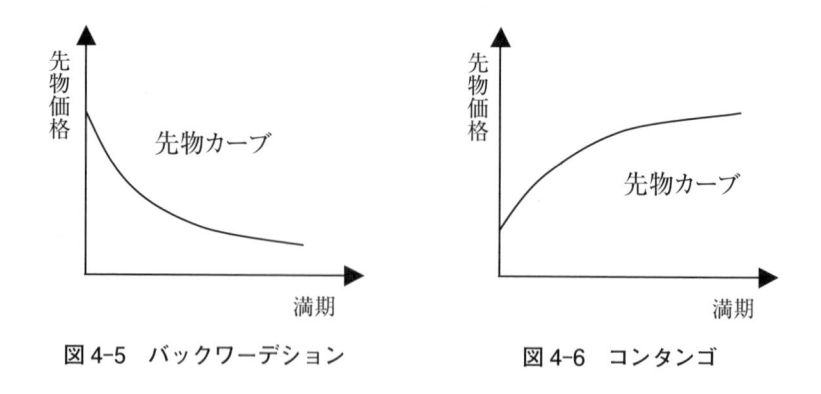

図4-5　バックワーデーション　　　　図4-6　コンタンゴ

とはなく、生産物の限界コストと想定される水準に平均回帰する傾向がある。また農産物には収穫サイクルがあり、天然ガスは天候パターンによる消費の変化による等、多くのコモディティの価格には季節性がある。さらに、石油のように産油国の政変やメジャー石油会社の生産調整などにより価格がスパイクする場合もある。

　貯蔵可能なコモディティについて、保管コストとコンビニアンス・イールドが存在することは金融先物との比較で大きな相違点である。コンビニアンス・イールドとは、将来の受け渡し契約を持つ所有者ではなく現物の在庫所有者にのみ生じる利益のことである。例えば、原材料在庫を保有することで万一の原材料不足のときでも操業停止にならないメリットが該当する。コモディティ先物の価格式は次のように表現される。

　　コモディティの先物価格＝現物価格＋金利＋保管コスト
　　　　　　　　　　　　　　　　　　－コンビニアンス・イールド

　エネルギーや非鉄金属などにみられるように、供給が不十分で在庫保有によるコンビニアンス・イールドが大きい場合、先物カーブは図4-5のようなバックワーデーションとなる。先物カーブの形状がバックワーデーションになると、期近の先物価格が期先の価格を上回り、価格が下降すると考える市場参加者が多くなる。これに対して金や銀の貴金属市場には効率的なリース市場があるので、先物カーブは通貨取引と同様に金利裁定が働きコンタンゴ（図4-6）となることが多い。先物カーブの形状がコンタンゴに

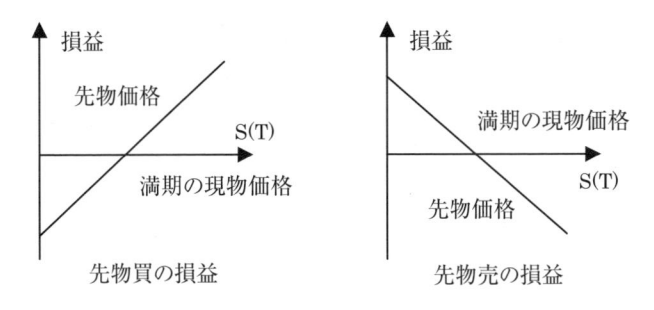

図 4-7 先物契約の損益

なると、期先の先物価格が期近の価格を上回り価格上昇期待が大きくなる。もし原油のリース市場があれば、バックワーデション状態に対して現物を借りてきて空売りし、先物を買い戻すオペレーションで裁定できるわけであるが、エネルギーや非鉄金属の市場にはリース取引は存在しない。

(2) 多様なリスク・ヘッジ方法

我が国の企業は、国際商品市場の高いボラティリティに寛容ではいられなくなってきている。効率化追求の中でマージンは絞り込まれる一方、原材料や燃料価格変動リスクは自ら管理しなければならない。わずかなマージンは、ちょっとした原材料や燃料価格の変動で吹き飛んでしまう。原材料・燃料コストの変動がクローズアップされるにつれ、伝統的な先物取引やスワップ取引・オプション取引のノウハウがコモディティ市場にも適用される時代となった。それぞれの取引が単独では実現できないペイオフも、組み合わせることによりニーズに適合したペイオフを実現することも可能である。

①先物取引と先渡し取引

先物取引には「売りヘッジ」・「買いヘッジ」がある。生産者は先物を売ることでヘッジを行い、原材料や燃料の購入者は先物を買うことでヘッジを行う。先物契約は買い手と売り手の損益関係がゼロサムであるので、売りヘッジ・買いヘッジによる損益は図 4-7 のようになる。また先物取引で

```
スワップの          固定価格の支払         スワップの
買い手       ──────────────→         売り手
            ←──────────────
               変動価格の支払
```

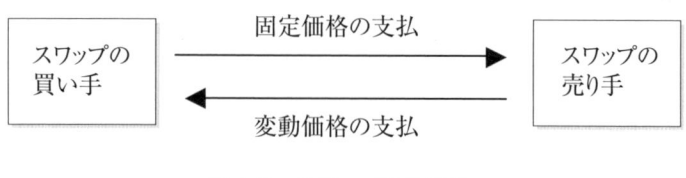

図4-8　スワップの仕組み

は日々、値洗いが行われ、証拠金の差し入れ・受け取りが行われる。

　先渡し契約とは特定の品質および数量の商品を特定の日時・場所・価格で受け渡す契約で、売り手と買い手の間で取り交わされる。相対で取り引きされるので、取引所を通じて行われる先物契約とは異なり、相手方の信用リスクを勘案せねばならない。

②スワップ取引

　価格スワップ取引は図4-8のように、固定レートのキャッシュフローと変動レートのキャッシュフローを交換する取引である。売り手と買い手は決められた価格・数量・期間で商品価値を交換する契約を結ぶ。先物取引のように現物商品を実際に交換することはなく、契約当事者は固定価格と変動価格の差額を現金で支払う。

　スワップ契約による損益は先物取引と本質的に同じである。即ち、スワップ買いを行った資材やエネルギーの購入者は、価格が上昇した場合の影響を排除することができる（但し、スポット価格が下落した場合の収益機会は放棄することになる）。またスワップ売りを行った生産者は価格が下落した場合の損失から守られる（但し、製品価格が上昇した場合には利益機会を失うことになる）。

　先物市場でのヘッジは6～9カ月物までと短期であるが、価格スワップによって9カ月より先のヘッジが可能となる。石油の場合は10～12年先、天然ガスの場合は30年先、電力の場合は20年先まで取引可能といわれている。また先物取引が可能なのは限られた商品だけであるが、スワップは店頭オプションと同様、さまざまな商品や期間に合わせて仕組みをアレンジすることができる。なお、スワップ取引は先渡し取引と同様、相対取引

であるので取引相手方の信用リスクに留意する必要がある。

③オプション
　イ　キャップとフロアー
　キャップ取引は、変動価格が権利行使価格を上回った場合に、キャップの売り手がキャップの買い手に、変動価格とキャップ価格（権利行使価格）の差額を支払うことを約束する相対契約である。キャップはいくつかのコールオプションの集合体で構成されており、それぞれのコールオプションを「キャプレット」という。コールオプションの集合体がキャップであるように、幾つかのプットオプションの集合体のことをフロアーといい、1つ1つのプットオプショションのことを「フロアレット」という。フロアーは資材供給者や生産者などが、価格下落リスクをヘッジするために利用する手法である。
　キャップ買いとフロアー買いの損益は図4-9、図4-10の通りである。資材購入者の場合であれば、資材購入の許容上限価格に対して次式を満たすキャップを購入すると、スポット価格の上昇に対してリスク・ヘッジが可能となる（ケース6参照）。

　　資材購入の許容上限価格＝権利行使価格＋キャップのプレミアム

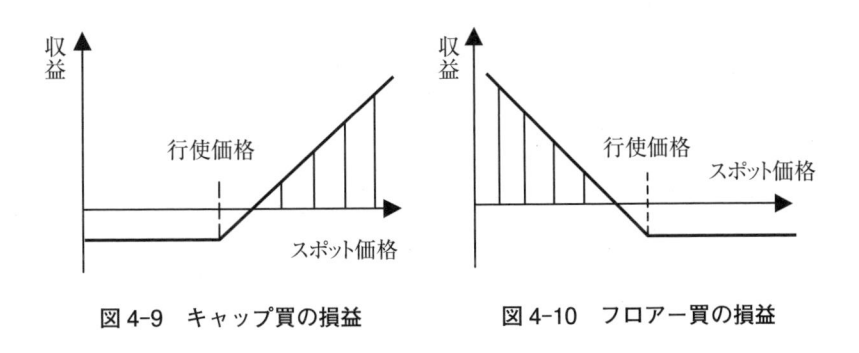

　　図4-9　キャップ買の損益　　　　図4-10　フロアー買の損益

　ロ　スプレッド・オプション

コモディティのスプレッド・オプション（spread option）は、コモディティ市場特有のもので、二つのコモディティの価格差を原資産とするオプションである。大豆と粉砕大豆（soy crush）のように二つの商品価格差に基づく場合（商品間スプレッド）、二つの異なる地域の同種のコモディティの価格差に基づく場合（ロケーション・スプレッド）、二つの異なる時点の同種のコモディティの価格差に基づく場合（カレンダー・スプレッド）などがある。

(3) コモディティ市場の現状と課題

①リスク管理のための法整備

我が国では従来、商品市場は一部の投資家を対象にした限られた市場というイメージがあり、正面から積極的に商品価格ヘッジに取り組む企業の数は少なかった。日本経済が原材料及び燃料のほとんどを輸入に頼っている以上、個々の企業にとって国際商品市場の高いボラティリティは、非常に大きな事業リスクのはずである。

また、相対的に発展途上の段階にある我が国の商品デリバティブの成長を促進する必要がある。このような時代の要請を受けて、企業を取り巻く法律や会計の規定は大きく変更され、商品価格のリスク・ヘッジに関するインフラ整備が急速に進みつつある。今後もヘッジャー、マーケット・メーカー、機関投資家等の市場関係者にとって使い勝手の良いインフラ整備に向けて不断の手直しが求められる。

②ヘッジ会計

ヘッジ会計とは、一定の条件を充たすヘッジ取引について、ヘッジ対象に係る損益とヘッジ手段に係る損益を同一の会計期間に認識することで、ヘッジの効果を会計に反映させるための処理方法である。ヘッジ会計を適用できなければヘッジ手段の効果を財務諸表に反映することができないのだが、2000年に導入されたものの未だ馴染みが薄い。

コモディティのヘッジ会計適用に当たっては金融商品と同様、ヘッジ取引の事前要件と事後要件を満たさねばならない。ヘッジ会計は利益操作に

悪用される危険性があるので、厳格な適用が求められる。しかしあまりに厳格に過ぎると、ヘッジ会計が適用されずに企業のリスク管理に対する意欲を減退させる危険性がある。そのため、中堅・中小企業がコモディティ取引に取り組みやすいヘッジ会計制度を作るための提言も活発になされるようになった。

③クロス・コモディティ市場の形成

　我が国の電力取引は卸電力を除いて自由化されていないが、先進国の多くの国では自由化が進んでいる。これらの国の電力事業者は発電に関わるさまざまなリスクを管理するのに、先物取引（燃料価格のヘッジ）や天候デリバティブ（電力需要のヘッジ）を用いている。また排出量取引が導入されている欧州では、電力事業者が大きなシェアを持っている。

　排出権、電力、燃料、天候、穀物市場の関係を表すと図4-11のようになり、クロス・コモディティ市場といわれている。電力、燃料、天候、排出権、穀物の価格は連動しており、一つ一つがばらばらに動くわけではない。天候が電力需要に影響し、燃料価格や排出権価格が供給コストに影響して電力価格が決定される。日本では現在、日本卸電力取引所において部分的に電力取引が行われているが、自由化が本格化すればこのようなクロス・コモディティ市場を通じて他国に比して割高な電力価格の低下が期待される。

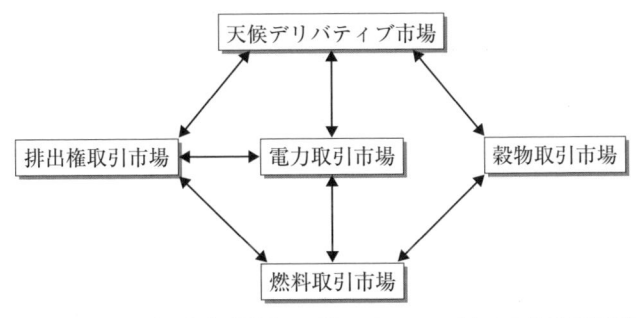

（土方薫「総論　天候デリバティブ」より筆者が編集）

図4-11　クロス・コモディティ市場

4 事業継続管理 (BCM) とリスクファイナンス

(1) 災害大国で求められる BCM

　地震や水災・テロ攻撃などの緊急事態に遭遇した場合に、単に工場が被災し自社の操業が停止するだけでなくサプライチェーンの途絶により、被災地から離れた取引先にも大きな影響を与える事例が近年多くなってきた。また新型インフルエンザの世界的大流行（パンデミック）の発生も操業停止のリスクの増加要因である。

　被災して設備が使用できなくなったときどうするか、パンデミックにより従業員が出社できなくなったときにどうするか、協力会社が被災して部品が入ってこないときにどうするか、復旧するための手順等の計画が事業継続計画（BCP：Business Continuity Plan）である。注目されたのは米国の同時多発テロ（2001年9月）や新潟県中越沖地震（2007年7月）で、予め策定していた BCP に則って業務再開を果たした企業の例を目の当たりにし BCP の有効性が広まってからである。

表 4-2　BCP 策定のファイナンス面からのインセンティブ

BCPサポート	BCP作成のインセンティブ	取扱金融機関等（実績件数）
融　資 （私募債）	BCPに対応する防災投資対象融資金利の優遇制度	多数の金融機関、政策投資銀行(19)、日本政策金融公庫(177)、商工中金、静岡県他数県
保　険	BCP対応が整備された企業の費用・利益保険等の保険料の優遇	リスク・コントロールの状況に応じた保険会社のプライシング
	損保ジャパンは政策投資銀行・商工中金と提携し、BCP対応企業への費用・利益保険の保険料を優遇。また中小企業整備振興機構の参加企業にBCP地震補償保険を提供	
保　証	BCP対策を行う企業への被災時借入の保証予約―予約料なし	静岡県信用保証協会（3）

（実績件数は『リスク対策.COM』2009/3号より）

(2) BCP策定のインセンティブ

　内閣府による「事業継続ガイドライン」(2005年)や中小企業庁「中小企業BCP策定運用指針」(2006年)をはじめ、行政によってリスク対策の標準化への音頭が採られた。さらに、BCP策定を全国的な運動を展開すべく、政府系金融機関が防災投資に対する金利優遇のインセンティブを設けた。BCP対策を行う中小企業の被災時借入に信用保証協会が便宜を図る制度も登場している（ケース7参照）。

　企業の災害対策に対する低利融資や提携会社を通じて災害リスクのコンサルティングを行う地域金融機関が出る等、企業におけるBCP策定や危機管理対策のインセンティブが高まっている。また、損保会社の中には政策投資銀行や商工中金と提携して、保険料の割引制度を創設しBCP対策の促進を図っている例もある。

(3) 時間軸によるキャッシュフロー対策

　2005年にハリケーン"カトリーナ"が米国を襲ったとき、米国では中小企業庁への融資申請が殺到し審査能力がパンク、融資までに何カ月もかかり大問題になったとされている。わが国では、阪神淡路大震災や新潟県中越地震・中越沖地震では比較的迅速な対応が取られたが、それでも個別企業としては手続きの遅れに苦慮したといわれる。

　保険をかけているから大丈夫なのではなく、保険金支払いまでに資金繰りが赤字にならないか点検することが必要である。BCPがあり事業中断期間が短くて済んでも、1週間後に資金ショートするようならせっかくのBCPも意味がない。また新型インフルエンザによるパンデミックの場合には、第1波だけでなく流行の状況によっては第2波、第3波のキャッシュフロー対策が求められる。

　中小企業庁のBCP策定運用指針では、「財務診断モデル」によって、被災した場合の建物・設備の損害額、復旧費用や事業中断によるキャッシュフローの悪化額などを計算することになっている。企業の費用を固定費と変動費に分解することにより、事業中断によるキャッシュフローや売上高

の減少を把握する。このシミュレーションを実行することで、経営者は必要な手元資金や制度融資・銀行からの資金調達額を知ることができる。

(4) 災害を対象としたリスクファイナンス

災害を対象としたリスクファイナンスといえば伝統的に保険であったが、同時集中的な被害をもたらす災害は保険市場の引き受け能力を超える。このため金融・資本市場をリスク移転先とするCATデリバティブやCATボンド、CATローンの利用が徐々に広がっている。金融・資本市場が災害リスクを引き受けることで全体のキャパシティが飛躍的に増大する。CAT（catastrophe）とは、発生確率は低いが発生した場合に損害規模が大きくなる地震・台風のほか、海外では寒波・洪水・ハリケーンなどの巨大災害を指す。

経済産業省「リスクファイナンス研究会報告書」(2006/3) によると、企業物件の地震保険の火災保険付帯率は1～3％程度と推定されている。事業中断のリスクを補填する費用・利益保険の地震カバー率は更に低いとみられており、地震災害大国としてのリスクファイナンスとしては心もとない現状である。以下地震リスクを対象とした金融・資本市場の活用を記述する。

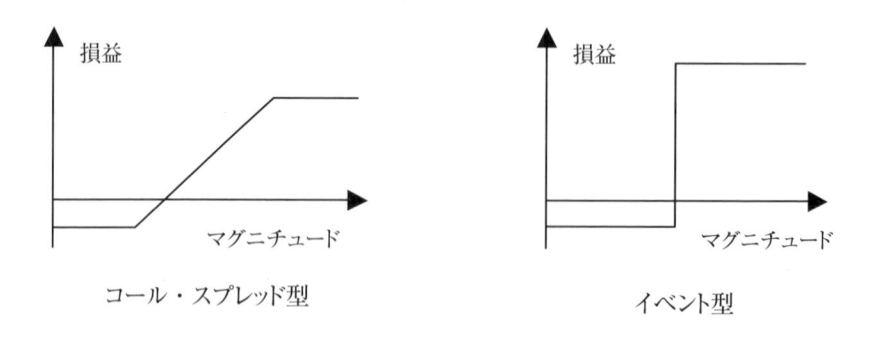

図 4-12 地震デリバティブ

① CATデリバティブ

　地震により測定されるインデックス（マグニチュードや震度）が一定の水準（行使価格）を上回る場合に、オプションの買い手が支払を受けることができる。インデックスが、行使価格を下回って推移すればオプションは価値がないまま消滅し、プレミアムはそのまま売り手のものとなる。相対取引なので図4-12に示すように、ペイオフがマグニチュードに比例するコール・スプレッド型や一定金額に固定されるイベント型等、自由に設計ができる（ケース8参照）。実損支払が原則の保険では事故査定に時間がかかるが、デリバティブはペイオフがトリガーに基づくので支払いが迅速であり、更に間接損害としての営業中断リスクの補填も可能となり企業のニーズに応えやすい。なお、デリバティブに類似している新しい保険として、特定した対象地域内で一定規模以上の地震により自社や取引先が被災した場合、被害査定を待たずに仮払いする方式の特定地震危険担保利益保険が開発されている。

② CATボンド

　CATボンドとは、発行主体がマグニチュードなどをトリガーとする債券を発行し、トリガーが発生すると予め約束された割合の元本を発行者が受け取る代わりに、債券の購入者（投資家）は一定割合の元本や利息を毀損するスキームである。またトリガーが基準未満であれば、投資家は元本

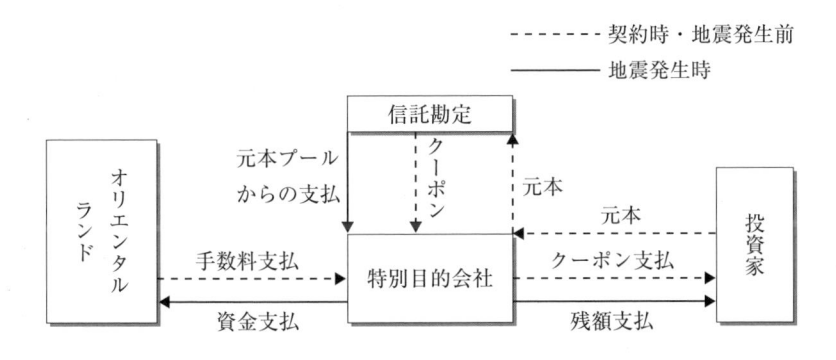

図4-13　CATボンドのスキーム

の返還とリスクに見合った利払いを受ける。したがって、CATボンドは元本を失うリスクの代償として、同じ格付けの普通社債よりも高いクーポンが付される。自然災害は景気や株価・金利との相関が小さいので、機関投資家のポートフォリオに組み入れる場合、リスク分散メリットが大きい。このため欧米の機関投資家を中心に需要が定着しており、サブ・プライム問題以降も他の金融商品に比べ早期に発行の取り組みが復活した。

　我が国では保険会社が引き受けキャパシティ拡大のため利用しているだけでなく、事業会社が営業中断リスクをカバーするために発行した例がある。オリエンタルランド（1999年発行　収益補填型（図4-13）と流動性確保型）とJR東日本（2007年発行　デリバティブ利用型（ケース8参照））である。

③ CATローン

　CATローンは地震が発生した時に特定条件での借り入れを可能とするオプション契約で、コンティンジェント・デットとも呼ばれる。災害発生等の前提が満たされた時のみ銀行に融資義務が発生する契約で、融資枠を確保しておくだけの当座貸し越し契約や資金繰りの機動性を目的とした「コミットメントライン」とは異なる。通常の「コミットメントライン」の場合には、地震による被災があると財務制限条項に抵触することとなり利用できない。CATローンでは、震源地やマグニチュードなど地震発生を客観的に観察できる契約発動のトリガーをはじめ、表4-3のような事前取り決めがなされる。

表4-3　CATローンの契約

CATローンのトリガー	震源地××を中心とした半径××以内のマグニチュード××以上		
借入限度額	△△億円	借入金利	Libor+△△bp
コミットメントフィー	△△bp	借入期間	△年
コミットメント期間	△年		

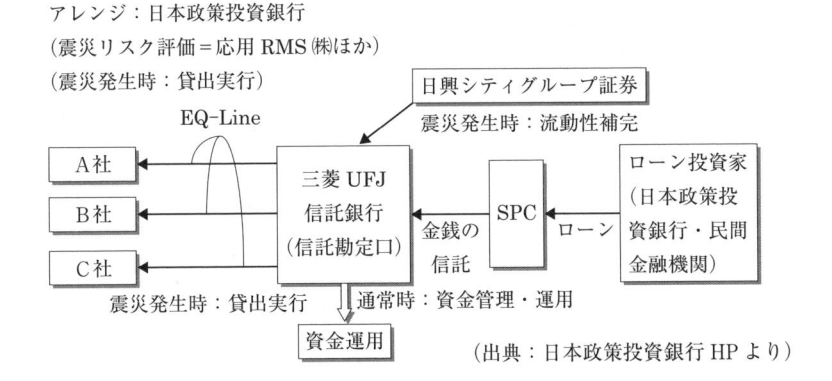

図 4-14　EQ-Line（震災時発動型融資予約）の仕組み

　CAT ローンのスキーム例として、複数企業に対応できる信託機能を活用した震災時発動型融資予約方式（EQ-Line）を図 4-14 に示す。
　ケース集に示す、信用保証協会の災害時発動型保証予約システムを利用した地元金融機関の取り組みは CAT ローンの発想に基づく官民連携の応用例である。

(5) BCM に関わるリスクファイナンスの課題

　ここまで自然災害とりわけ地震リスクへの対応として、豊富な資金量をもつ金融・資本市場の活用に焦点を当ててきた。これらは銀行・証券会社・（再）保険会社・政府系の金融機関や信用保証機関などの協力関係の中から生み出されてきたものであるが、一層の普及のため小口化やコスト削減の進展が期待されている。
　また、我が国で新型インフルエンザ（パンデミック）が発生した際、休業中の給与支払い等のキャッシュフロー不足をカバーする手立てがないといった問題が生じた。パンデミックは地震と同様に大数の法則が効かない同時集中リスクであるうえ、国を跨いで進行するため、保険会社や銀行だけでは対応が難しい。流行の状況によっては第 1 波だけでなく第 2 波・第 3 波と断続的に長期化する可能性もあり、財務面に深刻な打撃を与える可

能性が懸念される。費用・利益保険はわが国では大抵火災保険に付帯されているので、物損を伴わないパンデミックの場合この保険の補償対象とならない。また、通常のコミットメントラインでは、パンデミック発生により財務制限条項や不可抗力条項に抵触して借入が不可能になる懸念が残る。新型インフルエンザに限らず、世界的な広がりを持ちうる感染症流行による事業中断リスクをカバーするリスクファイナンスの構築は難しい。

しかしながら、これまでも通貨切り下げ・自然災害・天候不順・テロなどの巨大なシステミックリスク領域において、部分的にではあるがリスクファイナンスの道が徐々に開かれてきた。保険市場と資本市場の連携によるリスク引き受けキャパシティの拡大、情報の非対称性を克服するファイナイトやキャプティブ（第7章で詳述）の登場を経て、今後も一層の発展が期待されている。

〈参考文献〉

土方　薫『総論　天候デリバティブ』シグマベイスキャピタル　2003/1
広瀬尚志監修『天候デリバティブのすべて』東京電機大学出版局　2003/2
刈谷武昭編著『天候リスクの戦略的経営』朝倉書店　2005/12
若浦雅嗣「ウエザーデリバティブの価格決定とその方向」『リスクと保険』
　　　Vol-1　2005/3
気象庁『企業の天候リスクと中長期予報の活用に関する調査』2002/3
気象庁『天候リスクマネジメントへのアンサンブル予報の活用に関する調査
　　　2003/3
E・ジュマン『コモディティファイナンス』野村証券・野村総合研究所事業リス
　　　ク研究会訳　日経BP社　2007/7
新村直弘監修、佐藤隆一、北方宏之、濱　宏章『コモディティ・デリバティブ
　　　のすべて』金融財政事情研究会　2009/2
山口健一郎、藤井浩嗣『コモディティ・デリバティブ入門』シグマベイスキャ
　　　ピタル　2007/12
土方　薫『電力デリバティブ』シグマベイスキャピタル　2004/9

P・C・フサロ編著　椎名照雄監訳『エネルギーデリバティブの世界』東洋経済新報社　2001/4

河村幹夫監修、甘利重治、山岡博士『石油価格はどう決まるか』時事通信社　2007/12

長岡勝美『「中小企業の会計に関する指針」と税務』税務研究会出版局 2006

中小事業者等の商品市場利用に関する研究会『中小事業者等の商品市場利用に向けた今後の取り組み』2008/12（日本商品先物振興協会が事務局）

ヘッジ取引普及検討会『ヘッジ取引に係る会計・税務のあり方に関する提言』2010/1（日本商品先物振興協会が事務局）

(株) 東京工業品取引所『オプション取引の基礎知識』検定試験テキスト 2008/4

小野里光博「商品先物市場を活用したリスク・ヘッジ」中小企業基盤整備機構セミナー（2009/11/13）資料

和歌伸介「コモディティリスクマネジメントの実務」経営調査研究会セミナー（2009/10/28）資料

大橋和彦「商品価格の相互依存関係──排出権価格を例に」『証券アナリストジャーナル』2009/4

小島栄一「米商品先物の規制強化（上）（下）」『CX マーケットウォッチ』2009/12/10, 17

経済産業省『事業継続計画策定ガイドライン』2005/3

内閣府『事業継続ガイドライン』2005/8

中小企業庁『中小企業 BCP 策定運用指針』2006/2

『リスク対策.com 』vol-14 2009/7/25　vol-6 2008/3/25

渡辺研司「事業継続マネジメント（BCM）とパンデミック対策」2009『予防時報』238

加藤康弘「製造業における BCM 構築の課題」『保険毎日新聞』　2007/12/11

真崎達二朗「状況の急変時における財務対応の注意点」中小企業基盤整備機構セミナー資料　平成 21 年 2 月 12 日

浅野憲周「大規模地震による日本経済への影響」『アクチュアリージャーナル』Vol.16-57 2005/7

甲斐良隆、加藤進弘『リスクファイナンス入門』金融財政事情研究会 2004/3

加藤進弘「災害復興とリスクファイナンス」『災害復興研究』第 1 号 2009/3

勝山正昭「保険リンク証券の可能性を論ずる」『アクチュアリージャーナル』Vol.16-57 2005/7

経済産業省『リスクファイナンス研究会報告書』平成 18/3

酒井重人「大規模自然災害とエンタープライズ・リスクマネジメント」甲斐良隆・榊原茂樹編著『企業リスク管理の実践』中央経済社　2009/2

藤井昭光「リスクファイナンスの活用」甲斐良隆・榊原茂樹編著『企業リスク管理の実践』2009/2 中央経済社
甲斐良隆、榊原茂樹編著『企業リスク管理の実践』中央経済社　2009/2
兼森　孝「災害リスクのアセスメント」多々納裕一他編著『防災の経済分析』勁草書房　2005/6
山田敏博「地震リスクの定量評価」応用アール・エム・エス(株)のセミナー資料『企業経営と地震リスク』2007/11/29
高杉　剛「地震被害による財務インパクト評価」応用アール・エム・エス（株）のセミナー資料『企業経営と地震リスク』2007/11/29

ケース5　天候デリバティブ（西部ガスエネルギー㈱、西部ガス㈱）

西部ガスエネルギー㈱	
業種	LPガス販売
資本金	480百万円
従業員数	150人
本社	福岡県粕屋郡

西部ガス㈱	
業種	都市ガス
資本金	206億円
従業員数	1534人
本社	福岡市

　冷夏・長雨・暖冬・豪雨などの気象変動は、企業の損益に大きな影響をもたらす。天候デリバティブは従来、避けられないリスクとして考えられていた気象リスクを軽減し、収入を安定するために生まれた金融派生商品である。
　天候デリバティブは、買い手が一定額のプレミアムを支払い、気温・降水日数・積雪量・風速など様々な気象データを指標として契約を行うことで、事前取り決めの数値を上回れば（下回れば）自動的に補償額が支払われる。損害保険と異なり実際の損害の有無は問われない。天候デリバティブをオールシーズン利用して気温リスクにさらされている収益の安定化を図っている西部ガスエネルギー（株）と西部ガス（株）の例を紹介する。

1　天候リスクの大きなガス事業

　ガス事業のリスクは、ガス需要や原料価格の変動から環境問題や自然災害まで幅広く多岐に亘る。これを財務諸表の観点でとらえたのが図4-15である。そのなかでも気温によるガス需要の変動の経営への影響が極めて大きい。ガス会社の最大需要項目は給湯であり、気温が上昇すると必然的にガスの需要量が減少する。つまり1年を通じて気温の低い状況がガス会社にとって好ましい。

2　屋台骨としての天候リスクマネジメント

　都市ガスを供給する西部ガス（株）の過去の平均気温と事業損益データを電力会社の損益と対比したのが図4-16である。気温の変動でガス販売

貸借対照表

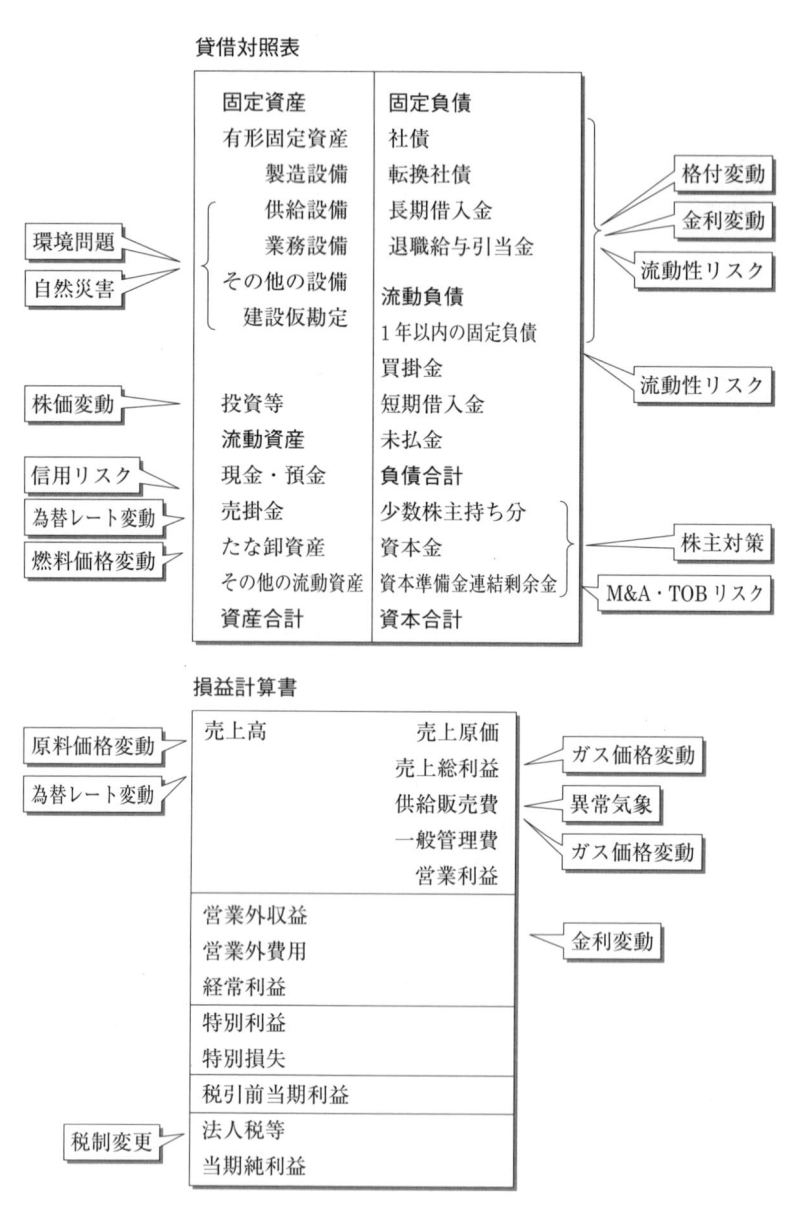

固定資産	固定負債
有形固定資産	社債
製造設備	転換社債
供給設備	長期借入金
業務設備	退職給与引当金
その他の設備	流動負債
建設仮勘定	1年以内の固定負債
	買掛金
投資等	短期借入金
流動資産	未払金
現金・預金	負債合計
売掛金	少数株主持ち分
たな卸資産	資本金
その他の流動資産	資本準備金連結剰余金
資産合計	資本合計

- 環境問題・自然災害 → 有形固定資産関連
- 格付変動・金利変動・流動性リスク → 固定負債関連
- 流動性リスク → 流動負債関連
- 株価変動 → 投資等
- 信用リスク・為替レート変動・燃料価格変動 → 流動資産関連
- 株主対策・M&A・TOBリスク → 資本関連

損益計算書

売上高	売上原価
	売上総利益
	供給販売費
	一般管理費
	営業利益
営業外収益	
営業外費用	
経常利益	
特別利益	
特別損失	
税引前当期利益	
法人税等	
当期純利益	

- 原料価格変動・為替レート変動 → 売上高
- ガス価格変動 → 売上原価、売上総利益
- 異常気象 → 供給販売費
- ガス価格変動 → 一般管理費、営業利益
- 金利変動 → 営業外収益・営業外費用・経常利益
- 税制変更 → 法人税等

（出典：気象庁「企業の天候リスクと中長期予報の活用に関する調査」）

図4-15　財務諸表からみるリスク（ガス会社）

額、事業損益が上下する、極めて気温感応度が高い業種であることがわかる。夏季の損益低下を冬季の大黒字で埋め合わせるパターンである。西部ガスの損益曲線によると、平均気温により収益曲線の傾きは異なっており、冬季・春季・夏季・秋季ごとに気温と事業収益の相関関係は変化することも見て取れる。LPガス販売を主業とする西部ガスエネルギー（株）も基本的には同様な損益構造を持っており、天候リスクマネジメントが会社経営の屋台骨の一つとなっている。

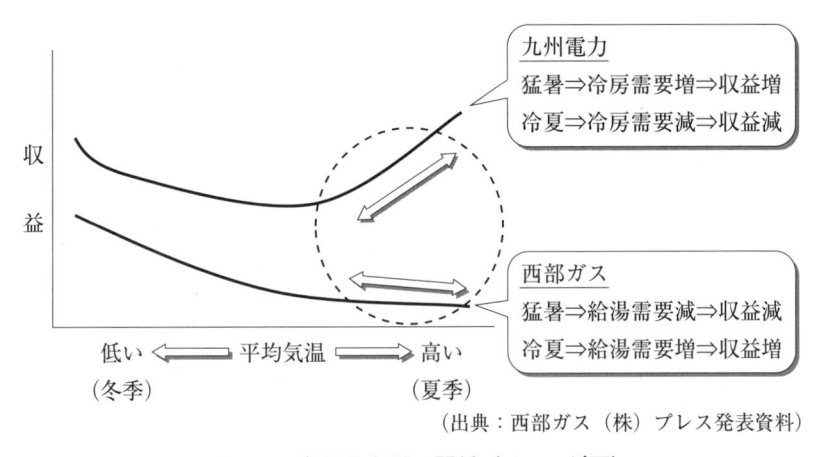

（出典：西部ガス（株）プレス発表資料）

図4-16 気温と収益の関係（イメージ図）

3 ゼロ・コスト・カラー取引の活用

(1) ゼロ・コスト・カラー取引

　西部ガス（株）及び西部ガスエネルギー（株）では、四半期毎の決算時に3カ月間のゼロ・コスト・カラー取引を数年来購入している。気温変動による収益の不確実性を軽減すべく、オールシーズン気温リスクをヘッジし四半期ベースの収益の安定化を目指している。
　図4-17に示す通り、平均気温が基準気温をある一定幅上回る場合カラー

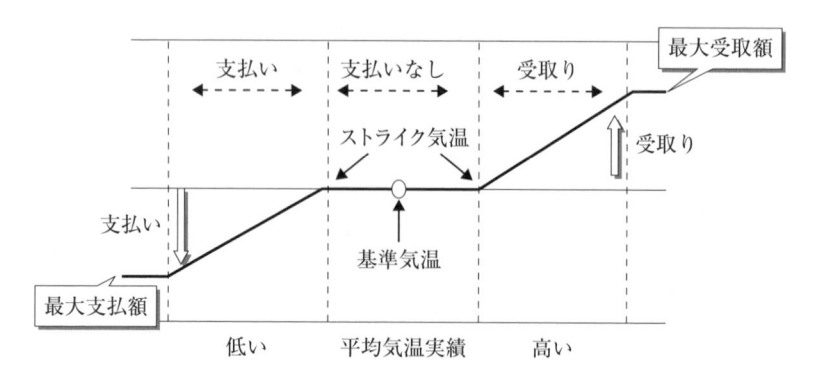

図4-17　ゼロ・コスト・カラー取引（買手サイド）

取引の買い手が売り手から予め定められた金額を受取る。逆に、平均気温が逆の場合には買い手が売り手に支払う契約である。つまり気温が高く本業が低収益の時には相手方から受取り、気温が低く高収益の時には相手に支払う契約となっており、常に収益の安定が図れる。

カラー取引はコールオプションとプットオプションを組み合わせたもので、オプション料のやり取りは生じないところからゼロコストといわれる。

表4-4は猛暑をヘッジする夏季（7月～9月）のゼロ・コスト・カラー取引のイメージである。平均気温とストライク気温の差が0.01℃毎に30万円受払する協定のケースである。つまり、契約期間の平均気温がストライク気温比+0.70℃となれば21百万円受取れることとなり、猛暑による利益の落ち込みの一部をカバーすることができる。最大受取金額が30百万円と設定されている場合にはそれが受取り上限額となる。

表4-4　ゼロ・コスト・カラー契約のイメージ例

観測地点	○○気象台	ストライク気温	基準気温（26℃）±0.3℃
観測期間	7月～9月	支払条件	ストライク気温超0.01℃刻みで30万円。但し、基準気温±1.3℃を限度とする
対象指数	平均気温		
買い手	○○○○会社		
売り手	△△保険会社	最高支払額	30百万円（期間中）

（数値は説明のために用いた架空のもの）

（2）ゼロ・コスト・カラー取引の設計

　ゼロ・コスト・カラーの特色として上表のごとく基準気温 ± 0.3℃ などと、基準気温を中心にストライク気温を設定する。高低のストライク気温の範囲内は受払いが発生しない自己負担領域で、財務的に気温の影響を許容できる範囲である。基準気温＝ストライク気温となるスワップ取引とはこの点が異なる。

　また財務体質を超えた過度の受け払いを防止するため、支払や受取額の限度額を設定するなどの工夫を行う。表4-4では期間中の最高支払額を30百万円と設定している。西部ガス（株）では夏季にガス空調機の利用が拡大し、猛暑をヘッジする必要性が薄れてきたことから、夏季のヘッジ限度額を冬季の暖冬ヘッジの限度額よりも低く設定するなど肌目細かな工夫を行っている。

　難しいのは基準気温の設定である。基準気温は低い方がカラーの買い手にとって有利である。高ストライク気温での権利行使できる確率が増え、低ストライク気温で権利行使される確率が減少するからである。一方、取引相手であるカラー取引の売り手側の損益はその逆になるので、基準気温の設定は相手方との交渉のポイントとなる。

（3）リスクの引き受け手

　取引の相手方であるリスク・テイカーは損害保険会社を中心に銀行・証

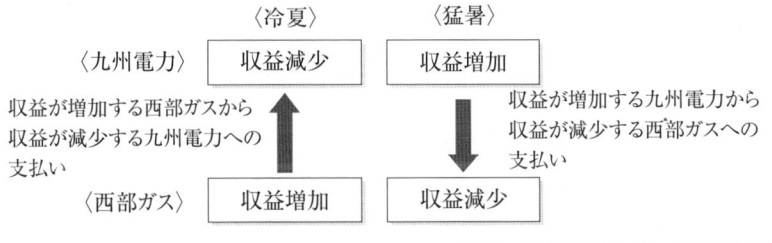

	〈冷夏〉	〈猛暑〉
〈九州電力〉	収益減少	収益増加
〈西部ガス〉	収益増加	収益減少

収益が増加する西部ガスから収益が減少する九州電力への支払い

収益が増加する九州電力から収益が減少する西部ガスへの支払い

（出典：西部ガス㈱プレス発表資料）

図4-18 猛暑リスクと冷夏リスクの交換

券会社・商社と多岐に亘る。両社共に多くのプレーヤから提供される取引条件を吟味しながら交渉を行っている。西部ガス（株）の場合、夏季の猛暑リスクをヘッジするにあたり、逆の冷夏リスクを抱える九州電力を相手方とする取引も行うようになった。このことが図4-18に示されている。

　一般に、夏はほとんどの業種で冷夏リスクを負っている。そのため、冷夏リスクのヘッジ・ニーズは多く、逆に猛暑リスクのニーズは少ない。そのため冷夏リスクの引き受け手を探すのは困難であり、日本以外の地域へリスク分散を図ったり、クロス・コモディティ市場を利用したりすることも検討せねばならない。同社の夏季におけるカラー取引の相手方が電力会社に集中しがちになるのは、天候デリバティブ市場のリスク分散の仕組みに課題が多いことを物語っているともいえよう。

4　天候デリバティブ市場の拡大へ向けて

(1) 地域金融機関の役割

　リスク・ヘッジを求める側にとって欠かせないのは十分に大きなマーケットの存在である。ヘッジ取引・裁定取引等が活発に行われるような環境においてはじめて望ましい条件での取引が可能となる。金融商品取引法の施行で、デリバティブ業者の業務取扱ルールが厳格化され、天候デリバティブの媒介役である地銀の取り扱いが減少している。地域産業のリスクファイナンスにおいて地域金融機関の果たす役割は大きく、マーケット拡大の障害になっている。

(2) 取引所の創設

　天候リスクの引受け手は保有するポートフォリオを精査し、自らのリスク保有限度額を超えればそれをヘッジ（再放出）しなければならない。天候デリバティブ取引所の創設はマーケット拡大の有力な手段である。取引所を使って自由に売買することが可能になれば、自己取引業者や裁定業者が育成され、一方向に偏りがちな価格形成の是正に寄与する。

米国のシカゴ・マーカンタル取引所（CME）には東京・大阪の平均気温先物が数年前から上場されている。わが国では東京金融取引所が平均気温先物の上場を検討していたものの、更なる需要拡大を待っている段階である。また天候デリバティブ取引所の創設は、燃料市場・電力市場・穀物市場・排出権市場などとのクロス・コモディティ市場形成へ向けてのステップでもある。地球温暖化で異常気象が起きやすくなっている現在、集中豪雨や猛暑・暖冬は各産業に甚大な影響を与える。企業の天候デリバティブ利用ニーズに応えるべく、天候デリバティブのマーケットを安定期から拡大期へ移行させるための仕組み作りや施策が期待されている。

ケース6　商品価格リスク・ヘッジ（(株)白清舎）

	(株) 白清舎
業種	リネンサプライ・クリーニング業
資本金	10百万円
従業員数	145人
本社	三重県伊勢市

　商品価格の変動リスクやコモディティ・デリバティブに関する記事がメディアをにぎわすようになってから、わずか数年程度である。ものづくり大国の日本企業は従来から、商品価格のリスク・ヘッジについて比較的無関心であったが、今や堅実な企業経営のためにはコモディティ・デリバティブの活用が欠かせない。ここでは、2008年の重油価格の高騰時からキャップ取引や先物取引に取り組んできた白清舎の例を採り上げる。

1　品質の数値化とリスクマネジメントの取り組み

　同社は伊勢志摩地区を中心に県内全域で、ホテルや旅館・病院などのシーツやユニホームのリースとクリーニングを行う、リネンサプライ・クリーニング業者である。同社では2005年に国内リネンサプライ業として初めて、ドイツの品質保証基準「RAL」を取得、国内のリネン業界に「きれい」を表わす明瞭な数値基準を導入した。従前から取得済みのISO14001や日本のリネンサプライ協会基準と併せて、品質面の差別化に拍車をかけている。

RAL：Reichs-Ausschuss fur Lieferbedingungen 60年前からスタートしたドイツの品質規格で、今や最高の品質を表示するラベルとしてEU諸国内等、国際的に高く評価されている。クリーニングでいえば、リネン自体の白度、細菌数の衛生規格や洗いによる耐久性等「きれい」が数値化される。ISO規格が品質の制度とシステム作りを重視するのに対して、RALは品質の現場・現物主義といわれる。同社では毎年

第 4 章 企業経営（リスク管理）　121

ドイツから審査員が来日し、厳格なフォロー審査が行われている。

　同社ではリスクマネジメントの取り組みにも積極的で、工場の耐震化や機械設備の転倒防止を講じるだけでなく、全工場・事務所で地震保険に加入するほか、地震による間接損害もカバーできる地震デリバティブの契約を行っている。また地元伊勢市とは災害発生時にシーツなどの寝具類を提供する協定を締結する等、地元との絆づくりに注力している。

2　ボイラー燃料価格のリスク・ヘッジ

　近年特に激しい値動きをする原油価格（WTI 原油先物価格）が図 4-19 に示されているが、同社のボイラー用燃料である A 重油はこの原油価格に連動する。そこで同社ではボイラー燃料コストの安定化を図るため、コモディティ・デリバティブの一種である原油オプション取引と先物取引の導入を行った。

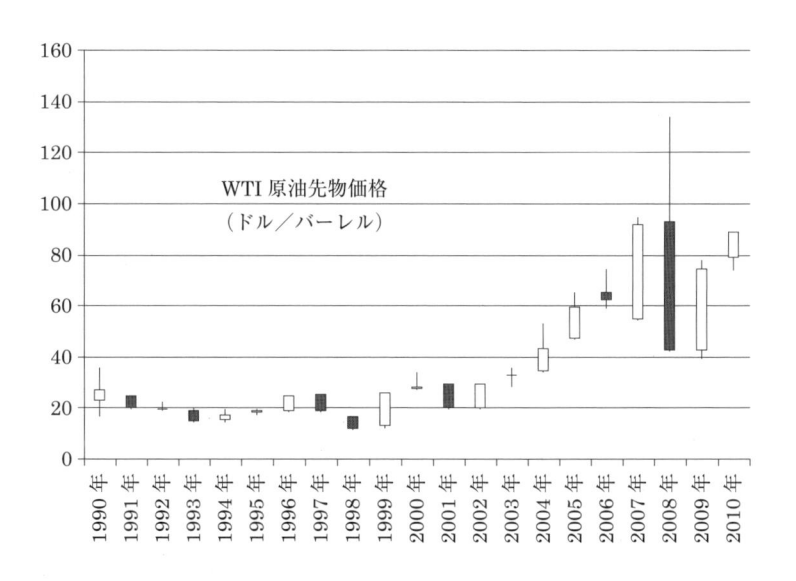

図 4-19　WTI 原油先物価格推移

従来ボイラー燃料の購入費用の売上原価に占める割合は数パーセントであったが、2005年頃から10%前後に跳ね上がり、原油価格が最高値をつけた2008年度には20%に達した。価格高騰の損益に与える影響は前年比で数千万円の規模に達した。

　同社ではこのような厳しい環境の中で、重油と価格変動性向が近いWTI先物原油や東京先物原油を指標とするキャップ取引と先物取引をヘッジ目的として行ったのである。これらの取引はリスクマネジメントに理解のあるメイン銀行が、証券会社や商品取引員を紹介することにより実現したものである。図4-20は同社キャップ取引の紹介スキームである。

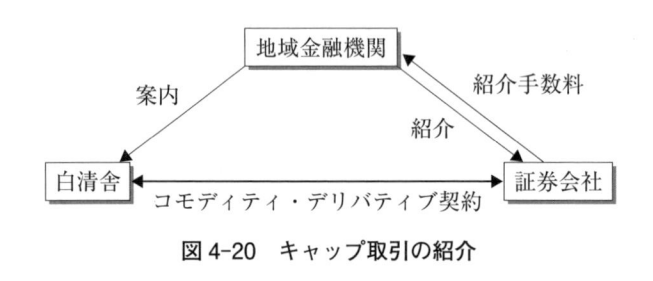

図4-20　キャップ取引の紹介

(1) キャップ取引

　同社ではWTI価格が60ドル/バレルを超えた2007年3月より年間重油使用量のうちの半分6,000バレル(1バレル＝約159リットル)について、1カ月毎に500バレルずつ定例的にヘッジしていくことにした。具体的には、表4-5に示す期間1年間の円建てキャップ取引である。

　受取金額は次式で算定される。

　受け取り金額＝想定元本数量×（変動価格－権利行使価格）

　本キャップを購入することで、円建て原油価格が権利行使価格を上回った場合、同社はその差額を受け取り、原油価格上昇リスクおよび為替の円安リスクを軽減することが可能となった（図4-21）。また、予想に反して原油価格が下落した場合や為替が円高に振れた場合は、本オプション取引からの受取は発生しないが、通常の取引等を通じ原油価格下落メリットを

表4-5 キャップ取引の概要

取引種類	円建てキャップ取引
価格指標	WTI
取引期間	1年
権利行使価格	66ドル／バレル×120円／ドル
想定元本数量	毎月500バレル（計6,000バレル）
ペイオフ（毎月）	（変動価格 − 行使価格）×500バレル
オプション料	有り
変動価格	各日に算出された全ての指標価格の算術平均値
指標価格	各日に算出（決定）された商品指標価格と、同日の換算為替レートを掛け合わせた価格
商品指標価格	NYMEXが米ドル建てで公表するWTIのlight sweet crude oilの先物第1限月の終値

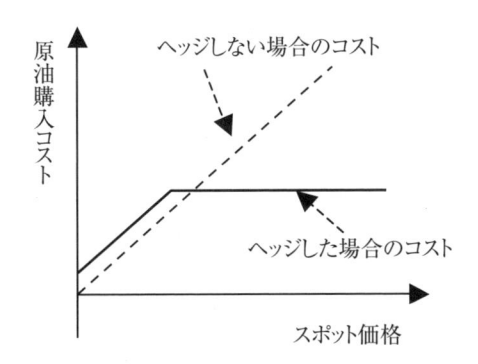

図4-21 キャップ買でコスト上昇をヘッジ

享受することが出来る。このように、キャップ取引は価格上昇に対するヘッジになると同時に、価格が下落した時にも現物取引における価格下落利益をフルに享受できる。

（2）先物取引

また一旦WTI価格が35ドル／バレルまで低下した後、再び上昇し始めた2009年4月に、同社は東京工業品取引所（TOCOM）に上場の中東

産原油の先物取引を開始した（表4-6）。そして6カ月先の限月までに反対売買による手仕舞いがおこなわれた（TOCOM原油の場合は現物の受け渡し制度がない）。

表4-6　原油の先物買い取引の概要

価格指標	中東原油
取引数量	7枚（350kl）
限月	6カ月先
決済	差金決済
委託証拠金	有り

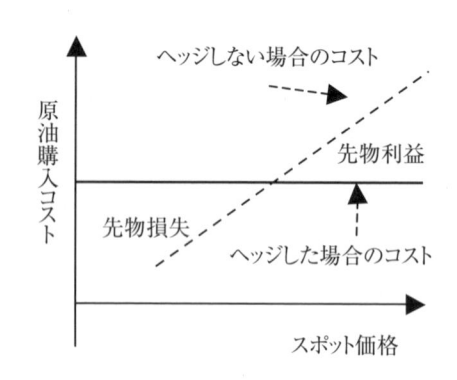

図4-22　先物買でコスト上昇をヘッジ

　先物契約買いの損益は次式の通りであるが、価格が上昇したときには図4-22のように利益がでるのでリスク・ヘッジが可能となる。
　先物契約買いの損益＝スポット価格－先物価格
　一方、価格下落した時には差損が生じるので現物取引における価格下落利益は放棄する結果となる。先物による買いヘッジであれ売りヘッジであれ、現物取引と先物取引で利益が相殺されるため、一方の取引だけみると損をしたように思いがちであるが、先物ヘッジ取引の目的は価格安定化効果にあることを見失ってはならない。
　先物契約の特徴は、表4-7に示す通りである。契約履行の保証として約定金額の一定割合を証拠金として清算会社に預託しなければならないが、各営業日の終了時にポジションは終り値を使って値洗いされる。各口座の委託証拠金はその日の価格変動に基づいて再調整され、証拠金が不足すれば追証が要求されるが、満期日や反対売買時に一括して損失を清算しないで済むことになる。

表4-7 先物取引の一般的な特徴

決済方法	
—差金決済	納会日前の反対売買により損益を差金で決済して取引を決了。（→投資家の取引参加が可能となり、市場の流動性増加）
—受渡決済	納会日までに差金決済されない場合に、現物の受け渡しにより最終決済。
証拠金制度	差損の発生により証拠金の担保価値が一定水準を下回ると、追加の証拠金（追い証）が必要とされる。
値洗い制度	未決済の建玉について、日々の価格変動による損益をその日のうちに清算する。
清算制度	取引所が売買の相手方となり相手方の信用リスクを遮断できる。
限月制度	最終決済が行われる月（限月）が定型的に定められている。

3 その他の商品価格ヘッジ例

　地域金融機関は上記のオプション取引だけでなくスワップ取引についても証券会社・大手銀行・損害保険会社・総合商社等マーケット・メーカーの紹介や媒介を取引先企業に行う。スワップ取引の場合、図4-23のような金融機関の保証（支払承諾）を伴うのは、ヘッジャーである中堅・中小企業がスワップ取引の期日に変動価格と固定価格の差額分を支払う義務が発生する可能性のためである。すなわちスワップ取引の相手方に信用リスクがあるので金融機関の保証が要求される。

　スワップ取引は、期間の長い契約も可能で仕入コストの変動幅を抑制する効果がある。一方、価格動向がヘッジ目的と逆方向になった場合には、先物取引と同様に価格下落や上昇のメリットを享受できない点には注意が必要である。

　なお、価格リスクのヘッジ対象としては、エネルギー（原油・軽油・重油・液化石油ガス等）、非鉄金属（銅・アルミニウム・亜鉛・ニッケル等）、貴金属（金・銀等）、穀物（トウモロコシ・小麦・大豆等）などがある。表4-8は中堅・中小企業の様々な商品価格ヘッジの利用例である。

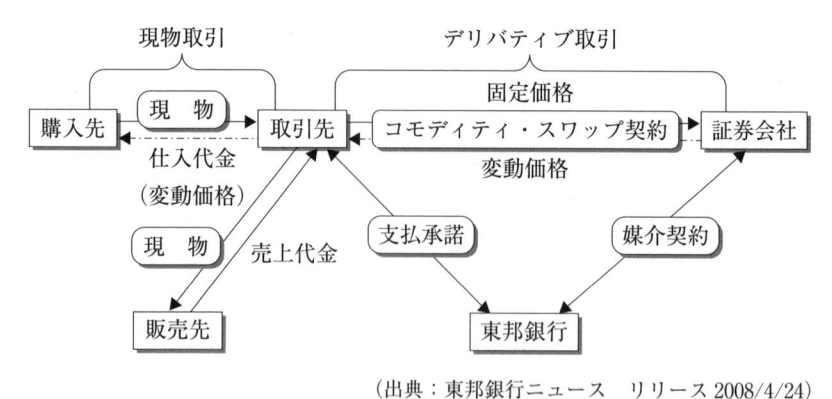

```
                現物取引              デリバティブ取引
                              固定価格
    ┌─────┐  現 物  ┌─────┐ ┌──────────────┐ ┌─────┐
    │購入先│────────│取引先│─│コモディティ・スワップ契約│─│証券会社│
    └─────┘ 仕入代金 └─────┘ └──────────────┘ └─────┘
            (変動価格)      ↑    変動価格    ↑
                    現 物  │              │
                           支払承諾       媒介契約
                    売上代金│              │
                  ┌─────┐  └──┐      ┌──┘
                  │販売先│     │東邦銀行│
                  └─────┘     └─────┘
```

(出典:東邦銀行ニュース　リリース 2008/4/24)

図 4-23　地域金融機関が媒介・保証を行うスワップの例

表 4-8　中堅・中小企業のコモディティ価格のヘッジ利用例

取引対象	先物取引・スワップ取引・オプション取引によるヘッジ例
鶏卵	菓子業界で鳥インフルエンザによる供給不足とクリスマスケーキ需要に備えてヘッジ
ブロイラー	惣菜業者がから揚げや照り焼き用として需要期前の秋口に先物買いでヘッジ
大豆	雑穀問屋が新穀の豊作見通しによる非遺伝子組み換え大豆の値下がり損を売りヘッジ
ゴム	ゴム加工業者が原油価格下げと中国の生産調整によるゴム在庫の評価損発生を売りヘッジ
アルミ	アルミ圧延業者がファンドの買いや中国の需要増加によるLME市場の乱高下をヘッジ
白金	排気ガス浄化装置メーカーが供給不足の白金の高騰時にスワップや先物で買いヘッジ
灯油	中小の灯油販売業者が原油高騰による灯油のつれ高と暖冬に備え買いヘッジ

(日経フューチャーズリポート　40-2005, 44-2006 より筆者が抜粋し編集)

4 コモディティ取引の課題

(1) 商品先物取引所の制度改革

　資源・エネルギー獲得の国際競争が激化、グローバルな資金流動化もあり海外のデリバティブ市場が急速な成長を遂げている。これに対し我が国の商品先物市場は個人投資家を中心とした古い市場構造のままであり、リスク・ヘッジャーから敬遠され出来高減少がここ数年続いている。

　こうした中、商品取引所法が2009/7に改正され（商品先物取引法と改称、施行2011/1）、我が国の商品先物市場の競争力を強化し、アジアの中核的市場としての地位確保を目指すこととなった。商品先物市場の透明性の向上・競争力の強化・プロ市場化の推進等が3段階に分けて実施されるが、このうち競争力強化の取り組みを表4-9に示す。

表4-9　競争力強化の取り組み

市場の利便性向上	手数料体系の柔軟化、リスクに応じた証拠金制度導入、現物受け渡しの円滑化、取引時間の延長、制限値段幅の拡大、建玉制限の緩和、サーキット・ブレーカー制度
上場商品の多様化	商品指数、LPG、A重油、排出量、電力等上場の検討
市場参加者の多様化	プロ市場化（リスク・ヘッジャー、リスク・テイカーの参加と機関投資家等の市場流動性供給者の参加）
金融と商品の連携	商品ETF（上場投資信託）・商品を組み込んだ仕組み債等の拡大

　商品先物市場は公正な商品価格の形成機能に加えて商品価格のヘッジ機能・現物受け渡し機能・在庫調整機能・資産運用機能等を有する産業インフラである。制度改革により我が国の商品先物市場が価格発信能力を高め、安心して参加できる市場へと発展することは我が国経済全体の活性化と成長に貢献する。産業のインフラとしての商品先物市場への変革が期待されている。

(2) 地域金融機関や会計士・税理士の役割

　証券会社・銀行・損保会社・大手商社等のリスク・テイカーは、図4-24に示す通り、大企業から中堅・中小企業にまで相対取引による様々なヘッジ手段を提供している。

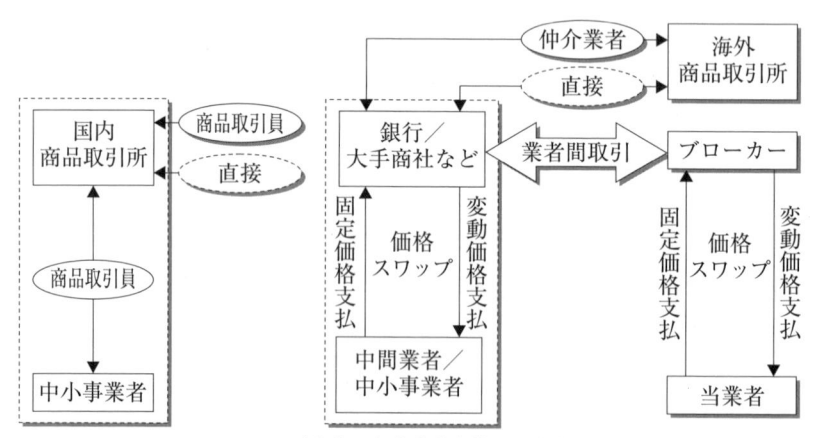

（出典：日本商品先物振興協会「第2回 中小事業者等の商品市場利用に関する研究会」資料を筆者編集）

図 4-24　リスク・ヘッジャーとリスク・テイカー

　しかし中堅・中小事業者の場合
　（イ）ヘッジ取引のロットが小さい
　（ロ）スワップ取引の与信設定が困難
　（ハ）リスク管理体制の構築やヘッジ会計適用のハードルが高い

　等の問題が大きく、リスク・テイカーの取引インセンティブを弱めている。また、コモディティ・デリバティブの普及には、中堅・中小企業と密接な取引のある地域金融機関や会計士・税理士のアドバイザリー機能の強化が必要である。本ケースで見てきたような地域金融機関の活動は未だ一部にとどまっている。

ケース7　BCPと災害発動型保証予約システム（㈱クリアテック）

㈱クリアテック	
業種	冷間鍛用金型製造等
資本金	130百万円
従業員数	33人
本社	静岡県磐田市

冷間鍛造工場

　東海地震や東南海地震等の大地震の発生懸念が高まっている。防災投資や早期復旧のための手順であるBCPを策定、保証協会の災害時発動型保証予約システムを活用している（株）クリアテックと地震デリバティブ契約を経営に取り込んでいる中京フロン（株）の例を紹介する。

1　BCPの取り組み

　冷間鍛用金型製造に独特の技術特許を有する同社では、品質管理や生産管理と共にリスク管理にも注力してきた。東海・東南海地震を想定して2005年から地震対策委員会を立ち上げ防災マニュアルを作成、2008年には「静岡県事業継続計画モデルプラン」に準拠したBCPを策定し毎年見直し改訂することとしている。

　地震の揺れで落下の危険性がある機械装置や部材に転倒防止の処置を行ったことを手始めに、蛍光灯を耐熱テープで固定したり、各種表彰状（学会の技術開発賞や優秀発明考案賞等）の額縁のガラスをプラスチックに交換したり肌目細かな対応をしている。また、社員の防災予防士を養成し、防災意識の地域や社員家族との共有化に努めている。表4-10は同社社員家族向けの「地震防災マニュアル」の抜粋である。

2　災害時発動型保証予約システム申し込みの経緯

　同社では設備投資資金について長期借入で調達する一方、運転資金とし

表4-10 家族用地震防災マニュアル

復旧日数	中核事業		4週間	被害予測*	自社資源	事業所建物	10%
	社会インフラ	電気	3日後			機械装置	50%
		水道	10日後		関係企業	顧客企業	0〜70%
		交通網	10日後			取引業者	0〜70%

＊全損＝100％　半損＝50％　一部損壊＝10％　被害なし＝0％
（筆者が同社マニュアルから抜粋し編集）

ての短期借入は行わず、臨時の資金需要についてのみ手形割引を行う方針をとっている。このため地震対策委員会で災害復旧の資金調達を如何に行うか問題提起された。対応方法をメーンバンクに相談したところ、静岡県信用保証協会が開発した「災害時発動型保証予約システム」とメーンバンクの新商品「BCPサポートプラン」の仕組みが提案された（図4-25）。

保証協会のシステムはBCP策定済みの中小企業に保証予約を行うもので、我が国の保証協会の中では唯一の制度である。またメーンバンクの「BCPサポートプラン」は保証協会に支払う保証料0.7％を融資の際に貸出金利から割引き、企業のBCP策定をサポートする内容となっている。同社では既作成の地震防災マニュアルをベースに、メーンバンクの協力を得てBCP策定に取り組み、3カ月後に災害時発動型保証予約システムの適用第1号の企業となった。

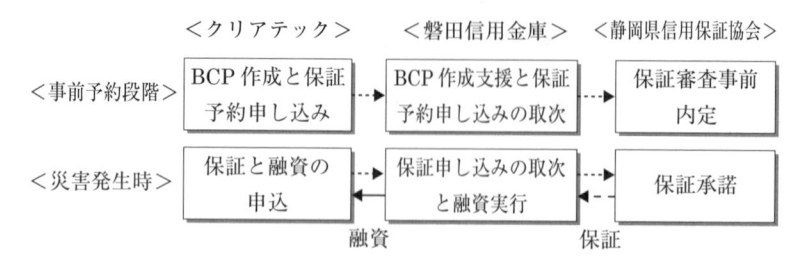

図4-25 災害時発動型保証予約システムの流れ

3 災害時発動型保証予約システムの概要と特徴

　同システムはBCP策定のインセンティブになるよう、激甚災害発生後の保証制度を応用して開発されたものである（表4-11）。被災時に多数の被災企業が保証や融資を申し込んだ場合大混乱となるが、事前に保証や融資の審査を済ませておけば企業としても安心できる。またBCPを策定している企業であればリスク対策がしっかりしているということで、保証協会や金融機関からの信頼度も高まる。
　なお、資本金3億円未満の中小企業の場合には予約料が利息制限法に抵触することとなり、融資予約する金融機関や保証予約する保証協会は予約料を請求しない。

表4-11　災害時発動型保証予約システムの概要

要件	内容	要件	内容
資格要件	BCP作成の中小企業	保証限度額	280百万円
予約有効期間	1年	保証期間	10年以内
保証制度	激甚災害保証制度	信用保証料	0.7％　＊
保証予約料	なし	担保	80百万円超は要担保

　　　　　　　　　　　　　　　　　＊信用保証料率0.7％と一律なのは、激甚災害保証制度を予約システムに援用しているためである。

4 災害時発動型保証予約システムの課題

　中小企業が信用保証協会から保証を受けて金融機関から借入を行う際に、信用保証協会の保証リスクを日本政策金融公庫が信用保険として引き受けている。これらを総括して中小企業信用補完制度と称されているが、上記の災害時発動型保証予約システムは、各種信用保証メニューの中の激甚災害保証制度を、静岡県信用保証協会が独自に事前予約方式として応用したものである。

(1) 制度利用の促進と予約料

静岡県信用保証協会の同システムは2007年に発足しているが、利用状況は10件程度（2010年9月現在）にとどまっている。1年後にスタートした平常時の予約保証制度の利用も少なく、これは事前予約方式の認知度が低いことが原因であると思われている。そのため保証協会と静岡県BCP普及研究会が制度のPRとBCP策定サポート体制の強化を図っている。

同システムの予約料は無料であり、コミットメントラインやCATローンとは対照的である（表4-12）。同システムの維持管理コストを賄うには、最低限の予約料の徴収は不可欠であり、利息制限法の弾力運用等の検討が必要となる。

表4-12 保証・融資の予約料

	平常時	災害時	予約料
中小企業	予約保証制度	静岡県災害時発動型保証予約システム	無し
	融資予約	災害時融資予約	無し
大企業	コミットメントライン	CATローン	有り

(2) 激甚災害時の信用補完制度

激甚災害時の信用保証と信用保険の関係を図4-26に示す。通常は企業のリスクに応じて保証料率が設定されるが、災害時にはリスク審査が難しいため可変的保証料率（弾力化保証料率——2006年より導入）や責任共有制度（2007年より導入）を適用せず、保証料率は一律0.7％に低く抑え、保証割合を100％としている。

また、信用保険制度を運営する中小企業金融公庫でも激甚災害の保険料は0.29％（無担保保険の場合）と低位に設定している。

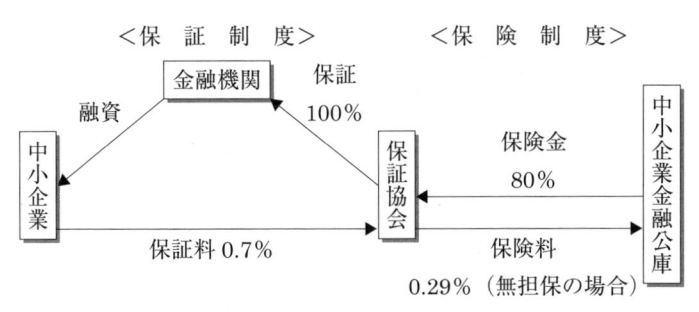

図 4-26　激甚災害時の信用補完制度

ケース8　BCPと地震デリバティブ（中京フロン㈱）

中京フロン（株）	
業種	フロンガス回収・破壊・再生等
資本金	50百万円
従業員数	16名
本社	名古屋市

フロン類分解装置

1　BCPの取り組み

　中京フロン株式会社はフロンの回収・分解・再生・容器検査を総合的に行う業界初の専門会社である。フロン回収破壊法の施行（2002年）を機に業容が拡大し「フロンガス処理のパイオニア」として知られている。同社では中部電力の開発に協力して製作されたフロン類分解装置の1号機を2006年に導入した。引き続きNEDO（独立行政法人　新エネルギー・産業技術総合開発機構）の助成を得て2号機を導入し、フロン分解についての国の許可を得て、温暖化係数の高いSF6絶縁ガスの分解業務も開始している。

　東海地震でフロン類分解装置が被災すれば、分解反応装置に用いる特殊金属の調達や機器の調整・復旧には相当の時間が必要と予想される。その

表4-13　BCPの基本方針

顧客の信用を守る	東海地震発生時等の突発時、顧客や仕入先と迅速・緊密に連絡をとり、目標復旧時間達成に努める体制を作る。
従業員の雇用を守る	東海地震等の突発事態発生後、従業員の雇用を守るため固定費用の3〜4カ月分の資金を事前に手当てしておく。
機械設備の転倒防止と早期復旧	機械設備の転倒防止のため各種装置の連結や、建屋の耐震補強を実施。また特許取得装置等の基幹部分を浸水対策として階上に設置。早期復旧のための手順を整備。

（同社の取り組みから筆者がその一部を編集）

ため、BCP の基本方針（表4-13）を定めることにした。

2　地震デリバティブ導入の経緯

東海地震などの同社の営業エリア内で大地震が発生すると、大量に業務用・家庭用の空調機や冷蔵庫・自動販売機等が損壊すると予想される。同社は封入されているフロンを回収・破壊・再生処理する社会的使命を担っており、その早期の復旧が最優先となる。

同社が被災すれば、工場や機械の復旧や休業期間中の様々な費用の発生で一時的に運転資金が不足すると予測される。また、大地震などの突発事態が発生しても従業員の雇用を守るには、給与等の3～4カ月分の資金が必要である。このような懸念について当初、保険代理店に相談したところ地震デリバティブの紹介を受けた。その後 BCM 促進に積極的なメイン銀行が、取り扱い開始したばかりの地震デリバティブを中心に据えた災害時のリスクファイナンスを提案し（図4-27）、本格的な導入が2008年から始まった。

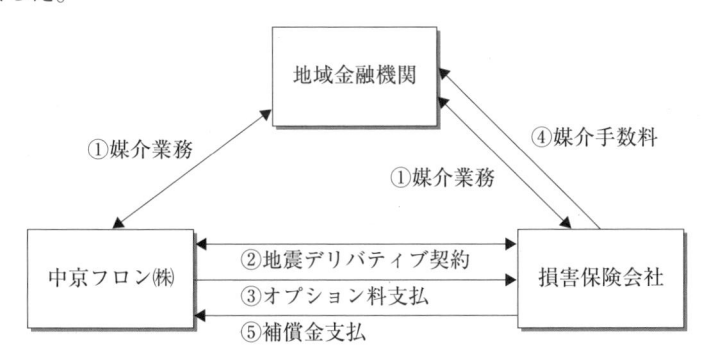

図 4-27　地震デリバティブの媒介

3　地震デリバティブの概要と特徴

地震デリバティブ取引とは表4-14・図4-28に示す通り、予め設定するトリガー（本件では「震度6強以上の地震発生」）が観測地点で発生した

場合、実際の損害額に関わりなく当初取り決めた条件に従って企業に決済金が支払われる金融派生商品である。

表 4-14 地震デリバティブの契約内容

観測地点	愛西市稲葉町
観測期間	1 年間
トリガー	震度 6 強以上の地震が発生した場合
ペイオフ	50 百万円

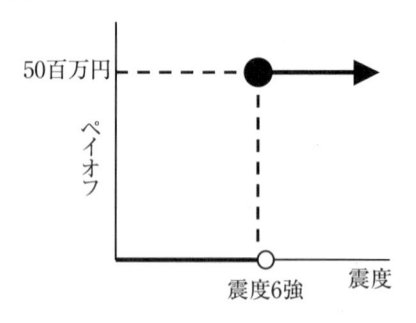

図 4-28 地震デリバティブのペイオフ

なお地震デリバティブはトリガーに従って支払がおこなわれる点で、建物・機械設備の実損を基に補償が得られる地震保険と異なる（表 4-15）。逆にトリガーに達しない地震で被災、実損しても補償が得られないので注意が必要である。また特定地震危険担保利益保険と同様、事故査定・損害の証明なしに支払われるので補償が迅速であり、地震保険に比べ大きな利点である。

表 4-15 地震デリバティブの特徴

	地震デリバティブ	特定地震危険担保利益保険	地震保険
補償金支払い事由	トリガーによる支払	特定のトリガーによる支払	実損支払
事故査定、損害証明	無し	査定を待たず仮払い	有り
契約料	プレミアム	年払い保険料	保険料
契約期間	1 年がほとんど	5 年	1 年がほとんど

4 地震デリバティブの課題

(1) 同社では地震デリバティブの他、震度に関わらず実損があれば補償される地震保険も手当てしている。金融商品である地震デリバティブと保険商品である地震保険が同じ保険会社で取り扱われる時代となった。事業会社はそれぞれの商品の特徴を活かして自社のリスクマネジメントに利用すればよいし、保険会社は両社を組み合わせた商品展開が必要である。

また、取扱チャンネルが表4-16のように拡大してきたので、事業会社の選択の幅が広がった。しかし金融商品取引法の施行（2007年）により地震デリバティブの取扱が厳格化され、地域金融機関の取扱いが減少している。地震デリバティブの主たる用途はリスク・ヘッジであり、実質的機能は保険と同じである。一般の金融デリバティブに対する規制とは異なる扱いが求められる。

表4-16 地震リスクファイナンスのチャンネル

地震リスクファイナンス	サプライヤー	取扱チャンネル	
		代理業者	媒介業者
地震デリバティブ	保険会社、大手銀行大手証券会社	────	金融商品仲介業者*ロ
特定地震危険担保利益保険	保険会社	保険代理店*イ	保険ブローカー
地震保険	保険会社	保険代理店*イ	保険ブローカー

*イ 銀行・証券会社・生命保険会社も保険代理店となるケースが多いが、個人案件が中心。
*ロ 地域金融機関も金融商品取引法上の登録により金融商品仲介業者となるケースが多い。

(2) 地震デリバティブの契約が今後増加してくれば、保険会社の引受けキャパシティでカバーできない恐れがある。金融デリバティブのように流通市場が完備している訳ではなく、損害保険会社はこれまでのところ地震保険や費用・利益保険と同様に再保険でリスク・ヘッジしているケース

が多い。しかし地震デリバティブ取引がより活発になれば、CATボンド等のように資本市場の活用が課題として出てくる。JR東日本と地震デリバティブ契約を結んだミュンヘン再保険が見合いのCATボンドを発行した（図4-29）のが一つの事例である。

```
       デリバティブ契約      デリバティブ契約      証券化（CATボンド）
       （プレミアム：円）    （プレミアム：ドル）  （クーポン：ドル）
   ┌────────┐ → ┌──────────┐ → ┌────────┐ ← ┌────────┐
   │ JR東日本 │   │ミュンヘン再保険│   │特別目的会社│   │ 機関投資家 │
   └────────┘⇠──└──────────┘⇠──└────────┘──→└────────┘
       地震発生時支払      地震発生時支払        購入代金
                                            （地震発生時元本毀損）
```

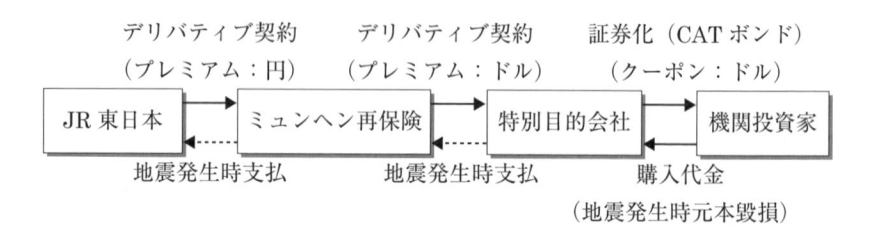

図4-29　JR東日本の事例

第5章 企業経営（事業創出・再生）

1 リスク・マネーの供給

(1) メザニン・ファイナンスの活用

　近年、ベンチャー企業や事業再生を図る企業の資金調達において、新株予約権や劣後ローン・優先株式など、債務（デット）と株式（エクイティ）の中間に位置するメザニン（中2階の意味）が活用されるようになってきた。ローンと新株予約権を組み合わせてベンチャー企業へ融資、債務超過企業の借入金を劣後ローンや優先株式へ転換、等の方式はメザニン・ファイナンスと呼ばれる。金融機関のローンがデット・ファイナンス、株式や転換社債による資金調達がエクイティ・ファイナンスといわれるのに対して、メザニン・ファイナンスは両者の中間的な性質を持ちミドル・リスク、ミドル・リターンである（表5-1）。

　金融機関のローン（デット）より返済順位が劣後するローンや普通株式に比し配当を優先的に支払う優先株をはじめ、新株予約権・優先出資・匿名組合出資などもメザニン・ファイナンスである。これらの開発により資金調達の選択肢が大幅に増加した。

表5-1　メザニン・ファイナンスの位置付け

デット・ファイナンス	メザニン・ファイナンス	エクイティ・ファイナンス
通常の融資・社債	劣後ローン（社債）、優先出資、匿名組合出資、新株予約権付融資（社債）、債務の劣後化、債務の株式化	普通株 種類株式 転換社債（注）

　（注）商法改正により転換社債型新株予約権付社債となったが、以下旧称を使用する。

なお、事業再生を目的とする劣後ローンや優先株式の活用はミドル・リスク、ミドル・リターンではないが、ここではデットとエクイティの中間の性質に着目してメザニン・ファイナンスとして扱うこととする。

(2) エクイティ・ファイナンスと種類株式

2002年の商法改正により種類株式の発行が可能となり、エクイティ・ファイナンスが多様化した。種類株式とは、利益配当や議決権の範囲、償還方法などについて普通株式と異なる内容を持つ株式を指す。種類株式の属性は表5-2のように様々である。ベンチャー企業が投資家から資金導入するにあたり、経営のコントロール権を要求されることがある。その場合、取締役の選任・解任権を持つ議決権株式や、種類株主から特定の数の取締役を選任・解任できる種類投票制度が利用可能である。また事業承継問題に無議決権株式を利用すれば、相続対策と資金調達問題とを切り離せる。無議決権株式の発行によって1株当たりの価額を減少させた上で、承継者への株式譲渡により資金調達を行い、経営権だけは維持しておくといった具合である。

種類株式ごとに議決権の単元数を決定できるため、種類株主ごとの議決権の重さが調整できる。また、譲渡制限付株式では、種類株式ごとに取締役・監査役の選任解任をすることができる種類投票株式が登場するなど、エクイティ・ファイナンスの多様化が進んでいる。

表5-2　種類株式の属性

配当	残余財産	転換・償還・買受・消却	議決権の数	議決権の内容	譲渡制限	種類投票	議決権の復活
優先 劣後 トラッキング 固定金利型 変動金利型他	優先 劣後 トラッキング	任意 随意 強制 期間の設定	無 有 単元数の設定	無 一部 全部	無 有	設定無 設定有 累積投票	優先配当でないとき 復活有 復活無

(出典：マスターズ・トラスト会計社編「エクイティ・ファイナンスの仕組みと会計・税務」H 15/3)

(3) リスク・マネーの担い手

　メザニン・ファイナンスやエクイティ・ファイナンスの担い手は、銀行や証券会社・ノンバンクなどの金融機関のほか、商社や投資ファンド等である。リスクの大きい取引だけに担い手の目利き能力や専門性が重要である。さらに、個別リスクの大きさをポートフォリオで分散化する必要があり、デットやメザニン或いはエクイティを別々に扱うのではなく、一体と捉えるビジネスモデルが必要となる。

　ファンドの類型は表5-3のように大別される。中小ベンチャー・ファンド法（1998年制定、2003年にファンド法に衣替え）(注)が制定されて以来、ベンチャー投資や事業再生にファンドが活用され、産業再生法により中小企業基盤整備機構が地域再生ファンドに出資できるようになるなど（2003年）、我が国のファンドも広がりをみせてきた。また、不良債権処理にあたって日本政策投資銀行が債務の株式化（DES）を主導し、2008年には日本政策金融公庫が劣後ローンの貸付制度（返済期間は15年以内、金利は「成功払い型」〈業績によって金利が変化〉）をスタートさせるなど、メザニン・ファイナンスも裾野が拡大してきた。

表5-3　ファンドの類型

・プライベート・エクイティ・ファンド 　（ベンチャー・ファンド型、事業再生型、バイアウト型）	・ベンチャー・キャピタル ・金融機関系事業再生ファンド
・ヘッジ・ファンド	・地域再生ファンド
・不動産ファンド	・政府系再生機関のファンド 　（企業再生支援機構、中小企業基盤整備機構）

（注）中小ファンド法：「中小企業等投資事業有限責任組合契約に関する法律」（1998年）
　　　ファンド法：「投資事業有限責任組合契約に関する法律」（略称—有責法2003年）

2 事業創出

(1) ベンチャー企業の成長段階に応じた資金調達手段

業歴が浅く経営基盤が不安定であるベンチャー企業は高い成長性が期待できる反面、経営不振に陥る可能性も高く、その成長段階に応じて企業価値と倒産リスクが変化する。この変化に応じた典型的な資金調達手段を表したのが図5-1である。

創業のシード期からスタートアップ期を経てアーリー期はインキュベーション・ファンドやベンチャー・ファンドのエクイティによる資金調達が主体となる。成長性が評価しやすくなるアーリー期から売上基盤ができ収益も伴うミドル期は、新株予約権付融資（社債）など種類株式を組み合わせたメザニン・ファイナンスが可能となる。ミドル期から新成長を果たすレイター期には研究開発資金や設備投資資金が必要となり、知的財産担保融資や一般融資であるデットが行われるステージとなる。

（日本政策投資銀行資料より筆者編集）

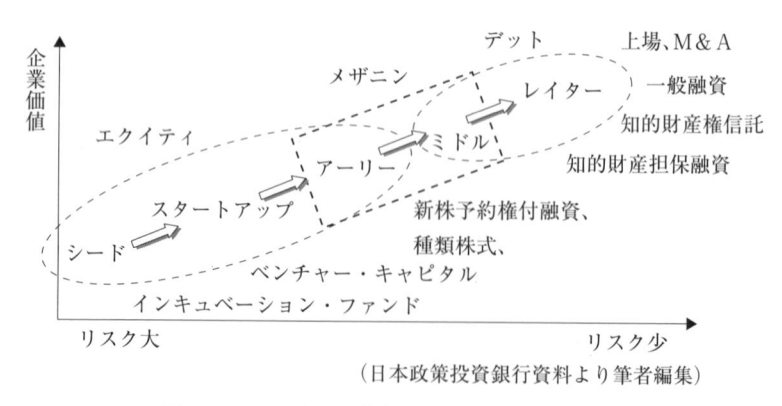

図5-1　ベンチャー企業の発展と資金調達手段

ここでは、ベンチャー・キャピタルによる種類株式を利用した資金調達、新株予約権付融資並びに新たに注目され始めた知的財産権信託について概

観する。

(2) 種類株式を利用したベンチャー・キャピタルによる資金調達

　ベンチャー企業が資金調達する場合、ベンチャー・キャピタルから資金導入を求めることが多い。その場合、資金拠出と共に経営アドバイスを提供するために経営のコントロール権を要求されることがしばしばある。企業価値が向上して無事に株式公開を果たし、株式を売却のうえ利益を確保して経営権を戻すまでの間のことである。

　経営のコントロール権の決定においては取締役の数が重要となる。取締役選解任権を持つ一部議決権株式や、種類株主から特定の数の取締役を選解任する種類投票制度等が利用できる。また，単元株の設定により実質的に半分の議決権のみを付与することも可能である。さらに定款変更によりほとんどの決定事項を取締役会に権限委譲しておき、株主総会は利益配分の方法のみを決すべき場としておく方法もある。

　これらの内容を従来は、ベンチャー・キャピタルと株主間の特約で取り決められることが多かったが、種類株式の範囲が拡大して商法上明文的に認められたため、株式で発行できることになりベンチャー・キャピタルから創業時の出資を受けやすくなった。

(3) 新株予約権付融資

　ベンチャー企業のアーリー段階の後半から売上の基盤ができて収益を伴ってくるミドル期においては、業績が明らかになり保有するリスクについて大まかな把握が可能となる。一方、売上実績等の数字は不安定であるし十分な担保の提供は難しいので、設備投資等の資金調達ニーズが生じてきた場合、デットによる資金調達は未だ難しい。しかしながら、市場の将来性や企業の成長力が認められる場合には、その「成長性」を背景として新株予約権を利用した資金調達方法が有効となる。

　新株予約権とは、「一定の価格（行使価格）で株式を取得できる権利」であり、株式に対するコールオプションである。従来はストックオプションとして役職員や従業員以外の第三者に対して付与する場合、社債と一体

化した新株引受権付社債のみ認められていたが、2002年施行の商法改正により金融機関を含む第三者への付与が可能となった。

新株予約権受取融資の基本的なスキームは図5-2のようになる。

（イ）金融機関が融資の見返りとしてベンチャー企業から新株予約権を受け取る。

（ロ）ベンチャー企業の株式公開後に金融機関は新株予約権を市場で売却する。

（ハ）金融機関はこれによってキャピタル・ゲインを得ることができる。

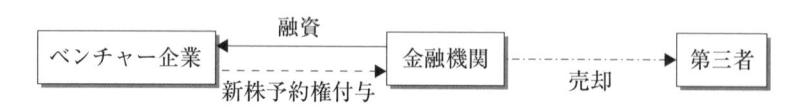

図5-2　新株予約権付融資のスキーム

新株予約権付融資スキームの場合、新株引受権は債権保全策としての担保でなく、企業価値の増加に伴う株式価値の増大分を得て与信に伴うリスクをカバーしようというものである（新株予約権の売却によるキャピタル・ゲイン）。金融機関側だけでなく、企業側にとっても付与率（融資額に対する新株予約権の付与額）の調整次第で多額の融資を受けることができるし、既存株主も直接増資よりは株式の希薄化の影響が小さくなるなどそれぞれにメリットがある。デットとエクイティの性格を併せもつメザニン・ファイナンスの典型である。

ただし、株式公開を志向しているベンチャー企業がすべて株式公開できることは限らず、株式公開できたとしても株価がいくらになるかはわからない。従って、金融機関としては、受け取った新株予約権を当該融資のひも付き担保として評価することはできない。あくまで複数の案件をひとまとまりの「ポートフォリオ」として見ていくことになる。一定のデフォルト率を前提に、一定の株式公開確率と株価の値上がり率が総合的に考慮される。

(4) 知的財産権信託

　近年ベンチャー企業がテレビアニメや映画著作物・音楽のようなコンテンツを信託方式により投資家から資金調達するケースが増加している。また、大学発ベンチャー企業の保有する特許権を信託したうえ大手企業にライセンスし、受益権を投資家向けに売却して資金回収する（知的財産権信託）などの例も報告されている。

　信託制度には、受託者に信託財産の管理・運用・処分等を委ねる管理目的の他に、信託財産の流動化よる資金調達目的が存在する。資金調達のツールとして信託制度を利用する場合、委託者自身の知的財産権実施を前提にするか、或いは第三者へのライセンス等により運用を図るか、2つの形態があり、ここではベンチャー企業自身が知的財産権を実施して資金調達する場合を図5-3に示す。

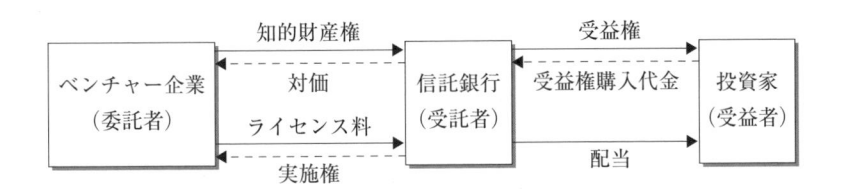

図5-3　知的財産権信託による資金調達

　受益権を投資家に販売するにあたり問題になるのは知的財産権の評価である。アニメ、音楽のようなコンテンツの著作権を対象とする場合は、上映権、複製権などの単位で事業収益からキャッシュフローを把握することが可能なため、DCF法で算出した事業価値をほぼ知的財産権の価値と捉えて評価することができる。これに対して特許権を対象とする場合は、当該商品やサービスの事業収益を特許権のみによって発生した収益と捉えることはできない。従って、特許権が事業収益にどの程度貢献したかを示す寄与度を用いて、DCF法で算出した事業価値に寄与度を乗じて特許権の価値を評価することが必要になる。また、特許権は権利範囲が限定的に解

釈されることや無効になることが珍しくないため、このリスクについても評価に織り込むことが求められる。このため、一層評価が難しくなるなどの課題がある。

3　事業再生

(1) 事業再生のインフラ整備とリスク・マネー

バブル経済崩壊後の不良債権処理のなかで事業の再生が官民によって推進された結果、法律・会計・税務等の事業再生の「道具立て」は、いまだ未整備の分野があるにせよ、一応は揃ったとされている。事業再生に関わる主なインフラ整備を表5-4に掲げる。

表5-4　事業再生に関わる主なインフラ整備

1997年	持株会社解禁、合併法制の見直し	2002年	種類株式の拡充、DES会計処理公表
1999年	株式移転・交換制度の整備、産業再生法施行	2003年	企業組織再編税制の改正、産業再生機構の設立、日本政策投資銀行の「企業再建ファンド」への出資制度新設、会社更生法改正
2000年	会社分割制度の創設、民事再生法施行		
2001年	私的整理ガイドラインとりまとめ	2004年	金融検査マニュアル別冊改訂

法律面では、種類株式の拡大や会社分割制度の創設を含む一連の商法改正、和議に代わる倒産法制としての民事再生法の創設や会社更生法の改正が主要なポイントである。税制面でも企業組織再編税制が創設・改正され、合併や会社分割を含む企業組織再編の整備がおこなわれた。また、私的整理ガイドラインが発表され、従来のルールなき私的整理と法的整理の間を埋める一方、その限界も認知されることとなり、それが産業再生機構の創設につながった。また、DESやDDS更にはDIPファイナンスの提供者が出現、プライベート・エクイティ・ファンドや事業再生ファンドの活躍等リスク・マネーの供給の仕組みが整ってきた。

破綻企業や破綻懸念のある企業の再生の手法には、図5-4のとおり、法的整理と私的整理の2種類があり、そして各々についてさらに再建型と清算型に分類される。中小企業比率の高いわが国では企業整理の多くが私的整理といわれている。しかし、私的整理は複数の債権者（金融機関）の利害関係を個別に調整しなければならず、特に債権放棄を行う金融機関にとって不良債権の無税償却が困難であり、2001年に新しく「私的整理ガイドライン」が取りまとめられた。同ガイドラインは法律の裏付けがあるものではなく、また全ての私的整理に適用されるものでもないが、官民の関係者が集まって決定したものであること、私的整理ガイドラインに沿った債権カットについては国税当局が無税償却を認める方向であること等、関係者共通のベースとして不良債権処理に弾みをつける原動力となった。

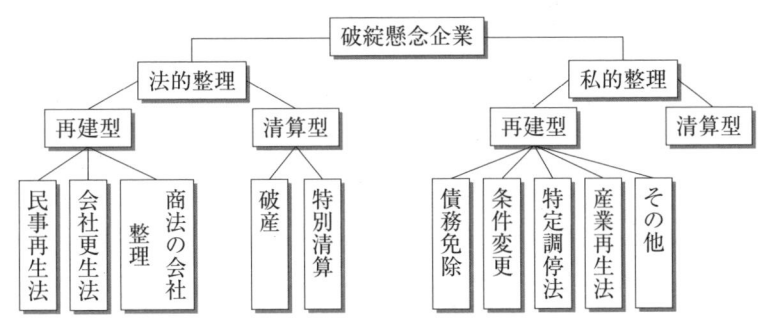

```
                    破綻懸念企業
           ┌────────────┴────────────┐
         法的整理                    私的整理
      ┌────┴────┐              ┌───────┼───────┐
   再建型      清算型          再建型          清算型
  ┌─┼─┐      ┌─┴─┐      ┌──┬──┬──┬──┐
 民 会 商     破 特      債 条 特 産 そ
 事 社 法     産 別      務 件 定 業 の
 再 更 の           清      免 変 調 再 他
 生 生 会           算      除 更 停 生
 法 法 社                              法 法
       整
       理
```

（出典：企業再生実務研究会「企業再生の実務」）

図5-4　会社整理の分類

　ここでは、事業再生で欠かせなくなったメザニン・ファイナンスとしての債務の株式化（DES）と債務の劣後化（DDS）を概説したあと、法的整理申し立て後のDIPファイナンスと事業再生ファンドについて言及する。

(2) 債務の株式化（DES）

　債務の株式化とは債権者が債務者に対して有する債権を債務者の株式に転換することで、デット・エクイティ・スワップ（Debt Equity Swap

：以下 DES という）と呼ばれる。過剰債務状態にある企業の債務を株式化することにより、有利子負債の削減や債務超過の解消を行う企業再生手法である。また、既存普通株の希薄化を防ぐため、優先株式による DES を行うことが多い。

　このような債務の株式化が行われるのは、破綻企業の債権者である銀行が一定の債権の切捨てを迫られるか、あるいは債権回収が長期化する場合にあって、債権が紙切れになるよりは株式として保有することに経済的合理性があるからである。再建が成功することで株価の上昇によりキャピタルゲインを得られるかもしれない債権者側の思惑と、債務から株式に転換してしまえば短期的な支払義務から逃れられるという会社側の思惑が一致したところにある。

　図5-5に示すように、実質的な債務超過の部分を株式化する場合（名目 DES）と、債権放棄等で実質的な債務超過を消したうえで残った債権の一部を株式に変換する（実質 DES）場合とが考えられる。債権者である銀行の立場からすれば、名目 DES であれ実質 DES であれ、将来企業価値が向上した場合のアップサイドを享受できる点（オプション価値）は同じである。一方、債務者企業からみると、名目 DES により債務超過を解消しただけでは財務体質は依然として倒産寸前の状況であるので、実質 DES によって最適資本構成に近づけることが望ましい。事実、DES の実施前後には株主責任の明確化と減資差益による繰越欠損の解消を目的に既存株

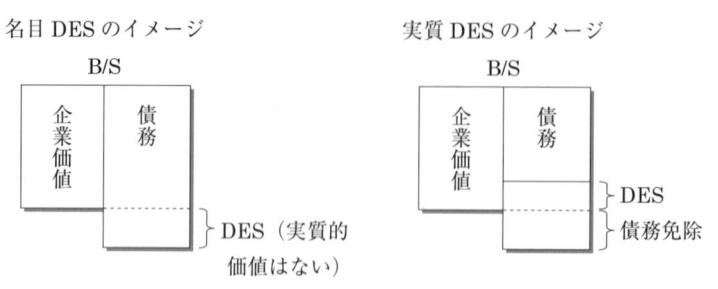

（出典：企業再生実務研究会「企業再生の実務」）

図5-5　DES のイメージ

式の減資を行うことが多い。

　DESを行うにあたっては、現金払込法と債権を現物出資する現物出資法がある。現物出資によりDESを行う場合、資本充実原則から裁判所が選任する検査役の調査が必要となるが、時間とコストがかかるため現金払込によるDESが行われてきた。この点東京地裁にて券面額説（新株の発行価額を現物出資された債権の券面額とする考え方——従来は新株の発行価額は債権の評価額とする評価額説のもとに検査役調査が義務付けられていた）が採用され検査役の調査が簡素化された。なお、産業再生法に基づき一定の認定を受けた場合や2002年の商法改正によって一定の要件を満たす場合には検査役調査は不要とされている。

　DESが盛んに行われるようになったのにはいくつかの理由がある。まず銀行法と独禁法の改正により、DESにより取得した株式の例外措置として金融機関が5％超の事業会社の株を持てるようになった。また、株式保有制限法が制定（2006年）されたが、DESの株式は対象外とされている。このような法的インフラに加えて、東京地裁の券面額説採用により、額面振替によるDESが商法実務で容認されたことに伴い、爆発的にDESが脚光を浴びるようになっている。更には、銀行の与信先「債務者区分」の査定上、「自己資本」とみなされるため格付け改善につながり銀行がDESを活用するインセンティブとなった。

(3) 債務の劣後化　（DDS）

　債務の劣後化とは債権者が債務者に対して有する既存債権を他の債権よりも劣後する債権に交換することで、デット・デット・スワップ（Debt Debt Swap：以下DDSという）と呼ばれる。2004年に改訂された金融検査マニュアル別冊（中小企業融資編）改訂版において、一定の要件を満たす資本的劣後ローンについては資本とみなすことができるとされたことから、企業再生の有効な手段となった。

　わが国の中小企業は、一般的に自己資本比率が低く借入依存度が高い傾向にあり、「根雪的」な借入金を資本的性格のリスク・マネーとして明確に位置付けてこなかった。そこでこのような資金を実態に合わせ法律上明

確にすることが企業と金融機関の双方にとって有益であるとされ、その手段としてDDSが注目されることとなった。株式を上場していない中小企業にとっては、債務を株式化するDESより債務を劣後化するDDSの方が実態に即している。

資本的劣後ローンとなる要件として次のものが定められている。
(イ) 実現可能性の高い経営改善計画(おおむね5年以内、終了時に原則正常先)の一環として実施されること(中小企業再生支援協議会や整理回収機構による検証を受けて透明性を確保することが多い)
(ロ) DDS実行時に存在する他の債権や、再生計画において発生予定の債権がすべて返済された後に返済が開始されること
(ハ) 財務情報の適時報告義務やコベナンツ(債務者と債権者の約束事)により債務者のキャッシュフローに一定の関与ができる権利を有すること

一般に、メザニン・ファイナンスとしての劣後ローンは、コベナンツに支払繰延ストラクチャーを導入できる。デット・ファイナンスは約定利払いが行われないときに借入人は期限の利益を喪失するが、劣後ローンにおいては、借入人に利払い等の原資がない場合は次回利払い日まで支払を繰り延べることも可能である。劣後ローンは信用リスクが高いので、デット・ファイナンスより金利は高くなる理屈にはなるが、現実には再生計画が軌道に乗り超過キャッシュフローが見込める段階になるまでは従来通りの金利となるようだ。

(4) 法的整理申立て後の運転資金供給(DIPファイナンス)

民事再生法や会社更生法などの適用を申立てた破綻企業では、事業価値の再評価や利害関係者との調整に少なくとも半年程度を要する。その間に破綻企業の事業がストップしたり、主要な顧客への供給責任が果たせなくなっては元も子もない。営業を継続するために最重要なのは運転資金の確保であり、この運転資金に対するファイナンスがDIPファイナンスである。DIPとはDebtor in Possession(占有継続債務者)のことで、破綻企

業の従来の経営者が法的手続申立て後、直ちに退任せず事業経営を継続することで法的手続申立てをしやすくなる。

　DIPファイナンスは、再生計画認可後、計画終了時までのファイナンスを含み、企業の再生過程に応じアーリー期とレイター期に分けられる（図5-6）。法的整理手続に入った企業の資金繰りがタイトになるのは申立て直後であり、アーリー期のDIPファイナンスには迅速な対応を強いられる。ファイナンスを決定する段階では、再建計画が不明で破産手続きへ移行する可能性もあるので、優先弁済を受けるための手続き（共益債権化）を講じながら、営業継続により発生する売掛債権や動産を担保として債権保全を図るのが一般的である。

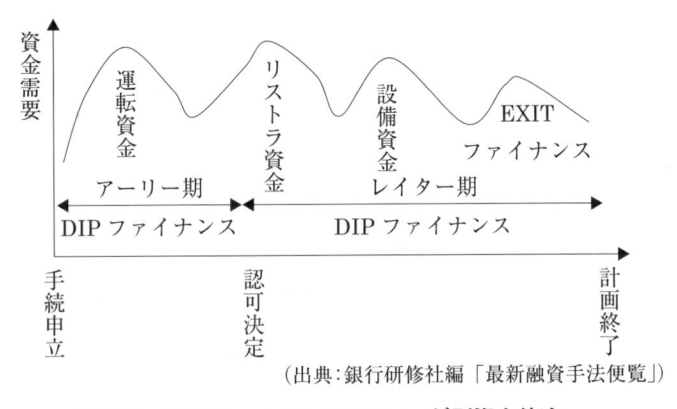

図5-6　DIPファイナンスのステージ別資金使途

（出典：銀行研修社編「最新融資手法便覧」）

　また、レイター期のDIPファイナンスは再建計画が決定（認可）されていることから、再建計画の実現可能性がポイントとなる。なお、DIPファイナンスは一般の融資による資金調達が可能になるまでのブリッジ・ローン的な性格を有している。事業再生ファンドは再生のスキームについて常に出口を模索しており、事業再生ファンドの再生スキームの最終過程ではEXITファイナンスと称されるリファイナンスが行われる。

(5) 事業再生ファンド

事業再生に利用されるファンドの形態は、表5-3に示した事業再生型のプライベート・エクイティ・ファンドが典型であるが、不良債権処理問題が喫緊の課題となった時期には大手金融機関や政府系金融機関が自ら事業再生ファンドを立ち上げる例が多かった。そのほか政府系の企業再生支援機構（2009年に設立されるまでは産業再生機構や整理回収機構）や中小企業基盤整備機構などが母体となってきた。

事業再生型のプライベート・エクイティ・ファンド（以下PEファンドと呼ぶ）は再建可能な事業をもつ企業に対して投資を行い、再建させたうえで株式公開やスポンサー企業への売却を行う。投資額以上の売値とすることで収益を得る。主に非公開株へ投資することを目的としているが、株式投信等とは異なり、投資先企業への積極的な経営への関与（ハンズオン）を前提としているのが特徴である。

PEファンドは経営不振企業に投資する出資者を募り、ファンドの運営会社をジェネラル・パートナー（無限責任社員）、それ以外の通常の出資者（主に年金ファンドや保険会社等の機関投資家）をリミテッド・パートナー（有限責任社員）とする匿名組合（またはパートナーシップ）を組成

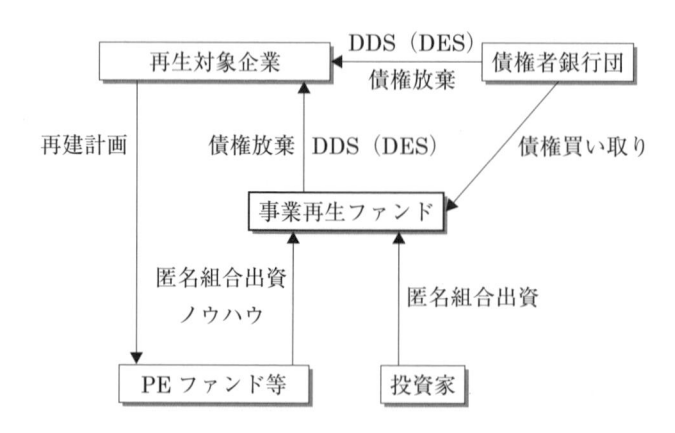

図5-7 事業再生ファンドによる再生スキームの例

する。このようにして組成されたファンドが図5-7のように、経営不振企業の株式や債権を買い取り、DDS（またはDES）や債務免除を行い、株主権に基づいて経営を監視するとともに、ターンアラウンドマネージャーを派遣して経営や再建に係るノウハウを提供し、企業を再生させ投資利益を得るのである。

また、地域振興の観点から特定の地域に限定して設立される事業再生ファンドは地域再生ファンドと呼ばれ、都道府県単位で数多く設立されている。地域再生ファンドは一般の機関投資家等から資金を集めることが困難であり、中小企業基盤整備機構や政府系金融機関が出資して組成を支援するケースが多くみられる。

4　事業再編

事業再編は、企業活動の「選択と集中」のプロセスとして絶え間なく繰り返されるものである。規模拡大の利益やシナジー効果を目指す場合には、株式の買い取りや営業譲受・合併などから最適な手段を選択し、不採算事業を切り離す場合には会社分割や営業譲渡を行う。このような事業再編活動は総称してM&A（Merger and acquisition）と呼ばれ、図5-8や表5-5に示される如く種々の形態と種類がある。そして、組織再編には合併・営

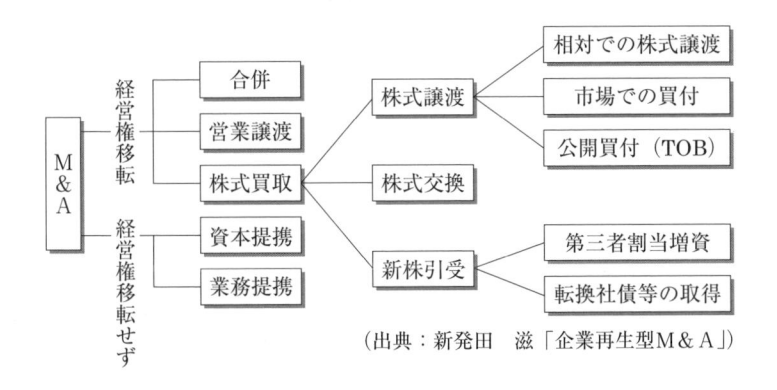

（出典：新発田　滋「企業再生型M＆A」）

図 5-8　M&A の形態

業譲渡・株式譲渡・増減資・会社分割等が用いられる。前述の事業創業や再生の場合にも、また後述の事業承継でも、M&Aに基づく組織再編の手法は不可欠である。ここではM&Aおよび事業承継に伴う資金調達について概観する。

表5-5 ニーズ別M&Aの種類

買い手からみた場合	売り手からみた場合
水平統合型／垂直統合型	事業承継型
新市場・既存製品型／既存市場・新製品型	経営破綻・再建型／債務圧縮型
多角化型	ノン・コア事業売却型
純粋投資型	経営リソース追求型

(松田千恵子「ファイナンスの理論と実務」より筆者編集)

(1) M&Aの資金調達

我が国のM&Aはバブル崩壊後の不良債権処理の時代を境に大きく発展した。この背景にはM&Aに係る法制が整備(表5-6)されると共に、企業価値向上のための成長戦略としてM&Aが認識されてきたことによるものと思われる。

表5-6 M&A関連法制

1997年	純粋持株会社の解禁	2000年	会社分割制度の導入
1999年	株式交換、株式移転制度の導入	2006年	新会社法施行
2000年	民事再生法施行	2007年	合併対価の柔軟化の導入

事業会社がM&Aにより買収を行う場合、資金調達の多くは、買手の信用力で銀行借入れや社債等の発行による通常のコーポレート・ファイナンスであった。しかし投資ファンドを活用した企業買収や経営陣による会社買収の場合には、買収先の資産及び将来のキャッシュフローを担保にしたデット・ファイナンスである「ノンリコース・ローン」が利用される(図

5-9)。また、このようなノンリコース・ローンだけでは十分な資金が調達されないと判断された場合には、劣後ローンや優先株式などを組み合わせたメザニン・ファイナンスが検討される。

ノンリコース方式で資金調達を行い、買収後に買収した企業の資産売却や事業改善によりキャッシュフローを増加させ負債を返済していくM&A手法は、少ない自己資本で大きな資本の企業を買収できることから、梃子の原理になぞらえてレバレッジド・バイアウト（Leveraged Buyout：LBO）と呼ばれる。また、企業の経営陣や事業部門の責任者が自ら経営する企業や事業部門を買収し引き続き経営するM&A手法はマネジメント・バイアウト（Management Buyout：MBO）と呼ばれ、LBOの一形態である。LBOやMBOの投資家の狙いは、配当等のインカム・ゲインの獲得および株式公開や他の事業会社や投資家への株式売却によるキャピタル・ゲイン獲得にある。

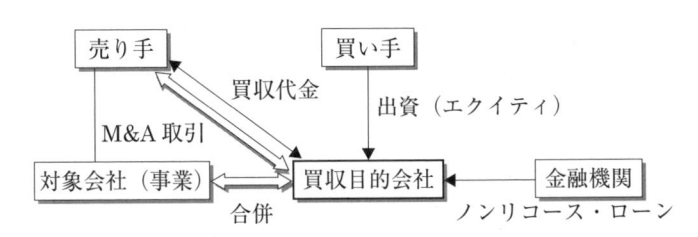

（出典：笹山幸嗣、村岡香奈子「M&Aファイナンス」）

図5-9　M&Aファイナンスのスキーム例

(2) 事業承継の資金調達

高度成長期に創業した多くの経営者が引退期を迎え、後継者不足によって伝承されるべき技術・ノウハウや雇用の途絶の恐れが出ている。これらの防止は経済活力を維持するうえで欠かせない。オーナー企業の事業承継では、経営権の承継と財産権の承継という、事業にとって密接不可分な二つの要素が重要で、この面から法律や税制の改正が取り組まれてきた（表5-7）。2006年の新会社法により議決権を持たない株式や譲渡制限付の株

表 5-7　事業承継関連のインフラ整備

2006 年	新会社法の施行	2009 年	事業承継税制の抜本拡充
2007 年	事業再生 ADR の導入	2009 年	中小企業承継事業再生計画制度の導入
2008 年	経営承継円滑化法の施行		

式、強い拒否権を発動できる黄金株などが発行できるようになった。また2008年施行の経営承継円滑化法では、「事業承継税制の拡充」（2009年度の税制改正で1年前の遡求適用）、「民法上の遺留分制度の制約への対応」、「金融支援措置」等が図られた。

　事業承継対策はオーナーの生前での自社株移転対策が基本だが、
（イ）税務上の非上場株式評価の仕組みを利用して自社株の評価額を引き下げること
（ロ）将来的に企業価値を高めることができるような事業承継戦略を考えていくこと
が課題となる。事業承継には相続人が承継する相続型と経営者・従業員や第三者が承継する非相続型がある。いずれにしろ、良い事業と悪い事業をより分け合併や事業分離等 M&A のプロセスが欠かせない。
　図5-10に、オーナー会社の役員が事業承継するMBOの資金調達スキーム例を示す。MBOは「暖簾分け」の概念に近いといわれており、大きな特徴として、被買収会社の反対が少なく雇用維持が図られやすいことが挙げられる。この場合、株式取得のための資金確保が鍵となる。資金提供者

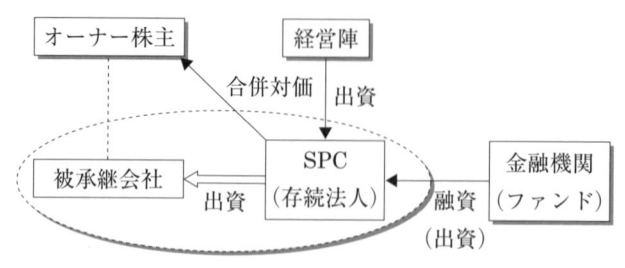

図 5-10　MBO による事業承継の資金調達スキーム例

である金融機関やファンドが経営参画を要求することもあろうが、種類株を活用することで経営権のコントロールは可能である。オーナーの考え方がある程度維持されながら、新経営陣のもと組織や経営の刷新が図られ、企業価値向上効果が期待できる。MBO は設計当初からファンド等の出口戦略を考慮する必要があり、また株主と経営陣の利益相反問題が生じやすいため、外部の専門家を活用して買収価額や条件等の取引の透明性を確保することが肝要となる。

〈参考文献〉

トーマツ他編著『ベンチャービジネスのための資金調達ガイドブック』中央経済社　H16/9
藤川信夫『事業創出・再生とファイナンスの実務』ビジネス教育出版社 2005/3
新しい中小企業金融研究会『新しい中小企業金融研究会　報告書』2006/7
銀行研修社編『最新融資手法便覧』銀行研修社　H17/7
小林卓泰『知的財産ファイナンス』清文社　2004/12
マスターズ・トラスト会計社編『エクイティ・ファイナンスの仕組みと会計・税務』中央経済社　H15/3
企業再生実務研究会『企業再生の実務』金融財政事情研究会　H14/12
髙木新二郎『企業再生の基礎知識』岩波書店　2003/1
知野雅彦編著『企業再生実務ハンドブック』日本経済新聞社　2004/8
藤原総一郎『DES・DDS の実務』金融財政事情研究会　H21/2
事業再生研究機構編『事業再生の担い手と手法』商事法務　2003/5
水島　正『企業再生ファンドの実務』金融財政事情研究会　H16/9
和田　勉『事業再生ファンド』ダイヤモンド社　2004/8
新発田　滋『企業再生型 M&A』日本実業出版社　2001/6
松田千恵子『ファイナンスの理論と実務』2007/12
笹山幸嗣　村岡香奈子『M&A ファイナンス』金融財政事情研究会　H20/7
新谷　勝『新しい事業承継と企業再生の法務』税務経理協会　H22/1

ケース9　ベンチャー・ファンド(百十四ベンチャー・ファンド)

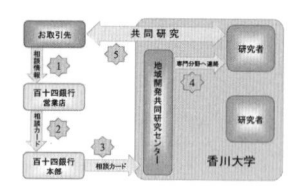

百十四ベンチャー育成投資事業有限責任組合	
所在地	香川県高松市
設立	2003年
出資者	百十四銀行、百十四リース、アイビス・キャピタル・パートナーズ

百十四銀行は、2003年にベンチャー企業向けのキャピタルファンド1号を立ち上げ、将来の地域経済の担い手となる企業の育成や新規事業支援に積極的に取り組んでいる。以来3号まで立ち上げ、これまでに約40社の企業に投資、そのうち2社がM&Aや上場を果たすなど成果を上げている。新たな事業展開で成功の鍵を握るのは優秀な起業家を育成できるかであり、ベンチャー・ファンドやベンチャー・キャピタルに、単なる資金供給者ではなく「ハンズオン」の役割も期待されている。ハンズオンとは、投資先企業に対して経営陣派遣、経営会議などへの参加権(オブザベーションライト)の行使、取引先・事業提携先・公認会計士の紹介、コンサルティングなどの様々な側面支援をすることである。本ケースは証券系の投資運用会社とパートナーを組み、地銀系ベンチャー・ファンドとしてハンズオンの取り組みを熱心に推進しながら、ベンチャー育成を図っている例である。

1　ベンチャー・ファンド設立の背景

香川県高松市に本社を置く百十四銀行は地域経済活性化、取引先企業のライフサイクルに応じた支援強化の一環として、ベンチャー・ファンドの活用による創業・新事業支援に2003年から取り組んでいる。2003年度にまとめた中期計画の中で地域密着型金融(リレーションシップ・バンキング)の機能強化を掲げ、2005年度から毎年度、その具体策として「地域密着型金融推進計画」を作成、実践してきている。同計画によると、地域経済の活性化に寄与することが最も重要なテーマと明示し、取引先企業への支援強化として

①創業・新事業支援

②経営相談・経営支援

③事業再生支援

の3分野を重点取り組み項目としている。このうちの創業・新事業支援策として2003年1月に第1号のベンチャー育成投資事業責任組合を設立した。その後、ファンドの投資額が増加したこともあり、立て続けに2004年6月同2号組合、2005年9月に同3号組合を3年連続で組成した。

ファンドの仕組みは図5-11に示す通りである。「百十四ベンチャー育成投資事業有限責任組合」に対して、百十四銀行は有限責任組合員として480百万円（1組合当たり）を出資。また、無限責任組合員として関連会社の百十四リース（1組合当たり出資額20百万円）および東京に本社を置くアイビス・キャピタル・パートナーズ（同10百万円）が参加、この2社が本ファンドの運用にあたっている。有限責任組合員（LP：Limited Partner）は、ファンドの運営責任者たる無限責任組合員（GP：General Partner）にファンドの運用を一任、投資判断・株式売却等ファンド運営には関与できないものの、ファンド運営についてGPから必要十分な情報公開を受けている。なお、アイビス・キャピタル・パートナーズは香川県の地場証券会社大手の香川証券などと密接な関係にある投資運用会社で、幅広いネットワークを活かしベンチャー・キャピタル業務に定評があるとのことである。

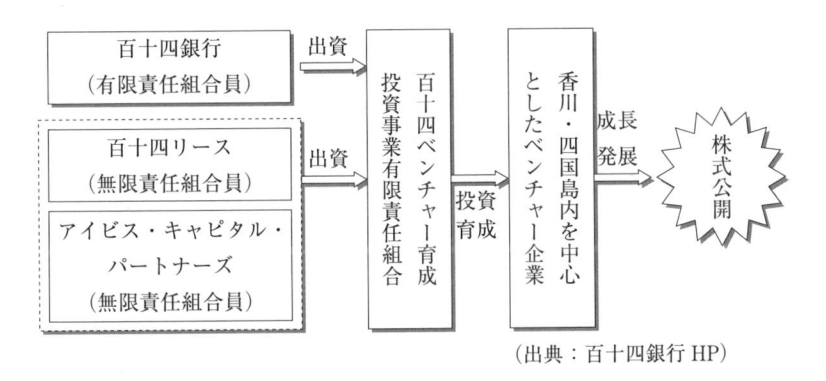

（出典：百十四銀行HP）

図5-11　ベンチャー・ファンドの仕組み

2 投資スタンスと特色

　同ファンドはこれまで表5-8の通り約40社に投資しているが、投資先の3割から5割は香川県・岡山県のいわゆる地元圏の企業である。残りはファンドの運営上、投資リターンの確保も必要であり、県外の営業店エリア内の有望対象先を見つけて投資をしている。投資先の選定にあたっては、自行内のネットワークを活用しているほか、(財) かがわ産業支援財団など外部機関と連携している。主な投資先は、地域内の設立間もない有望企業や大学発のベンチャー企業などである。特に、大学発のベンチャー企業への投資は少なくなく、地元香川大学発のベンチャー企業2社への投資をはじめ、これまでに、岡山大、大阪大、高知工科大など国立大学のほか、早稲田や慶応など有名私立大学のベンチャー企業へも幅広く投資をしている。一方、投資先分野はオフィスの省エネ機器開発会社や環境設備会社などの環境型製造業、投薬・新薬開発のバイオ関係、IT企業などが中心である。

表5-8　ファンドの投資実績

	設立時期	組合規模	投資社数	投資総額	存続期間
第1号	2003年1月	510百万円	10社	357百万円	10年
第2号	2004年6月	510百万円	16社	395百万円	7年6カ月
第3号	2005年9月	510百万円	13社	334百万円	7年3カ月

(2010年3月末時点)

　具体的な投資先を決定するにあたっては、いわゆるブルー・オーシャン(戦略) 狙いで、同じような業態の企業には投資しないようにしている。また、候補として挙がったベンチャー企業の評判や技術力などを精査するため、当該企業との取引ある企業などへヒアリングしている。特に重視するのはその企業の社長の人脈やネットワークで、経営陣の上場意欲の有無も重要な情報として確認している。ベンチャー企業の成長ステージにより投資の成功確率は異なってくる。一般的に、まだ技術開発段階で売上げがないアーリー・ステージの会社への投資がハイリスク・ハイリターンなの

に対して、製品がありすでに売上・利益を計上しているミドルあるいはレイター・ステージの企業であれば、相対的にローリスク・ローリターンとなる。金融系のベンチャー・ファンドとして、これらがうまくミックスしたポートフォリオを組めればよいと考えている。

同ファンドがアイビス・キャピタル・パートナーズと組む理由は、投資運用会社として東京圏の企業情報を豊富に持ち、本社機能を首都圏に移す地元企業の上場に際して充分なケアができるからである。さらにIT（情報技術）やバイオテクノロジー（生物工学）など最先端技術の分野にも投資ノウハウを有している。

金融機関系ベンチャー・ファンドの大きな財産は、親会社である金融機関の確立されたブランド力(看板)である。この看板の力が強いベンチャー・ファンドは、投資案件の獲得競争において有利な立場にあると同時に、銀行のネットワークを活用した製品の販路や事業提携先の紹介、経営陣の派遣や特許取得のための支援など、ハンズオンの力を発揮できる。これまでも同ファンドの投資先の経営者が病気になったり、研究開発がストップしたりするなどのトラブルの際にもこの看板が役にたったとのことである。

3　今後の課題と取り組み

ファンドの投資先の新規上場（IPO）がこのところ足踏みとなっている。昨今の経済情勢の影響が大きいが、内部統制の検証等、上場審査に時間や手間がかかり、上場することのメリットが少なくなってきたことも一因である。

その一方で、2003年前後に設立したファンドの期限到来時期を迎える。IPOしていない、言わば卒業できない会社が多く出てくると懸念されている。その際、そういった会社の「出口」処理をどうするかが課題に浮上してくる。同行としては投資先の支援、すなわち、かねてより注力してきたビジネスマッチング、M&A、事業承継など顧客の相談業務を一層強化するスタンスである。そのためのツールとして、このほどビジネスマッチングシステムを構築した。これは勘定系と切り離された社内情報系の中に構

築したもので、営業店からの日々の顧客情報をデータベース化し、個々の企業の情報や業種情報をキーワードなどで検索、集約一覧できるのを特徴とするオリジナルソフトである。今後は、同システムのレベルアップのため、営業店からの情報入力を担当者の業績評価項目に加え、顧客情報の充実に努める方針という。また、金融機関がベンチャー金融を行うに必須の要件である「目利き」能力を高めるために、同行職員の階層別「目利き研修」や業界動向を把握するための「業種別研修」の実施など、ベンチャー投資にも共通する投資ノウハウの蓄積にも余念がない。

第 5 章 企業経営（事業創出・再生） 163

ケース10　事業再生(㈱くつろぎ宿　東山温泉)

㈱くつろぎ宿（東山温泉）	
所在地	福島県会津若松市
設立	2005年
再生方式	東邦銀行とリサ・パートナーズで事業再生ファンドを組成する私的整理方式

くつろぎ宿

　事業再生とは単なる倒産処理・不良債権処理の言い換えではなく、また法務、税務、会計の問題や DES、DDS、DIP ファイナンスといった金融手法にとどまるものでもなく、「事業そのものを再生するという本質を見失わないことが重要」（金融庁）とされている。東邦銀行では、事業再生ファンドを活用して、福島県会津地方の東山温泉にある3旅館を清算して経営を新会社に統合する、全国的にも珍しい面的再生方式を実施した。旅館業の地域経済全体への波及効果は大きく、本ケースは温泉街全体の再生を図った例である。

1　事業再生取り組みの背景

　福島県は全国有数の農業県であるが、一方で観光面でもよく知られており、特に福島県の温泉地数は133カ所と全国5位である。東北地方では青森県に次いで多く、飯坂温泉・磐梯熱海温泉など全国的にも知名度の高い温泉が少なくない。観光産業の担い手である温泉・旅館業は、仕入れや雇用・交通面などで地域経済と深く関わっている。福島県にとって地域の観光問題は重要で、特に旅館業は裾野の広い地場産業の代表的業種である。
　地域密着型金融推進計画を策定する等、地元企業の再生への取り組みに積極的な東邦銀行は福島を代表する東山温泉の再生を手掛けた。福島県・会津若松市の奥座敷と呼ばれる東山温泉は江戸時代から会津藩の湯治場として開けた歴史ある温泉で、市内から車で15分ほどのところにある。山裾を縫うように流れる湯川の両岸に23軒の温泉旅館が軒を連ねているが、バブル崩壊以降この東山温泉でも年々宿泊客が減少し、1995年をピークに現在では、その約半分の年間40万人前後まで落ち込んでいる。同行では、

投資ベンチャーンのリサ・パートナーズと共同で事業再生ファンドを組成し、会津東山温泉の老舗3旅館を解体のうえ新会社に一体統合する方式で事業再生を図ることとした。その結果、新会社設立から2年目にして黒字転換するまでに蘇生させることができた。同行は今後、この事業再生を地域密着型金融の新たな柱にし、日本ではそう多くないが事業再生を看板にする地域銀行になりたいと意気込んでいる。

2 再生スキーム

(1) 再生計画の策定経緯

当初、東山温泉にある17軒の旅館・ホテルの一括再生を検討したが、債権者間の調整が難航しこの再生計画は合意に至らなかった。このため、東山温泉を代表する旅館であり、旧経営者、債権者の理解が得られた「㈱新滝」、「㈱千代滝」、「㈱不動滝」の3旅館を一体的に同時再生することに方向転換した。3旅館はいずれも由緒ある老舗旅館で、東山温泉のシンボル的存在でもあった。隣接する新滝・不動滝と川を挟んで少し高台に位置する千代滝を結ぶ三角形のエリアが温泉街の中心部をカバーし、地域の面的再生の中核にも成り得ると考えた。因みに、「新滝」は資本金1000万円・売上高1億8900万円・従業員23人、「千代滝」はそれぞれ1000万円・4億4000万円・55人、「不動滝」は2150万円・1億7500万円・23人の旅館であったが、各々債務超過で単独では経営維持が困難な状況であった。

そこで同行は3旅館再生のプロジェクトチームを2003年10月に立ち上げ、具体的な再生手法の検討に着手し、民事再生法による法的整理ではなく、私的整理による事業再生を前提にすることにした。新しい建物と古い建物が混在していたが、経営のやり方によっては再生が可能と判断、また、3旅館とも地元金融機関から借入れがある等、交渉もスムーズであった。将来的に自立再生可能かどうか事業・資産査定を外部に委託、再生計画の概略をまとめた。最終的には、再生ファンドをつくり2～3年で事業価値の向上を図り、最後は地場企業に新会社を譲渡することを目標にした。

(2) 再生ファンドの組成と新会社の立ち上げ

同行は、2003年に再生スキーム案（図5-12）をまとめた。即ち、立ち上げた再生ファンドが3旅館を一体運営する新会社に出資し、同時に新会社への事業移転、既存債権者の債務の肩代わりを行い、3旅館の事業経営を新しく始める方式である。旧3旅館はそれぞれ所有する旅館の不動産を「くつろぎ宿」に売却し、売却代金を債務の弁済にあてる一方で、取引銀行であった東邦銀行は、旧旅館の借入金の一部債権を放棄し、新会社の経営支援のため人材も派遣して新会社の経営を軌道に乗せ、数年後には地元企業に売却するプランとした。

（出典：東邦銀行・日本政策投資銀行のHP）

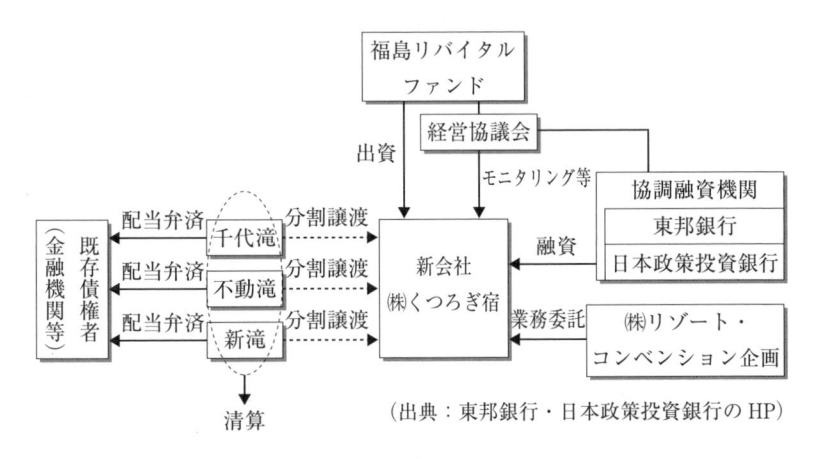

図5-12　再生のスキーム

事業再生プランの概要を以下に示す。
① 東邦銀行は、国内における再生ファンドの立ち上げで数々の実績を持つ投資ベンチャーの（株）リサ・パートナーズと共同で、地域再生ファンド「福島リバイタルファンド」（以下、福島RF）を組成。同ファンドの運営はリサ・パートナーズが担当。
② 同ファンドが100％出資する新事業運営会社「㈱くつろぎ宿」（資本金1億3千万円）を設立。「くつろぎ宿」は、3館の資産買収費

など事業立ち上げにかかる費用を同ファンドから借り入れ。
③ 3旅館は旅館事業に付随する営業用資産や固定資産などのほか、営業用負債や福島RFからの借入負債を「くつろぎ宿」からの株式交付と交換で分割譲渡（吸収分割実行）。
④ 東邦銀行と日本政策投資銀行は「くつろぎ宿」に対して運転資金を協調融資。「くつろぎ宿」はその融資の中から、福島RFからの借入金の全額を返済（総額470百万円）。
⑤ 新会社「くつろぎ宿」の運営を㈱リゾートコンベンション企画に委託。
⑥ 東邦銀行、日本政策投資銀行、リサ・パートナーズなどが参加する経営協議会を毎月開催し、「くつろぎ宿」の経営状態をモニタリング。

事業再生の時系列をみるとそのステップは次のとおりであった。

〈事業再生のステップ〉
2003年 3月 東邦銀行は事業再生を担当する融資管理部を設置
　　　 10月 旅館再生プロジェクトチームを立ち上げ具体的検討を開始（東邦銀行）
2004年 10月 福島リバイタルファンド組成（東邦銀行、リサ・パトナーズ）
2005年 3月 東邦銀行と日本政策投資銀行は3館の再生を目的として各館と業務協力協定を締結。またリサ・パートナーズは各館とアドバイザリー契約を締結
　　　 3月 「21世紀の東北の温泉街を考えるシンポジウム」開催
　　 4〜5月 リゾートコンベンション企画の協力を得てビジネスデューデリジェンス（資産査定）を実施。再生計画の概略をまとめる。
　　　 9月 会津・東山温泉の3旅館に対する再生支援開始
　　　 11月 「㈱くつろぎ宿」設立
　　　　　　東邦銀行は「㈱くつろぎ宿」に出向者を派遣
2007年 3月 「くつろぎ宿」黒字を計上
2009年 1月 「くつろぎ宿」は福島RFより全株式を取得

3　新会社の運営

　旅館の経営は難しいといわれるが、その理由の一つとして「旅館は家業である」と認識しているオーナーが少なくなく、旅館業が古色蒼然としたサービス業の範疇から脱却できていないことが上げられる。経営者が経営や財務面での知識に乏しく、資産や人材の有効活用が図れない、投資対効果の見極めが出来ないなどのケースが多い。こういった状況を踏まえ「くつろぎ宿」の運営は「グリンピア土佐横浪」（高知）の再建などで実績のある㈱リゾートコンベンション企画へ委託し、経営者として同社の社長を迎え入れた。3旅館を一体経営することで、経営資源の有効活用や共同仕入れによるコスト削減・重複業務の削減などが図られ経営効率が向上した。また、全員の従業員（合計約100人）を新会社で再雇用し適正配置を図った。東邦銀行は、新会社支援の一環として、40歳代の中堅社員3人を出向派遣させるなど支援体制を強化した他、新会社との経営協議会を毎月開催、経営のモニタリングを行い重要事項の決定に参画した。

　新会社の次の取り組みが奏功し、2年目には黒字を計上するまでになり、2009年度上半期も前年同期比15％増の収入を上げるまでに回復した。

〈新会社の取り組み〉
① 新会社が最重要課題として最初に取り組んだのは従業員の意思統一を図ること。全従業員を集めた朝晩のミーティング、および午前10時からの管理職ミーティングを毎日行った。従業員が共通の価値観を持ち同一の判断基準に立つことにより顧客満足度の高い接客サービスが可能になるとの考えに基づいている。また毎月、人事異動を実施し人材の適材適所に努めた。若手の抜擢も積極的に進め、20歳代の女性の管理職も誕生させた。
② 一方で新旅館のスタイルにもこだわった。特に旅館の人気のバロメーターである料理は全面的に地元の旬の食材を使用することにした。メニューに地元会津の郷土料理である「こづゆ」を加えた。土地の食文

化を前面に出すことで魅力的で特色のある食事を提供することにこだわった。一方で、旬の素材を使うことで安く仕入れることができるメリットもあった。料理のメニュー決めも料理長の専任事項とはせず、営業やマーケティング担当者も加わるようにした。

③　また、旅館の規模の適正化や集客力向上にも力を注いだ。隣接する「不動滝」と「新滝」の間を自由に行き来できるようにし、2旅館のフロントを一元化し効率を高めた。さらに両館の間に渡り廊下を設け、そこに新たに「わたり湯」を新設。一方、「千代滝」も展望大浴場の露天風呂の面積を倍増するなどの改装を実施し集客力の向上を図った。

4　東邦銀行の再生事業への取り組み

　地域経済の衰退はそこに基盤を置く地方銀行にとって死活問題である。そのため、地域経済の活性化、疲弊した地域の再生は最重要な案件になっている。東北地方で第2位の経営規模を誇る東邦銀行はリレーションシップバンキングを通じた地域密着型金融の推進に大きく舵をきった。なかでも、事業再生を最優先課題と捉え、経営資源を重点的に配分し、これまでも数々の実績を上げてきた。「地域の経済発展なくして経営なし——地域再生は地銀の役割」と言い切る。同行の事業再生案件に取り組んでいるスタッフは企業経営支援室長以下9名で、審査・管理部門経験者等のベテラン行員で構成されている。中小企業再生支援協議会や政府系金融機関との連携にも積極的に取り組むほか、シンポジウムの開催や情報発信を戦略的に行っている。

　もともと福島が地盤の同行は地盤沈下している現状に強い危機意識を持ち、「早めに再生をかけること。大事なのはスキームと決断」というのが同行の取り組みスタンスである。なかでも、同行が掲げる再生事業のコンセプトである「面的再生」は一朝一夕にたどり着いたものではない。遡って、2005年に開催した「21世紀の東北の温泉街を考えるシンポジウム」では、旅館経営者や自治体関係者などから事業再生や地域発展の方策など

問題点が浮き彫りにされた。「悩みは皆同じ。それぞれの事業再生と地域の再生を待ち望んでいる。地銀には地域ネットワークを活用した地域コーディネータとしての役割がある」と同行経営者は痛感したという。また温泉街や面的再生のコンセプト作りには、地元の福島大学や政府系金融機関との共同研究が寄与した。

同行はこれまでの経験を生かして2010年5月に東北地方で初めてとなる中小企業再生官民ファンド「うつくしま未来ファンド」の組成に中心的役割を果たし、中小企業基盤整備機構や県中小企業再生支援協議会・県信用保証協会などと地元中小企業の再生支援に取り組みだした。ファンドに経験豊かな人材を派遣することもあり、地元への還元がさらに期待できそうだ。

第6章 農業振興

1 農業金融の現状

(1) 日本公庫と農協による金融

　農業は、天候条件に農作物の収量や価格が左右される、投資から効果が現れるまで時間がかかる、財務管理が不十分な零細経営体が多い、農地法の売買制限等で流動性の乏しい農地は担保価値が低い等、製造業とは違った性格をもっている。そこで農業金融を政策面から支援するなど、農業の維持・発展を図るための措置がとられている。政策支援を大別すれば、農業融資専門機関の設置と農業融資を促進する種々の仕組みの構築である。前者の代表は農業協同組合（以下、農協と略称する）の法制化及び農林漁業金融公庫（現、日本政策金融公庫農林水産事業本部　以下、日本公庫と略称する）である。後者は制度資金と農協プロパー資金からなる融資の仕組みに加えて、農業信用保証保険制度（後述）などである。

　制度資金とは国または地方公共団体が財政資金などを原資とする貸付や、民間金融機関の貸付に利子補給などを行う資金のことをいう。国の制度資金として代表的なものは、財政融資資金を原資とする日本公庫資金、財政資金を直接貸し付ける農業改良資金（2010年10月より都道府県から日本公庫に移管）、農協系統資金を原資とする貸付金に財政による利子補給が行われる農業近代化資金などの長期の設備資金がある。また地方公共団体の制度資金として、各県の農業事情に応じた様々な県独自の制度資金が設けられている。一方、農協もその貯金を原資として独自の農業融資を行っている（プロパー資金）。プロパー資金は国や地方公共団体などの政

策関与のない独自の運転資金、短期・中期の資金(「要綱融資」や「普通資金」と呼ばれる)などからなる。

日本公庫と農協の農業貸出金残高の推移は表6-1に示すように、それぞれ1980年代半ば頃から減少傾向にある。日本公庫資金は農業基盤整備や農地取得需要の落ち込みが影響しているが、農業経営基盤強化資金(スーパーL資金 1996年創設)の需要は強いこともあり、近年は減少傾向が止まり全体の残高はほぼ横這いとなっている。農協の農業関係資金の減少は、農業近代化の制度資金だけでなくプロパー資金(未公表)において農業を取り巻く環境悪化による投資意欲の低迷が影響している。また農協の貸出金全体に占める農業関係資金の残高比率も年々低下し、既に10%を割る状況が続いている。

表6-1　主要な農業金融の推移

	1980年度末	2003年度末	2006年度末	2009年度末
日本公庫(農業関係)	28,713	10,400	14,994	14,502
農協(農業近代化資金)＊	8,992	2,692	2,007	1,673

＊農協(農業近代化資金)は12月末残高
(出典:日本公庫農林水産事業「農業統計年報」と農林中央金庫「農林漁業金融統計」)

(2) 担い手の支援と農地法の改正

高齢化による離農等による農業従事者の減少、耕作放棄地の増加等による農地の減少が進行しており、農業を取り巻く環境は悪化している。このため農林水産省は「食料・農業・農村基本計画」(2005/3)を決定し、「担い手の明確化と支援の集中化・重点化」「担い手への農地の利用集積の促進」を盛り込んだ。これまでのような農業者を一律に対象とする施策を見直し、認定農業者・集落営農者・農業法人等、農業の担い手を明確化した上で、担い手の支援強化へと農業政策は大きく転換した。2005年9月の改正農地法等の施行では、構造改革特区で認められてきた一般事業会社の農地のリース方式による農業参入が可能となり、新たな農業の担い手に対する期待が高まった。また、2009年6月の改正農地法では、農家の高齢

化や後継者難による耕作放棄地の拡大を食い止めるため、農業に参入する企業や農業者が農地を借りやすくするよう、農地の賃借規制を大幅に緩和した。この改正により、軸足を農地所有者保護から農地の有効利用に転換、例えば借地期間の制限を20年から50年に延長するなど企業参入を促す形となっている。と同時に、企業が借りられる農地を市町村が指定した放棄地に限る現行規制を撤廃し、優良な農地も利用できるように改定された。また、農業生産法人に対する企業の出資を一社当たり10％以下に規制していたが、企業の技術や販売網を生かす「農商工連携」を条件に50％未満に緩和した。(但し、企業による農地の所有規制は維持されており、農業生産法人の条件を満たすことが必要である。)

(3) 競争促進策

　金融はしばしば産業活動の血液に喩えられる。金融がうまく機能しなければ血液が滞って経済は停滞する。政策金融改革の流れをうけて旧農林金融公庫は、経営基本計画（2005～07年度）のなかで「民間金融とのパートナーシップ確立《民間金融機関の参入支援》」を柱の一つに挙げ、地域金融機関との業務協力締結等様々な取組み方針を示した。また、2005年の農地法の改正を機に農業へ参入する企業や規模拡大を目指す意欲的な農業者が増え、認定農業者・農業法人等の大規模経営体は制度金融にはないスピードを求めるようになった。それまで地銀等民間金融機関の農業分野に対する取組みは審査ノウハウ不足等の理由から積極的でなかったが、日本公庫が民間金融のサポートに軸足を移して農業分野のリスク診断や審査ノウハウを提供し始め、地域金融機関がアグリ金融に取り組む弾みとなった。動産・債権等担保融資（ABL）の導入や、農業信用基金協会と提携し大規模経営者や農業法人を対象にした本格的融資に力を入れ始めている。また、地域密着型金融を推進する農協では担い手のニーズに応えるため各種ローンを創設し、農商工連携や新規就農者の支援等様々な取り組みを開始している。

2 新しいアグリ金融の模索

(1) CDSを活用した信用補完

　農業者向けローンを拡大しようとする金融機関にとって大きな課題となるのは、農業者の信用リスク水準の見極めと債権保全の確保といえる。農業は天候の影響を受けやすく、収益性が大幅に変動するうえ、生産サイクルが長いのでその間に経営環境が悪化するリスクがある。また、農地や農業用設備は、規制上の問題や流通市場の制約から、担保として取り扱い難い面がある。このような課題を解決し、民間金融機関による農業者への円滑な資金供給を図るため、日本公庫では2008年に農業者向け融資においてCDS（クレジット・デフォルト・スワップ）を活用した信用補完業務を立ち上げた。

　図6-1にあるように、民間金融機関の農業者向けローンに対し、日本公庫は民間金融機関の融資1件ごとにCDS契約を締結し、融資先の農業者に破綻や延滞といった信用事由が発生すれば、当該金融機関に補償金を支払い、同額の債権を譲り受けることにした。CDSの引受限度額は融資額の80％（上限5000万円）、契約は1年以上7年以内であり、この部分にかかる信用リスクが民間金融機関から日本公庫に移転されることになる。各金融機関が日本公庫に支払う保険料は融資先の信用力に応じて年0.6％から1.5％の6段階である。

　日本公庫では引受けにあたり同公庫が保有する融資先の財務データをもとに構築されたスコアリングモデル（ACRIS）[注1]を活用し、直接融資に準じた審査を行う。なお、CDSのトリガーは通常3CE（ISDAの規定[注2]　①

(注1) ACRIS: Agricultural Credit Risk Information Service　日本公庫が開発した農業信用リスク情報サービスで、中小企業を対象に民間金融機関で使用されているCRDの農業版。

(注2) ISDA: International Swaps and Derivatives Association　デリバティブ取引の効率的な締結のため契約書の世界標準を作成し市場慣行の推進をはかる団体。

法的破綻等、②支払不履行《3カ月延滞》、③条件変更）であるが、天候に左右される農業経営の実態に鑑みて、本方式の場合は条件変更を認めて2CE に緩和している。

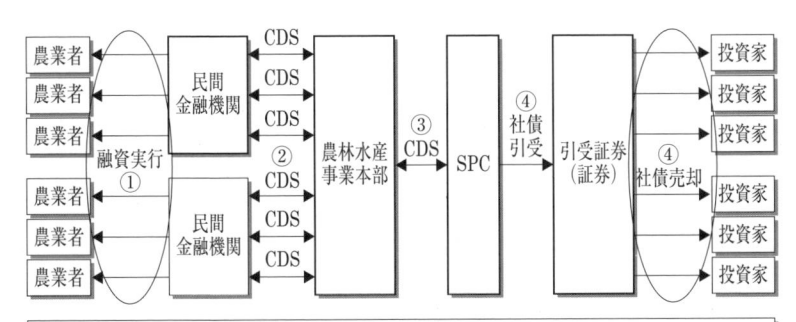

図6-1 CDS を活用した農業者向け債権証券化スキーム

スキーム概要
① 民間金融機関は各農業者に対して融資を実行。
② 民間金融機関は農林水産事業本部と各融資契約毎に最大80％まで補償するCDS 契約を締結。
③ 農林水産事業本部は②で契約した CDS プールを参照債務とした CDS 契約を SPC と締結。
④ SPC は、③で契約した CDS を裏付とする債券（優先部分相当額）を発行し、引受証券会社が引受け、投資家に販売。

（出典：日本政策金融公庫HP）

本方式によると、民間金融機関は日本公庫の目を活用することで独自審査の負担を軽減できる。それゆえ、連帯保証よりも確実性が高く、ABL よりも管理コストが低い信用補完手段とされている。また、CDS を活用した証券化の機能は融資に対する信用保証とほぼ同じであり、従来、地方銀行・信用金庫の農業信用保証制度利用が進まなかったが、それを補完する新しい信用制度が同公庫によって実施されるという意味で画期的である。このため本方式は農業の盛んな地域を中心に、50余の金融機関に提携が拡大している。

(2) 農業信用保証保険制度の活用

農業信用保証保険制度は、農業者が必要とする資金の円滑な供給を促す

ために、農業者の信用力を補完する制度であり、中小企業信用保険制度の農業版である。図 6-2 に示されるように、農協や都道府県等の出資により設立された各都道府県の農業信用基金協会が金融機関から貸付を受ける農業者の債務を保証する仕組みである。債務保証を受けている農業者が借入金を返済できなくなった場合は、農業信用基金協会が融資機関に弁済（代位弁済）し、農林漁業信用基金は農業信用基金協会に対して代位弁済額の 7 割を保険金として支払う。なお農林漁業信用基金では、この他に大口の保証案件について金融機関から直接保険引受する融資保険業務（7 割保証）も行っている。

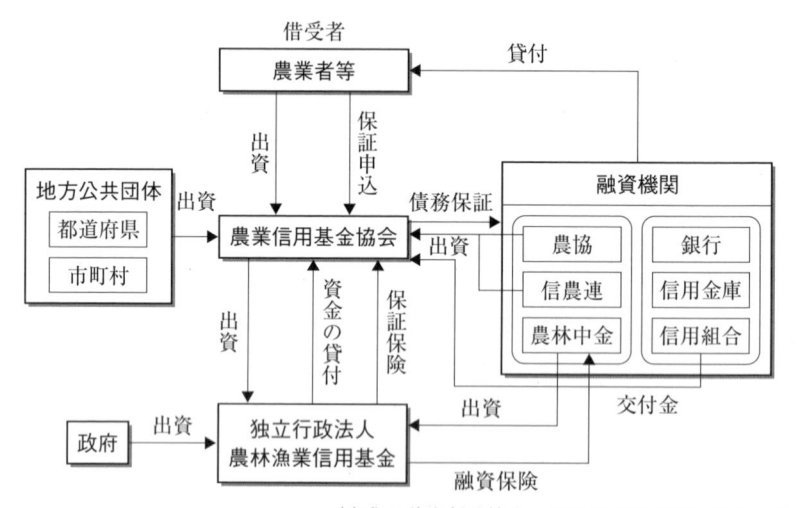

（出典：独立行政法人　農林漁業信用基金協会 HP）

図 6-2　農業信用保証保険制度の仕組み

　本制度を農業者が利用するには、基金協会の会員になっている農協の組合員であるか、1 口以上出資した個人会員でなければならない。一方、金融機関は保証利用額に応じた交付金（負担金）を支払うことで保証利用が可能となる。従前は地域金融機関が農業金融に積極的でなかったこともあり、本制度の利用は長らく低迷していたが、最近は多くの金融機関で農業信用基金協会と債務保証契約を結ぶ動きが広がりはじめている。

(3) 農業 ABL

　近年、農業者及び農業関連企業の資金調達手段として ABL（Asset Based Lending、動産・債権等担保融資　第 3 章参照）の活用が広がっている。ABL の利用により、地域金融機関が農地の担保価値が低くても農業者向けローンへ参入できるようになった。ABL の実行、動産の担保評価の過程で、取引先の経営状況やビジネスモデルをモニタリングし取引先の担保動産価値の変動、キャッシュフローを継続的に把握できる。農業者は資金需要の妥当性を説明し、金融機関は経営リスクをリアルタイムで把握でき、両者の間の情報の非対称性が大幅に克服できる。特に、畜産業において牛の固体識別を可能とするトレーサビリテイー制度（生産履歴管理）が定着していることもあり、全国肉牛事業協同組合（JCIC）と提携するなど、ABL の取組が全国的にみられる状況になってきた。また最近はインターネット上で評価データを受け取る ASP 化(注)したモニタリング・システムの導入も進み始めている（ケース 11 参照）。しかし一方で、動産担保は担保権による回収可能性をみれば、不安定な側面もある。従って当面は有力農業者の囲い込みを地道に進めながら、将来は農業関係者がネットワークを組んで ABL 担保処分市場の確立を目指すことも必要になると思われる。

(4) アグリファンド

　最近、農業法人や農業関連業などに投資するアグリファンドが続々と設立され、投資実績を積み上げている。農業法人の発展を支援するための特別措置法により、JA グループと日本公庫の出資で「アグリビジネス投資育成」が創設され、地域金融機関が主導する地域限定ファンドも次々と立ち上がっている。農業関連産業に成長資金を提供する枠組みとして関心を集めている。また、複数の地域金融機関が集まり、各々が農業ファンドを設立した上で一体化するというアイディアもある。こうした手法により、

（注）ASP：Application Service Provider ネットワークによる管理システムモデル

産地分散・リスク分散・技術移転などが可能となりさらに大きな出資効果をもたらす。この他、ベンチャー・キャピタルやプライベート・エクイティ・ファンドによる農業法人や農業組織体のMBO（マネジメント・バイアウト　第5章参照）などの動きもある。さらに高品質の農産物を生産販売する農業者が消費者向けに出資を募り、資金調達と信頼関係づくりを兼ねる消費者参加型の小規模なアグリファンドも登場している。

(5) 新品種の育成者権信託

知的財産面の優位性を背景に、農山漁村の6次産業化や国際競争力の強化と地域活性化を目指した「農林水産省知的財産戦略」が策定された。イネや和牛をはじめとする農林水産品について、新品種創出（新品種育成権）(注)や遺伝子機能の解明・特許の取得を進めるとともに、篤農家の技術・ノウハウ（暗黙知）を農業者一般に開放するAI（アグリインフォマティクス）システムを開発するなど、世界に例のない新しい農業の姿を目指すとしている。

このような中で、農業分野の知的財産権信託として、登録品種の管理・活用を行う育成者権信託が我が国ではじめて実現した。そのスキームは図6-3に示す通りである。信託銀行は新品種の育成者と育成者権信託契約を

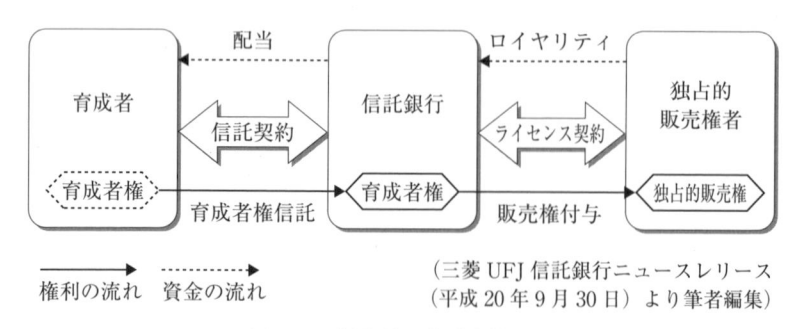

（三菱UFJ信託銀行ニュースレリース（平成20年9月30日）より筆者編集）

図6-3　新品種の育成者権信託

（注）育成者権：種苗法に定められた権利であり、農林水産省への品種登録によって生まれる。育成者は、登録品種などの種苗・収穫物・一定の加工品を利用（生産・調整・販売等）する権利を有する。

締結する。この権利を利用して事業活動を行う販売業者を探し、ライセンス契約を締結する。販売権者から販売額に応じたロイヤリティを受け取り、配当として受益者である育成者に支払う仕組みである。

　種苗は一般に多品種小ロットのものが多いが、トマトの桃太郎、魚沼産コシヒカリやイチゴのあまおうなどのように、全国的に販売されているケースがある。育成者権は統一したマーケットが存在するわけではなく、関係者により評価額が大きく異なる。結果として、ロイヤリティや配当の金額の変動が大きくなりがちである。育成者にとって、信託の仕組みを利用することで新品種ブランドの管理の効率化が図られ、配当を受け取りながら引き続き新たな品種の研究開発を進められることの意義は大きい。また、今後アジアなどで知的財産権が確立、輸出の増加を予測すると、知的財産権の侵害防止や権利保全を図るのにも役立つ。

3 農業のリスク・ヘッジ

(1) 農業共済制度

　農業は自然条件に依存し、不可抗力的な災害による大きな損害を受けやすいことから、国の災害対策の一環として農業共済制度（農業災害補償制度）がつくられている。国が関与する共済事業の種類は農作物・果樹・畑作物の3作物共済と家畜共済及び園芸施設共済の計5共済事業である。このうち農作物共済の対象とする水稲、陸稲、麦は基幹作物であるところから、一定規模以上の農業者については加入が義務付けられているが（当然加入制）、それ以外の各共済は任意加入となっている。作物が最も被害を受けやすい風水害・旱害・冷害など気象災害のほか地震・噴火・津波を含めてすべての自然災害が対象になっているが、家畜共済については日常の飼養管理過程に伴う死亡・廃用の他、病気・けが等の治療費も対象としている。

　農業災害補償制度の仕組みは図6-4の通りであるが、各農業共済組合（又は市町村）は地域の農業特性に応じた共済目的を選択（例えば畑作物共済

の場合は13種類から選択) したうえで各共済事業を行っている (但し、農作物共済及び家畜共済は全国的に取り組まれている)。農業災害の被害率は一般の損害保険等における損害率に比べ極めて高く共済掛金が高額になることから、掛金の助成なしでは加入できる農業者が限られてくる。このため農業災害補償制度においては、国が農家の負担すべき共済掛金の一部 (1/2) について財政負担をするほか、危険分散のための再保険も担っている。

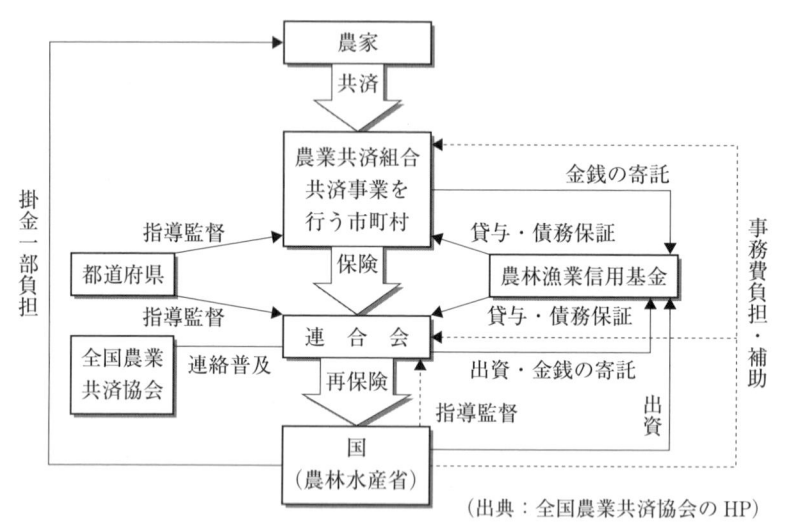

図6-4 農業災害補償制度の仕組み
(出典:全国農業共済協会のHP)

なお、作物共済制度はごく一部を除いて収穫量の減少を補償する収穫保険であり、価格変動については勘案しないことから、過小保険や過剰保険を生じる可能性がある。一方、価格の安定化施策として野菜の価格安定基金制度 (指定野菜価格安定対策事業など) があり、そこでは収量変動は勘案されず過小補填や補填過剰が生じる可能性をはらんでいる。このため収量のみあるいは価格のみでなく、収入を保証する制度が求められている。しかも特定の作物毎に算定するのではなく、農業収入総体を補償するような収入保険制度の確立がかねてからの課題となっている。

(2) パンデミックリスクへの対応

牛の口蹄疫や鶏の高病原性インフルエンザのような畜産家のパンデミックなリスクについて述べる。家畜伝染病予防法により、病気にかかった患畜や病気の拡大を防ぐために殺処分される擬似患畜に対し、国による一定の補償（手当金）制度が設けられている。先に述べた家畜共済制度は国の手当金制度と一体的に取り扱われることになっており、共済金は家畜共済の評価額から手当金を差し引いた額が給付されることとなっている。

また、手当金制度や家畜共済制度の対象とならない経営支援のための給付資金には、生産者が自ら積立を行い国（独立行政法人農畜産業振興機構）が助成する家畜防疫互助事業がある。疾病が発生した際、発生農場とその周辺にある農場が自主淘汰等の防疫措置を行った場合に「互助金」を交付することで、損失を最小限にとどめることを目的とした互助補償の仕組みである。

(3) デリバティブや保険のニーズ

上記の作物共済制度は収穫量に対する保険であり、作物共済制度や家畜共済制度には対象とならない作物や家畜があることから、共済制度の隙間を埋める保険やデリバティブに対するニーズがある。現に、家畜共済制度の対象となっていない養鶏について、鶏卵生産業界では鳥インフルエンザの保険制度を設けている。また、米価格の変動リスクを軽減すべく米を先物市場に上場し、農業者の経営安定化を狙う動きもある。

また、近年の大雨や自然災害あるいは飼料など原材料の価格高騰による経営への悪影響を軽減しようと、農業者はデリバティブへの関心を高めている。地域金融機関では地域特性に応じ、台風や大雪などに備える天候デリバティブを導入しているほか、地震や原油のデリバティブ取引などの取り扱いをしている。損害保険会社にプレミアムを支払う対価として気温や震度、原油価格が事前に決めた数値を超えるとペイオフされる商品であるが、地域金融機関はこれらの取り次ぎや仲介を行う（第4章参照）。この他ウイルス感染、残留農薬、汚染水など、農業特有のリスク・ヘッジ必要

な分野は数多くあり、保険や共済の商品開発が求められている。

4 農業の産業化とファイナンス

(1) 農商工連携

　農商工連携とは、農林漁業者と商工業者が通常の商取引関係を超えて協力し、お互いの強みを活かして売れる新商品・新サービスの開発や生産等を行い、販路開拓を促進することである。このような考えのもとで農商工等連携促進法が施行（2008年）され、農林水産省と経済産業省が共同で2008年から5年間で500の優良事例を作り出すことを目標としている。同法に基づいて認定を受けることで、事業資金の貸付や債務保証・機械・装置の取得に対する税制優遇等を利用できる他、生産段階や研究・事業化段階、加工・流通段階といった様々な段階に応じた多様な支援を受けられる。

　農林水産業が高品質追求・ブランド化に止まらず、第1次・第2次・第3次の産業の垣根を超えて食品製造業や外食産業・観光産業など多様な産業との連携を図っている（6次産業化）。互いに有するノウハウ・技術等の共同化を推進するうえで、次のような課題が指摘されている。

①	**農林水産を支える商取引ネットワークの強化**
	最近の食糧価格高騰や食の安全への関心の増大により、農林水産物等が飛躍する環境が用意されつつある。市場の多様なニーズを生産者に伝え、またその結果生まれた生産物を消費者に確実に届ける仲介機能を有する「地域商社」の起業・発展を促進する。
②	**農林水産物等の輸出促進**
	近年の世界的な「日本食ブーム」を背景に、我が国の農林水産物等の品質の高さ等が評価されており、一部の国では高級食材としての使用が拡大している。WTOで議論されている「地理的表示」の導入等、地域ブランドの保護を強化しながら我が国の高品質な農林水産物等の輸出促進を加速化する。
③	**農業新技術の開発・普及**
	近年、植物工場と呼ばれる人工的環境制御による施設内における作物の生産システムが確立されつつある。また畜産分野においては、人の代わりに自動的に搾乳を行う搾乳ロボットや、子牛に自動的に代用乳を与える哺乳ロボット等のハイテク技術が開発されている。このような農林水産の新しい技術等について、その開発・普及を推進する。

（経済産業省「新経済成長戦略フォローアップと改訂」平成20年9月より筆者編集）

農商工連携では地域金融機関の果たす役割が大きい。農商工連携のベンチャー的な担い手に対し、ビジネスマッチングやハンズオンの支援、さらには迅速な投資・融資が求められている。農協や地域金融機関が農商工連携の拠点として指定を受けるだけでなく、中小企業基盤整備機構とともに「農商工連携基金」の組成・出資するなどの動きが活発化しているのはその表れである。

(2) バイオマスの活用

2002年にスタートした「バイオマス・ニッポン総合戦略」では、バイオマスの活用を農林水産業および地域経済活性化のための有効な手段と位置付けている。バイオマスとは「生物に関連するモノ」という意味であり

① 家畜排せつ物や下水汚泥・生ゴミなどの廃棄物系バイオマス
② 稲藁・もみ殻などの農産物非食用部や林地残さいなどの未利用バイオマス
③ 混合燃料として利用されるバイオエタノールの原料となるサトウキビなどの資源作物
④ 遺伝子組み換え作物などの新作物

に分類されている。またこれらのバイオマスを活用することで再生可能エネルギーを生みだせるので、バイオマスの意義として、農林漁業・農山漁村の活性化の他に、地球温暖化の防止と循環型社会の形成、競争力のある新たな戦略的産業の育成が掲げられている。

多種多様のバイオマスから様々なモノやエネルギーを生み出そうとする考え方は「バイオマスリファイナリー」といわれ、21世紀の持続可能な生産活動には不可欠な要素である。たとえば、家畜排せつ物や下水汚泥・生ゴミ或いは稲藁、もみ殻などのバイオマスをもとに自然の力で分解可能なプラスチックを生産すれば、いちいち回収する手間を省くことができる。また発生するメタンガスをエネルギー源にして、発電用やハウス栽培の暖房用に使用することもできる。このことは単に農業生産の省力化ばかりではなく、農業生産システムそのものを大きく転換する。さらに、資源作物をエネルギーとして活用されることになれば、例えば東京都の5倍はある

とされる遊休農地活用への道も開かれ、農林水産業や地域経済の活性化へのインパクトは計り知れない。

しかしながら、バイオマスは「広く、薄く」存在しているうえ、水分含有量が多くかさばる等の特性のために収集や輸送に手間がかかる。また、効率の高い変換技術の開発が不十分であり事業の採算性がおもわしくない等の問題により、乗り越えるべき課題も多い。従ってバイオマスの利活用を推進するには、1カ所に集めるより地域分散型のシステムを構築するほうが有利である。市町村が中心となって「バイオマスタウン」構想の取り組みが2004年から行われており、全国で300件程度の構想が公表されている。バイオテクノロジーの良さは、プロの研究者だけでなく、わが「むら」の再興にかける農業者も農業に関心をもつ企業も参加できる間口の広さにある。バイオテクノロジーが農村をよみがえらせ、都市との交流を深める契機になると期待されている。

バイオマス発電施設や堆肥化を行うバイオマス変換施設を建設したり、下水・集落排水施設を整備する際には、農業版PFIなどの新たな金融スキームも必要になろう。社団法人地域資源循環技術センターでは、「農業集落排水事業」に加え、新たに「バイオマス利活用の推進」の考えを軸に、農業版PFI実施の手引きを作成している。農村地域は人口密度が低く財政

(出典：地域資源循環技術センター「農業集落排水施設整備におけるPFI実施の手引き」)

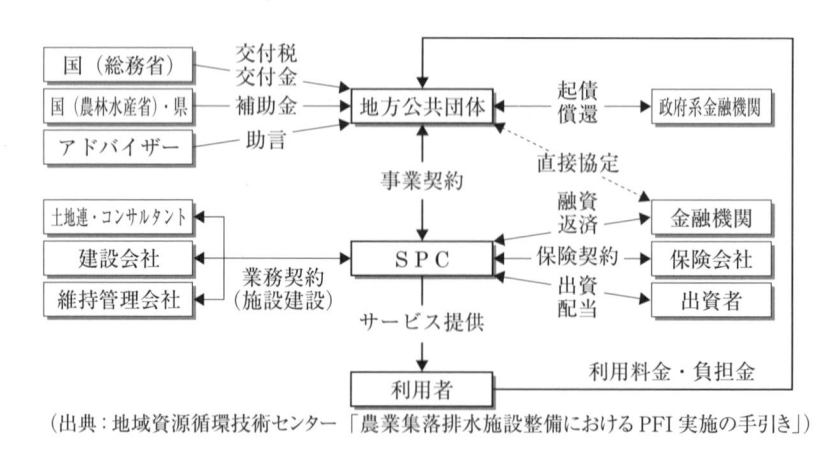

図6-5　農業集落排水施設整備におけるPFIのスキーム例

力の弱い地方公共団体が多いことから、コスト縮減などのノウハウを保有する民間活力を使った図6-5のような農業版PFIは有効な手法であるとしている。現に交付金や補助金を利用した農業版PFIの実施例（埼玉県加須市）もある。金融機関からみるとバイオマスは未だベンチャービジネスの領域であるかもしれないが、今後この分野についての目利き能力が求められる。

(3) 生物多様性の取り組み

日本列島は世界で最も生物多様性の高い地域（ホットスポット）の一つとして選定され、我が国は生物資源に関する「資源大国」といわれている。里地・里山など人間が適度に手を加えることによって二次的自然が形成され生物相が豊かになった。しかも様々な生態系がモザイク状に存在してきたことが生物多様性の高さにつながっているとされており、COP10では「SATOYAMA イニシアティブ」として国際社会に紹介された。1992年に締結された生物多様性条約は①生物の多様性の保全、②生物資源の持続的な利用、③遺伝資源の公正かつ衡平な配分という3つの目的を持つが、一方、生物多様性には経済的価値があるという主張（生態系と生物多様性の経済学——TEEB）も盛んになされ、いっそう生物多様性問題への関心が高まっている。生態系サービスの価値を評価し、その劣化による経済的損失を価格で把握する取り組みも始まっている。生物多様性を保全するための規制が強化される方向にあり、不用意な投融資は責任を問われることになりかねない。

里地里山の保全に向けた取り組みとして、担い手である農業者・NPOに対する環境補助金による支援（農業環境政策による直接支払い制度）や、高知県を皮切りにして拡がった森林環境税（都道府県の条例による法定外目的税）がある。また膨大なバイオマスを有する里山林を活用して、地域における循環型の新たな産業システム構築を図るバイオマスタウン構想はその一つの具体化と捉えることもできる。

(注) TEEB：The Economics of Ecosystems & Biodiversity

国内クレジット制度（第7章参照）には約360件（2010年3月現在）が申請登録されているが、そのうち農林水産分野は全体の25％にのぼり、農協が排出削減事業者になっている例もある。木くずを使ったバイオマス燃料の暖房設備の導入や、施設栽培でのヒートポンプ利用等、農業分野でのCO_2排出権取引は着実に浸透してきている。クレジット制度には、借入金や補助金で初期投資を行い、排出権収入を活用しながらランニングコストを低下させるメリットがある。バイオマス資源と排出権取引が結び付くことで経済的価値が生まれる。

　農林水産業をはじめとする地域の産業は地域自然資源のうえに成り立っており、生態系サービスの劣化をくい止め里地里山を保全しようとする地域の金融機関の動きも活発である。信用金庫が「森づくり定期預金」の一部収益を森づくりファンドに寄付するほか、農協が湖と水田を結ぶ水路や魚道の設置運動に協力するなどの例もある。

〈参考文献〉

泉田洋一編著『農業・農村金融の新潮流』農林統計協会　2008/3
八田達夫、高田　真『日本の農林水産業』日本経済新聞出版社　2010/11
長谷川晃生「農協における農業融資の現状と課題」『農林金融』2005/5
長谷川晃生「地銀等の農業融資への取組みとその特徴」『農林金融』2009/6
農林水産省『平成22年度　食料・農業・農村白書』H22/6
河合明宣『アグリビジネスの新たな展開』放送大学教育振興会　2020/3
丹羽哲夫『金融機関のアグリビジネス戦略』金融財政事情研究会　H21/12
高橋克英『アグリビジネス』近代セールス社　2010/2
橋本哲弥『農業ビジネスがよーくわかる本』秀和システム　2020/9
春日のりこ「農業金融の取引拡大を支援する新業務」『近代セールス』2009/2
高元幸治郎「知的財産権信託の取組みについて」『tokugikon』2009/8/24no.254
農林水産省『新たな農林水産省知的財産戦略』H22/3
長谷部　正、吉井邦恒編著『農業共済の経済分析』農林統計協会 2001/3
農林水産省『農業災害補償制度の概要』H21/10

山口道利「家畜伝染病対策における損失補償」『都市問題』2010/10
鈴木基之『環境工学』放送大学教育振興会　2007/4
小宮山　宏、迫田章義他『バイオマス・ニッポン』日刊工業新聞社　2003/4
農林水産省『バイオマス・ニッポン総合戦略』H18/3
経済産業省『新経済成長戦略フォローアップと改訂』H20/9
（社）地域資源循環技術センター『農業集落排水施設整備におけるPFI実施の手引き』H17/5
小寺正一「里地里山の保全に向けて」『レファレンス』2008/3
寺林暁良「生物多様性の展開と方向性」『農林金融』2010/10
農林水産省『農林水産省生物多様性戦略』平成19年7月
環境省『生物多様性国家戦略2010』平成22年3月
欧州委員会『生態系と生物多様性の経済学』（中間報告）翻訳／発行　住友信託銀行他2008
枝広淳子、小田理一郎『企業のためのやさしくわかる生物多様性』技術評論社2009/1

ケース11　アグリクラスター（鹿児島銀行アグリクラスター推進室）

鹿児島県の畜産

鹿児島銀行アグリクラスター推進室	
発足	平成18年
室員数	10名
内専門家	畜産・耕種・農学部出身者等

鹿児島県の基幹産業である農業（川上）・食品加工業（川中）から川下である流通、更に関連産業まで含めた商流に係る産業群の活性化と拡大を図るべく、鹿児島銀行ではアグリクラスター事業に取り組んでいる。動産担保（ABL）の活用のほか、出口戦略としての事業承継・M&A、或いはアグリファンドの設定を全国に先駆けて行っている。農業を起点とした商流を作り出すことによって地場産業の育成・興隆を図るアグリクラスター、および ABL とアグリファンドを取り上げる。

1　アグリクラスター構想

(1) 経緯

　鹿児島県は、千葉県・茨城県と並んで農業産出高の2位グループにあり、我が国の食料供給基地として位置づけられている。農業生産高の内6割は畜産業で、1次産業比率が5％と全国平均の3倍である。県内総生産の20％を占める製造業の内、約半分の8000億円は飲料食品、そのほとんどは焼酎産業である。また、大規模農家が多く農業の平均所得が高い北海道と比較すると、鹿児島の農業は集積が進んでおらず旧体質の小規模農家が多いという特徴がある。

　このようなバックグラウンドのなかで、2003年に鹿児島銀行は食肉牛・豚・サツマイモ・茶・焼酎など農業を基盤にした食の国＝鹿児島の特徴を生かし、農業・健康・環境・観光をベースに一つの産業集積群を育てる「アグリクラスター構想」を打ち出した。この背景には鹿児島産業界における過去2回の苦い経験があるという。

① 昭和50年代初頭、当時多かった大手アパレルメーカーの縫製工場が挙って中国に工場を移転したため空洞化した。
② 平成12年にITバブルが崩壊し縫製工場跡地等を活用したIT関連の下請け業者が大きなダメージを受けた。

そこから「労働力を供給する産業では限界があり、地域ならではの産業を育てる必要がある。鹿児島県では農業を基幹産業してそこから食品産業を育て、地域の経済的繁栄を図っていかなければならない」という教訓を得て、農業集積を意味するアグリクラスター構想に繋がった。

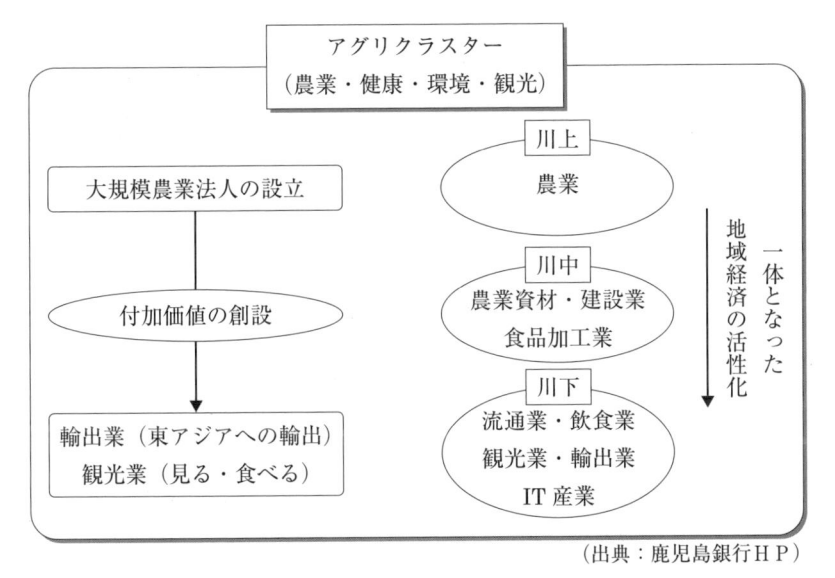

(2) アグリクラスター構想

アグリクラスター構想とは、農業の発展によって関連産業が活性化されるという産業の縦の統合化である。「農業」「健康」「環境」「観光」の4つをキーワードに、川上の農業、川中の食品加工業や農業資材、そして川下の流通・飲食・ホテル業までを連結する一つの産業集積群（クラスター）の活性化・拡大を支援するという長期的な構想である（図6-6）。同行の

(出典：鹿児島銀行ＨＰ)

図6-6 アグリクラスター構想

農業分野への融資は基本的に農業法人が対象で、肥育牛や豚の畜産業で年商5億円以上の先を中心にすえるが、中には年商10億円規模や50億円超の先もあるという。

　鹿児島県は食糧自給率が220％であり、地産地消では購買力に繋がらず農業の質も上がらない。すぐれた品質と鹿児島という地理的利点を生かす海外展開も視野に入れている。茶・牛・豚肉・焼酎などの需要増加が見込まれるアジアを標的とした農業を育成する方針で、東京より距離的に近い上海マーケットの調査にも余念がない。

(3) 手探りの推進

　同行では農林漁業金融公庫（現　日本政策金融公庫）との情報連絡会、勉強会などを通じ農業研究を進めた。特に当初の4〜5年間は農業特有のリスクを洗い出すことに専念した。畜産業は牛や豚など生き物を対象とするだけに死亡リスクや出荷価格の変動が大きい。いわばハイリスク・ハイリターンで収入を安定させるのが困難な業種である。肥育業者にとって仔牛の仕入れ価格と枝肉相場に20カ月のタイムラグがあり、エサ代は米国シカゴのとうもろこし市場と船舶輸送コストの影響を受ける。加えて、口蹄疫やBSEなどの病気のリスクが存在する。また、農地は融資の際に担保となるものの、債権回収時の価格は不安定である。

　このような手探り状態の中、2003年にアグリクラスター構想を打ち出して以降、2004年に金融界で初めて当時の農林漁業金融公庫（現、日本政策金融公庫）と業務提携を結び、鹿児島県農政部に行員を派遣するなどの施策を矢継ぎ早に打った。2005年にはアグリクラスター推進室を設置し、メンバーには農業関係のプロとして農林公庫出身者2名、鹿児島県農政部出身2名も加わった。このうち畜産の専門家は牛を一目見て元気かどうか判断できる目利きノウハウを持ち、「農場管理のポイントは5S（整理・整頓・清掃・清潔・躾）であり、それが徹底されている農場とそうでない農場では決算書の数字が全く異なる」と述べている。また、耕種関係の専門家は肥料設計の指導までこなすレベルを持つ。かような過程を経て、同行では農業法人を中心に、次に述べる動産（集合物）譲渡担保契約などを

利用した ABL を推進し、審査・管理手法として独自の「在庫評価兼管理表」システムを開発した。

2　アグリ融資と ABL

(1) アグリ融資

　同じ農業でも耕種農業と畜産業では資金使途が異なる。牛の場合を例にとると、畜産業では 30 カ月間資金を寝かせる必要があり長期資金の確保が問題になる。通常は仔牛が生まれてから 10 カ月間育てる繁殖業者とそれを仔牛市場から買ってきて 20 カ月肥育して出荷する肥育業者とでワークシェアリングされているが、最近では一貫して取り扱う業者も多くなっている。一方、耕種農業の方は作物によっても異なるが、播種してから収穫までの期間が大体 4 カ月程度であり、その分の季節資金があればよい。同行が耕種農家に先行し、畜産農家への融資をスタートさせたのは、畜産業が農業の 6 割を占めるという鹿児島の特性だけでなく、このような畜産業特有の資金需要が背景にあった。

　なお、設備資金の出し手としては超長期の低利固定融資が可能な日本政策金融公庫が有利で、鹿児島銀行は同公庫への代理貸し付けの位置づけである。すなわち、運転資金は ABL を組み込んだ鹿児島銀行、設備資金は日本政策金融公庫を利用することで棲み分けができている。なお、同行は企業的農業経営を行っている法人を取引対象としているので基本的に農協 (JA) とも競合しない。

　アグリ融資業務は担保となる農地の担保処分（債権回収）リスクを内包する。畜産業の場合、その特性上担保物件の買い手が限定されるため、同一業種の大口先を囲い込んでおくことが重要になる。大規模集約化による経営体質の強化を進める日本の農業政策も追い風になっている。

(2) ABL

　主要な使途が運転資金である同行の ABL は与信先のモニタリング手法

として生まれた。融資に際し牛舎・豚舎単位で動産（集合物）譲渡担保契約を結ぶが、担保物件の評価に見合って融資枠を決定するアメリカ型ABLとはかなり様相を異にする。なお、アメリカでは中古マーケット市場が発達しており、ゴードンブラザーズ等、転売の鞘で利益を上げている企業も存在する。

モニタリング手順は、与信先が所定のフォームにデータを入力したものを受け取り同行で評価する。肥育牛や豚に関して2005年から独自の「在庫評価兼管理表」システムを導入した。牛は一頭ごとに個体管理、豚はロット管理で現在価値をパソコンで把握する。牛・豚の異常や畜産業者の資金繰り悪化など危険兆候の早期発見にも役立つ。例えば牛の頭数データを入手していると、牛が生まれてから出荷するまでの期間は常に一定なので、前年同期と比較して個数が減っているときは、①死んでいる、②資金繰りが苦しくなりゴールまで行く前に牛を早めに売り換金化しているか、のどちらかであることが分かる。常にウォッチすることで、状況の変化がかなり早い段階で掴める。なお、同行では2010年からASP化の第1弾として「Agri Pro」（肥育・繁殖牛ABL管理システム）を稼働させ、農場の現場から携帯電話を利用して担保となる牛の所在や状態を同行に送信することで、リアルタイムの担保価値を把握できるようになった。

ABLの担保処分にはいくつかの問題があり、過去の経験を踏まえ、日頃から訓練としてシミュレーションを重ねている。具体的には、いかに早く現物を押さえるにはどうしたらよいか、その際のトラックのチャーター方法、搬送費や売却までのエサ代等のコスト、また担保の牛を一旦隔離できる農場の確保等が課題となる。「完璧なリスク回避は難しいかもしれないが、経験を積み重ね問題に対処する」としている。

なお、自行内のABLによる担保評価の計算方法はコスト積み上げ方式と売価還元方式の低い金額に50％の掛目をかけているが、金融庁の適格担保としてはゼロ評価である。生体物のデータベース化を進め、将来ASP化による適格担保として認められるよう、新しい担保規定の策定に取り組むとしている。また、ABL稟議の時に作成する事業計画や収支予想は、顧客の経営改善に役立てるため、そのまま顧客にフィードバックを

している。

3　アグリクラスターファンド

　農業法人への新規参入、農地の規模拡大を進めるには、新たな農地取得や賃借、農機購入の資金面を強力に支援する仕組みが必要である。しかし地域金融機関にとって信用リスクの査定が難しく、なかなか大口融資に踏み切れないのが実情だ。このため、同行はドーガンインベストメント（無限責任組合員）をはじめとする地元企業と共に図6-7に示すアグリクラスターファンドを2008年に設立した。出資企業が民間企業のみで構成された全国初の農業ファンドである。世界的な食糧危機を背景に、安心安全な食糧調達の確保・自給率向上・里山の保全などを、ファンド設立を介して実現しようとするものである。

　同ファンドは南九州地区（鹿児島・宮崎・熊本）のアグリクラスター関連（農業・健康・環境・観光）企業への長期投資を行うもので、地域経済

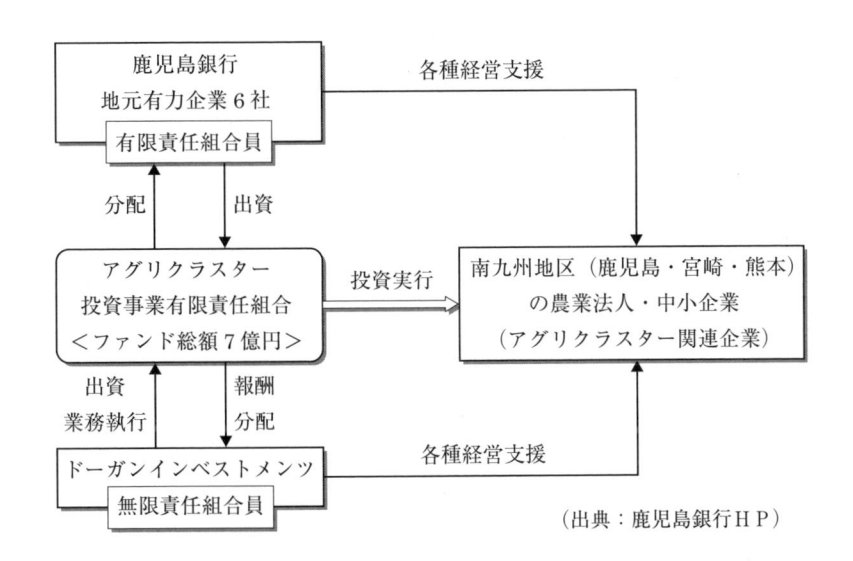

図6-7　アグリクラスターファンドの仕組み

の活性化や国際競争力の育成を図る。ファンド総額は7億円で、投資実行後は農業技術面・ビジネスマッチング面・財務管理面についてもハンズオンの支援を行い、出口戦略（投資回収期間3年〜7年）を見いだしていくとしている。

第7章 環境保全

1 環境保全と環境金融

(1) 環境保全に有効な環境金融

19世紀の100年間で地球上の人口は9億人から16億人まで1.8倍増えたが、20世紀には16億人から63億人まで4倍も増加した。それを支えたのは急激な「成長と経済発展」であったが、地球資源の大量消費と地球環境の大量破壊により、地球温暖化や森林の減少・酸性雨・土壌汚染・海洋汚染等の深刻な環境保全問題に直面している。

環境保全政策は、強制力を伴う規制的な手法、各主体の創意工夫に基づく自主的取組を応援する手法、補助金や税制といったインセンティブを与える手法等に分類できるが、近年、金融の機能を活用する手法「環境金融」が注目されている。これは、資金の運用（投資）や供給（融資）に際して「環境保全」という要素を加味し、環境に配慮した企業行動や環境関連の技術開発、市民やNPOの環境保全活動等に円滑に資金が流れるようにするものである。各主体の行動を強制的にコントロールする規制よりも、金融の持つ機能を環境保全や環境問題の解決に活用する方が効果的な場合がある。

(2) 環境債務と環境金融

環境債務とは、企業活動に伴い排出・排気される有害物質がもたらす大気汚染や土壌汚染・海洋汚染さらには地球温暖化などを負の債務として認識することである。既に土壌汚染などは資産除去債務として財務諸表に

計上することが義務付けられているが、環境への負荷は永年の企業活動によってもたらされるので環境債務の多くは非財務情報である。環境金融を進めるにあたっては、財務情報に加えてこれら非財務情報をどう把握、開示するかという点が鍵となる。

　国際決済銀行（BIS）のバーゼルⅡ規制におけるリスク評価の枠組みに環境リスクが組込まれた。金融機関が融資の際に取る担保の評価に、土壌汚染などの環境リスクを考慮することが定められた。金融庁の改訂された検査マニュアルにあるように、金融機関が取引先企業の環境負荷状況を見極めることは一般的になった。

　地球の温暖化に伴う海水温・気温の上昇により、漁業や農業に深刻な影響が出てきている。品質の低下や収穫量の減少で危機にさらされている地方の特産物が増えており、農水産業者との取引が多い地域融機関はそうした変化を都市部の金融機間より身近に感じている。地域コミュニテイを顧客に持つ地域金融機関は、その地域が抱える問題解決に有用な情報や人脈を豊富に持っていることが強みである。地方自治体でも「緑のシリコンバレー」（滋賀県）、「世界で最も環境負荷の少ない都市をめざして」（東京都）などのキャッチフレーズで環境金融を支援している。

　以下、環境金融の事例としてエコ融資やエコ預金・エコ保険・エコファンドの手法を概観したあと、国内排出権取引並びに土壌汚染対応の保険手法を見ていくこととする。

2　様々な環境金融の手法

(1) エコ融資

　エコ融資には表7-1に見られるように種々のタイプがある。新市場開発型融資とは、風力発電などの新エネルギー開発やバイオ発電、或いはリサイクル・廃棄物事業等におけるプロジェクト・ファイナンスや起債引き受け等である。エネルギー開発と低炭素化社会実現は今後の成長分野とされ、環境ベンチャーの参入も積極的であり、金融機関としても技術とリスクの

評価力が試される分野である。

環境配慮型融資は、環境対策設備投資向けのローンや中小企業に対するISO14001認証登録を要件とする融資であり金利が優遇される。取扱金融機関も多い。環境格付け融資は日本政策投資銀行が開発したもので、企業の環境配慮型経営の評価を貸出金利に反映する方式である。環境に配慮する企業は経営意識が高く総じて倒産確率が低いので、金融機関にとってもリスク引き当てコストが少なくて済む。つまり環境改善と銀行経営が両立する。

このほか個人向けの取り組みとしては、エコ住宅・エコリフォーム・エコカー推進を目的とした金利優遇のエコローンがある。

表7-1　エコ融資のタイプ

新市場開発型融資	新エネルギー開発、リサイクル・廃棄物などへの融資や起債引き受け
環境配慮型融資	環境対策設備投資ローンやISO14000シリーズ取得のための貸出金利優遇
環境格付け融資	評価項目の得点合計による格付けに応じて金利優遇
担保見直し	土壌汚染区域での不動産担保評価ゼロ宣言等
個人向けエコローン	エコ住宅、エコリフォーム、エコカー等に対するローンの金利優遇

(2) エコ預金

これまでのエコ預金(表7-2)といえば、定期預金をATMやインターネット等で預け入れた場合、紙資源節約相当分として一定額を銀行が環境保全に寄付する方式や、森林や河川の自然環境保全を目的とした公益信託が主流であった。近年は河川浄化やごみ削減などの環境保全効果に連動させて預金金利の上乗せを行う預金等、銀行の創意工夫により設定されるようになった（ケース12参照）。さらには預金残高の一定割合でもって金融機関がCO_2排出権を購入したうえで日本政府に無償譲渡し、預金者に排出権購入の証書を渡す方式（カーボン・オフセット預金）も注目されている。

表7-2 エコ預金のタイプ

寄付型エコ預金	金利・預金残高の一部を環境改善に貢献する団体等に金融機関の負担で寄付する預金
公益信託	自然環境の整備・保全活動等の助成を目的とした信託
環境改善連動型預金	環境指数の改善度合いに応じて預金金利が高くなる設定
カーボン・オフセット型預金	預金残高に応じて一部を金融機関の負担で排出権を日本政府に譲渡

(3) エコ保険

　企業の事業活動に伴う環境リスクの軽減・分散という観点から保険機能に対する期待は大きく、新たな保険商品の開発が期待されている分野である。

　アスベストや土壌汚染等の環境保険（表7-3）は欧米で開発された後、わが国に導入されM&Aでは不可欠な存在となっている（環境保険については本章の土壌汚染で詳述する）。また、エコカー割引や屋上緑化保険など、契約者の環境配慮行動にインセンティブを付与する保険も登場している。

表7-3 エコ保険のタイプ

環境保険	第三者への賠償責任補償、浄化費用コスト超過分補償等
エコカー割引	エコカーに対する自動車保険料を優遇
屋上緑化保険	火災の際に消失した屋上緑化部分の修復費用の補償等

(4) エコファンド

　エコファンドは1999年に個人投資家の支援を得て好調なスタートを切った。エコファンドの登場は遅れていた環境マネジメントシステムISO14001の認証取得や環境報告書の作成が進む等の効果をもたらした。

　エコファンドは財務面に加えて環境面への貢献度を評価し投資先の企業を選定する。環境評価会社、グッドバンカー社のエコファンド格付け手順の概略を図7-1に示す。公開されている環境情報を精査し環境報告書に基づきスクリーニングを行う。さらに製造工程での環境負荷状況や「環境対応が企業本体の競争力を高めているか」という環境経営効率性をモニタリ

・公開環境情報 → ・専門家情報 → モニタリング → 同社のエコ・データベース → アナリストによる暫定格付け → 評価委員会による最終格付け → 環境リポートの作成

(出典：グッドバンカー社資料)

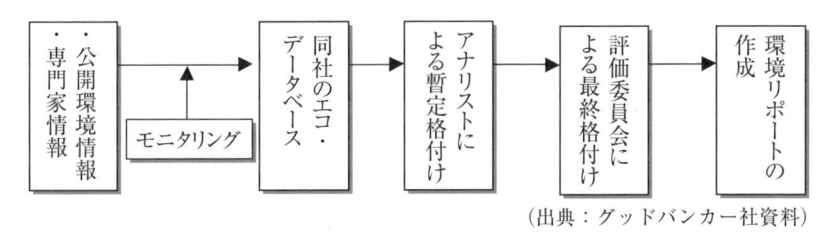

図7-1　エコファンドの環境格付け手順

ングして評点方式で格付けをする。

エコファンドは表7-4に示すごとく、欧米で長い歴史を持つSRI（社会的責任投資）ファンドの一種である。SRIは環境だけにとどまらず企業の社会的責任という広い概念であり、次の3つの要素を持つとされている。

（イ）社会的責任投資としてのポートフォリオのスクリーニング
（ロ）企業との直接対話
（ハ）コミュニティ開発への投資

我が国ではこれらのうち、（ロ）や（ハ）は少ない。

表7-4　社会的責任投資のタイプ

エコファンド	環境経営にすぐれた企業の株式に投資する投資信託でSRIファンドの一種
SRIファンド	SRIにすぐれた企業の株式に投資する投資信託
SRI運用	機関投資家等がSRIにすぐれた企業の株式をポートフォリオの一部として運用

SRIファンドは2000年から、年金基金等の機関投資家によるSRI運用は2003年頃からスタートしているが、我が国の個人資産残高や機関投資家の保有残高からすると、エコファンドは未だ低調とされている。欧米の取り組み姿勢と比較して一層の拡大が期待されているが、そのためには多くの条件整備が必要である。

このほかエコファンド類似の環境金融には、NPO法人が市民ファンド（ケース2参照）を立ち上げて風力や太陽光の発電事業を実施した例や自治体が住民参加型のミニ起債によって風力発電事業を行った例がある。

3 国内排出量取引

(1) 低炭素化へ向けた国内の取り組み

　京都議定書の第1約束期間（2008〜20012年）に入り我が国に義務付けられた「CO_2 −6％」の実現が危ういことが判明、急遽対応策が打ち出され始めた。市場メカニズムを取り込んだ「国内排出量取引制度の試行的実施」（以下、試行制度）が2008年10月スタートしたほか、カーボン・オフセットのルールづくり、「排出量の見える化」を目指したカーボン・フットプリント制度の試行の開始や「税制のグリーン化」も議論され始めている。

①各種制度のスタート
　上記試行制度は、図7-2に示すように1997年以来実施されてきた「経団連の自主行動計画制度」をベースに、05年から実施されている環境省の「自主参加型国内排出量取引制度（JVETS：Japan's Voluntary Emissions Trading Scheme）」と経済産業省が新規に推進した「国内クレジット制度（中小企業等CO_2排出量削減制度）」を統合したものである。削減の対象がエネルギー利用に伴って排出されるCO_2に限定され、参加の可否は企業が自主的に判断、削減目標も年度ごとに企業が自ら設定できる。売り手の安易な参加を防止するため各企業の設定した目標は政府により審査されるが、政府が設定した排出上限枠に基づくキャップ＆トレード方式と異なり、企業の自主性・柔軟性が重んじられた仕組みとなっている。
　国内統合市場には入っていない制度としては、2009年に補助金が復活されたグリーン電力証書システムや2008年にスタートした環境省のオフセット・クレジット制度（後述）がある。また、国家レベルの動きとは別に、東京都は2010年度に独自の強制参加型キャップ＆トレード方式の排出量取引制度を導入している。本制度は、欧州ですでにEU-ETS（欧州排出量取引制度）として導入され世界的に広がる兆しのある排出量取引制度に比

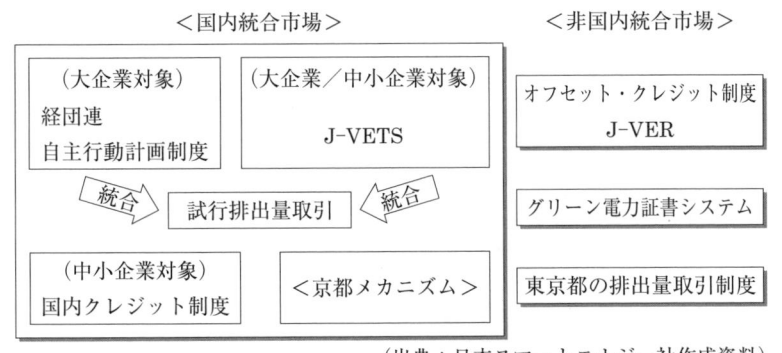

```
      <国内統合市場>              <非国内統合市場>

  （大企業対象）    （大企業／中小企業対象）    オフセット・クレジット制度
  経団連              J-VETS                        J-VER
  自主行動計画制度

         統合→  試行排出量取引  ←統合    グリーン電力証書システム

  （中小企業対象）    <京都メカニズム>    東京都の排出量取引制度
  国内クレジット制度
```

（出典：日本スマートエナジー社作成資料）

図 7-2　低炭素化に向けた排出量取引の動向

較的近い設計となっている。またこの制度を首都圏の広域（東京都、埼玉県、神奈川県、千葉県の1都3県）に拡大し共同実施する構想もある。

②カーボン・オフセット

　イベントや会議などの活動、さらには商品の生産・流通・使用時に排出する二酸化炭素などを、排出枠（クレジット）を購入して相殺する「カーボン・オフセット」が近時急速に注目されている。カーボン・オフセットとは、経済活動や日常生活で排出する温室効果ガスを自助努力で削減した上でそれでも削減が足りない場合に、排出権の取得や他の削減活動への投資で相殺することである。

　環境省がその普及を目指して2009年になってから「カーボン・オフセットのあり方に関する指針」を策定し種々の制度整備を進めている。カーボン・オフセットには、京都クレジットのCERが主として使用されているが、国内の各種クレジット（VER）も利用され始めており、カーボン・オフセットのためのクレジット認証スキームの構築も進められている。

(2) 国内制度の各種クレジット

①概要

　表7-5に示すように、削減されたCO_2に対し経済的価値を持つクレジッ

表7-5　各種制度の排出権と利用の可否

制度	排出権	国内統合市場における試行	環境省自主参加型排出量取引制度 JVETS	東京都排出量取引制度
京都議定書（国連）	CER	○	○	×
試行（国内統合市場）	試行排出枠	○	○	×
国内クレジット（国内CDM）	国内クレジット	○	×	×
環境省自主参加型排出量取引制度（JVETS）	JPA	○	○	×
東京都排出量取引制度	超過削減量	×	×	○
オフセット・クレジット制度（環境省／気候変動対策認証センター）	J-VER	×	×	×
グリーン電力証書	グリーン電力証書	×	×	○

（橋本賢「望まれる日本発『排出権』の整理」MRI Today 2009.2.12 より筆者が一部記入）

ト（排出枠）が創出される。自主的に排出量の削減目標を設定した企業はその目標を超過達成した場合にはクレジットを売却できるし、達成できなかった場合にはクレジットを使って相殺することになる。試行制度で取り扱われる各種排出枠（クレジット）は次の4種類である。

イ、企業が今回自主設定した排出上限から自助努力で削減した排出枠（試行排出枠）
ロ、環境省による「自主参加型国内排出量取引制度」の排出枠（JPA）
ハ、大企業が中小企業に資金・技術支援して削減した排出枠を自己の削減分と見なせる経済産業省による「国内CDM」の排出枠（国内クレジット）

ニ、国連が認証した海外で調達した京都メカニズムの排出枠（CER）

　試行制度以外で使われるのはオフセット・クレジット（J-VER）やグリーン電力証書等であるが、ここでは、排出権取引制度の裾野拡大を意図した国内クレジットとオフセット・クレジット（J-VER）について概説する。

②国内クレジット
　2008年10月に新設された「国内クレジット制度」はCO_2排出量が増え続ける中小企業等での排出削減を進める制度で、京都クレジットのCDMの国内版である。スキーム（図7-3）の特徴は、大企業が中小企業の排出削減を資金および技術面で支援するプロジェクトを実施、そこから得られたクレジットを大企業が自主行動計画の目標達成に活用できる点である。大企業に比べ遅れている中小企業の排出削減を促進する狙いがある。

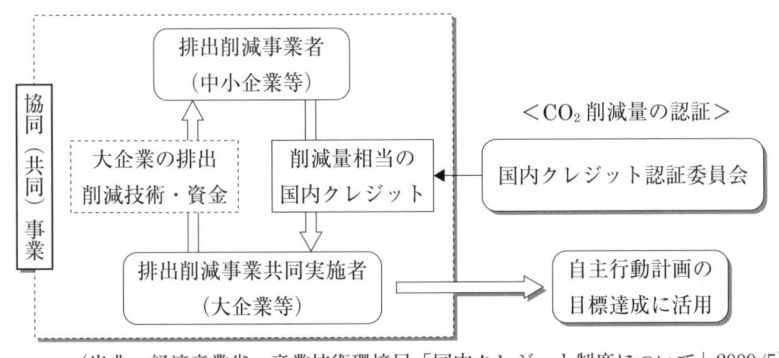

（出典：経済産業省　産業技術環境局「国内クレジット制度について」2009/5）

図7-3　「国内クレジット制度」の仕組み

　制度発足から2年を経過した時点での排出削減事業の申請事業件数は350件を超えた（平成22年10月）。その対象施設は中小企業（ケース13で紹介）の工場のほか、大学や温泉施設、病院、農園、業務用ビル、店舗、ホテルなどである。
　同制度は安易な国内クレジットの創出を防ぐために厳格な審査体制がと

られており、排出削減をする中小企業等は排出削減事業計画を作成のうえ認証委員会の承認を得ると定められている。事業実施後にモニタリング結果を排出削減実績報告書にまとめて認証委員会に申請を行い、政府から国内クレジットの交付を受けることになる。

③オフセット・クレジット（J-VER）

環境省では、国内クレジットと同様、国内プロジェクトにおいて実現された温室効果ガスの排出削減量をカーボン・オフセットに用いるクレジットとする「オフセット・クレジット制度（J-VER　Japan Verified Emission Reduction）」を 2008 年 11 月に創設した。J-VER 創出の流れは図 7-4 に示す通りである。

J-VER プロジェクトの実施者は認証機関（気候変動対策認証センター）から発行された J-VER を売却することにより収益を上げることが可能である。これまで費用面で温室効果ガスの削減を実施できなかった事業者や森林を多く所有する地方自治体等にとっては、温室効果ガス削減プロジェクトの費用の一部を J-VER の売却資金によって埋め合わせることが可能となった（ケース 13 参考 A で紹介）。

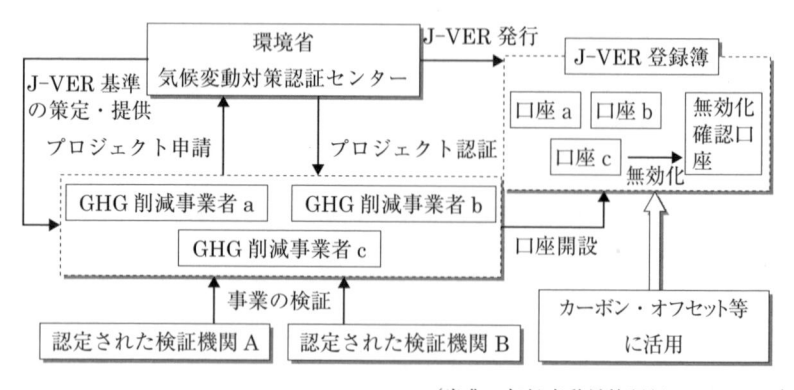

(出典：気候変動対策認証センターHP)

図 7-4　J-VER 創出の流れ

(3) 排出量取引の動向

①排出量取引の現状

　排出権取引がない場合、各排出主体は自分の削減目標を達成すれば、それ以上削減するインセンティブがなくなる。しかし排出権取引があることで、排出主体は目標以上に削減して余った排出権の売却益を得ようとするため、一部に目標未達成の排出主体があったとしても全体での目標が達成しやすくなる。また、一定量の排出量削減に対する難易度や必要なコストは業種の違いなどによって差がある。排出権取引を利用することでより低コストで容易な削減方法に収斂し全体の削減コストを引き下げる効果が得られる。

　排出量取引市場の動向は図7-5の通りであるが、これほど拡大しているのは、そこに確固たる需要が存在するからである。排出量クレジット需要を支える要因として

　（イ）世界規模でのエネルギー需要の増加による排出量の増加
　（ロ）それを防ごうとする各国・地域による排出量規制の強化
　が挙げられる。

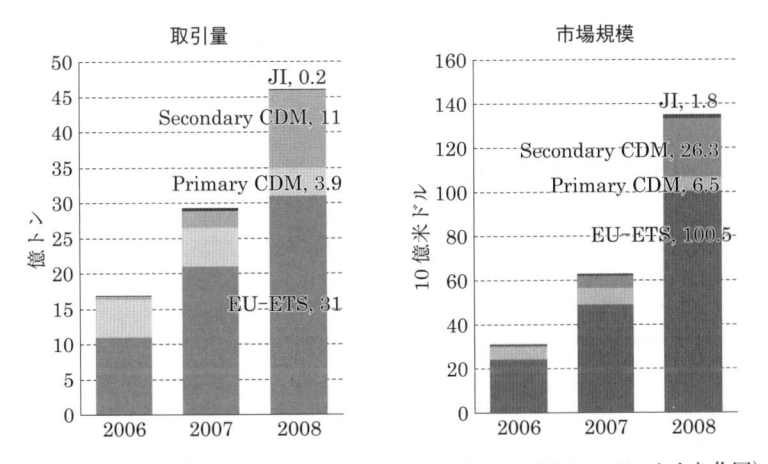

（世界銀行　State and Trends of the Carbon Market データより作図）

図7-5　世界の排出量取引高と取引量の推移

これまで国内で排出権を大量に購入していたのは、電力と鉄鋼の2業種だった。省エネ活動を進めても大量のCO_2の排出が避けられない電力と鉄鋼の2業種は、目標を達成できなかった場合に備え、未達成分を排出権の購入で補てんすることを政府と約束しており、世界各国から大量の排出権を買っている。しかし、最近は政府とこうした約束をしていない他業種でも排出権購入の機運は高まりつつある。将来の規制への備えやCSR（企業の社会的責任）の一環という位置づけである。

③排出権の価格動向

　排出量取引制度のポイントは、温暖化ガスの削減コストが低い国（企業）は排出権売却が有利であり多くの量を削減しようとする、一方、削減コストが高い国（企業）は排出権を購入しようとする。これを世界全体でみれば、経済効率良く温室効果ガスを削減することが可能となる。

　図7-6に示されるように、京都メカニズムのCERは排出権の取引量が一番大きい欧州排出権取引制度（EU-ETS制度）のEUAの価格に連動している。排出権価格のボラティリティは通常の金融商品より大きくコモディティに近い。EU-ETS制度がスタート（2005年）してから未だ日が浅いことも影響しているとされている。

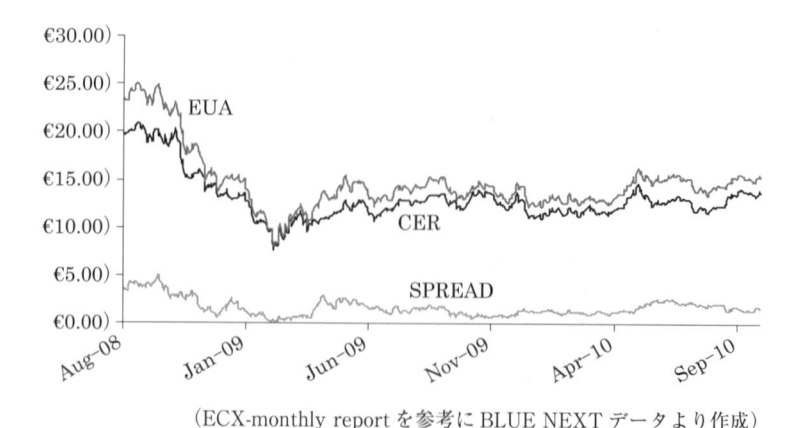

（ECX-monthly reportを参考にBLUE NEXTデータより作成）

図7-6　EUAとCERの価格

排出権の価格は排出権の種類により異なる。EUAがCERより高いのは、CERの場合国連の認証に関する不確実性を抱えているからである。一般的に国内のプロジェクトのコストは高いのでそのクレジットは途上国向けCDMの海外クレジットより高くなる筈である。再生可能エネルギーなどクリーンなイメージの強いものは高く、永続性に問題がある植林クレジットは安いといわれる。

③排出量取引のプレーヤー

海外では欧州を中心に金融機関による排出権売買が一般化しているが、日本では銀行法や保険業法により銀行や保険会社本体による売買が認められてこなかった。2008年の金融商品取引法の改正により、ようやく銀行や保険会社本体による排出権売買が解禁された。これにより銀行の場合は
　(イ) 排出権の紹介業務から排出権の売買業務へビジネスモデルを転換できる
　(ロ) 途上国におけるCDMプロジェクト・ファイナンスへ関与しやすくなる
　(ハ) 先物取引の現物決済の道が拓かれ、排出権価格の変動リスクに対する顧客のヘッジニーズを引き受けるリスク・テイカーとして柔軟性を確保できる
こととなった。

また排出量取引に積極的なプレーヤーには大手商社や証券会社、或いはカーボンブローカー（例えばナットソース・ジャパン（株））等がある。これらプレーヤーの中には国際協力銀行等が公表する「日経・JBIC排出量取引参考気配」に取引価格を提供する役割を担っているプレーヤーもある。

さらに最近では、カーボン・オフセットやイメージアップなどのために排出権の購入を希望する小口需要家に排出権信託商品が提供されている。これは信託業法改正（2004年）により信託可能な財産権の範囲が拡大されると共に、温暖化対策法の改正（2006年）で排出権信託の取り扱いが認められたことによる。（なお、排出権信託は将来受け取るであろう排出

権ではなく、国連の認証等正式な手続きを経た排出権現物を対象としている。）排出権の保有者から排出権を受託し、排出権の取得を希望する顧客へ排出権を裏付け資産とした信託受益権を譲渡する。国別登録簿システムの管理、償却手続き等排出権の取得に伴う諸手続きを顧客に代わって実施し、顧客の事務手続きの軽減を図っている（ケース13参考Bで紹介）。

4 土壌汚染のファイナンス

(1) 土壌汚染問題

　土壌汚染や地下水汚染を引き起こすと、汚染調査や浄化費用等の負担、土地価格の低下、企業イメージや信用の失墜、法的措置による事業停止など、企業経営に大きな影響を与える。また自社所有地を越えて他人の土地や地下水に汚染が及ぶこともあり、その浄化費用や賠償責任を負担する可能性もある。特に、その土地を売却する際は、買主側から浄化を要求されるのが一般的であり、事実上その費用は売主負担となる。従って汚染の判明した土地については土地所有者が汚染の事実を公表することに消極的となり、ブラウンフィールド化して社会問題となっている。現在土壌汚染が顕在化しているのは、土地売買が活発な首都圏・関西圏・中部圏が多いが、今後は地方都市への拡散も避けられないと考えられる。

　有害物質を使用した施設の廃止時に汚染調査と報告が法律で義務付けているが、工場跡地等の土壌汚染サイトは日本で約33万カ所、11万ヘクタール散在していると推定されている。しかしながら、環境省によると土壌汚染が確認されたサイトは平成19年までの累計で約4千件にすぎない。推定土壌汚染サイト数と比較して全体の一部しか把握されていない。また、ブラウンフィールドは約8万カ所、3万ヘクタールと推定されており、東京都23区の約半分に達する。ブラウンフィールドは汚染問題が未解決のまま放置されるだけでなく、地域社会の経済活動へも悪影響をも及ぼす。

　現在、実施されている土壌汚染対策のほとんどは、あらゆる汚染を土壌環境基準に適合させるために、最も費用がかかる掘削除去法による浄化が

採用されている。これは土壌汚染調査の契機が土地売買であり、買い主がきれいな土地を買いたいという要望が強いためである。地価が高い大都市部では土壌汚染対策費用を売却価格に上乗せすることが可能であっても、地方都市では土地売買時に十分な対策費用を捻出できずブラウンフィールド化しやすい。

(2) 環境債務の移転

　土壌汚染対策法の改正（2010年）と資産除去債務会計の導入（2010年）をきっかけに、企業が抱える環境債務が顕在化する方向にある。また、数年前からわが国でも汚染土地の買取り・再生ファンドが登場し、土壌汚染浄化会社や不動産会社の間で環境債務の移転に関するビジネスを模索する動きがでてきた。

　債務移転ビジネスの進展には、汚染リスクの定量化と外部移転のための環境保険が欠かせない。一回の調査で汚染リスクを完全に定量化できるわけではない。調査後に予想外の汚染が発見されたり、浄化が予定通りに進まなかったりするケースがある。環境保険を付保することにより、債務移転ビジネスのリスクを5年から10年程度までなら定量化できるようになり、汚染土地に対する融資や出資など外部資金が流入しやすくなった。

(3) 難しい環境保険の引き受け

　環境保険はスーパーファンド法やブラウンフィールド法が立法化された米国で開発され、その後、表7-6に示すように我が国にも導入されてきた。しかし、我が国では土壌汚染サイト数の多さに比してさほど利用されてこなかった。環境汚染の保険を付保するにあたり契約時点で汚染が確認されていないことが必要である。このため、申し込み時点で保険会社が指定する調査会社による実地調査が必要である。土壌汚染の場合、地質や地形、さらには周辺での土地の利用状況などによって、被害発生の有無、被害の規模が大きく異なる。土壌汚染の原因を特定することはできるものの、その発生確率や損害規模の数値化は容易ではない。このため、リスクに応じた適切な保険料や補償範囲の設定が難しいだけでなく保険需要の規模が見

込みにくい。また環境保険の加入希望者には逆選択性が懸念されことも難点である。実際、米国の環境保険マーケットは参入や撤退が繰り返された結果、現在の主要なプレーヤーは数社にとどまるとされている。

表 7-6　わが国の主な土壌汚染保険

土壌汚染保険	補償範囲
環境汚染賠償責任保険	環境汚染に起因する賠償費用の補償に加えて行政機関による浄化命令に対応する浄化費用の保証
土壌汚染費用保険	汚染浄化費用の補償
コストキャップ保険	想定外の汚染が発見された場合に当初の予定費用を超過した差額部分を補償
シロ保険	汚染無しとされたにも拘らず後日汚染が判明した場合の浄化費用に対する補償
土壌汚染リスク簡易診断付保険	土壌汚染リスク簡易診断を行うと共に環境汚染に起因する賠償費用と汚染浄化費用を補償

（星貴子「わが国における環境保険ビジネスの現状」『Business & Review』2009.2 より筆者が抜粋）

（4）リスク・シェアリングによるリスク移転方式

このような環境保険の引き受けの難しさを克服するには、保険加入者と保険会社の双方でリスクをシェアすることが考えられる。情報の非対称性が小さいキャプティブ保険とファイナイト保険について概説する。

①　キャプティブ保険

キャプティブ保険会社はキャプティブ保険会社法を持つ海外の軽課税国に親会社の専属再保険子会社として設立される。キャプティブのスキームを図 7-7 に従って説明する。リスクは一旦、国内で営業免許を有する保険会社へ通常の保険契約として移転され、保険会社は引受けたリスクの一部を海外のキャプティブ保険会社へ再保険で移転する。キャプティブ保険会社は再保険として引受けた親会社のリスクを、自己資本（資本金と準備金などの剰余金）を財源として保有し、超過したリスクは再々保険契約を通じて再保険マーケットへ移転する。このように、キャプティブ保険は保険

```
親会社 →保険料→ 保険会社 →再保険料→ キャプティブ →再々保険料→ 再保険会社
```

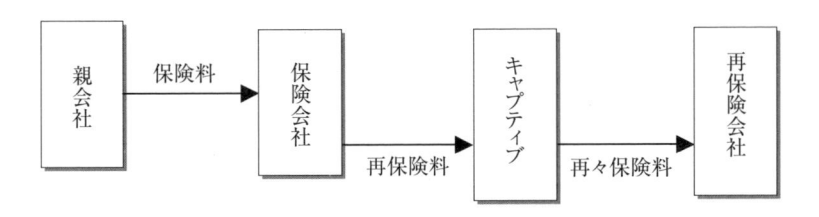

図 7-7　キャプティブの仕組み

会社とキャプティブ再保険会社（＝親会社である保険加入者）がそれぞれリスク・シェアする構図を作り出す仕組みといえる。

　キャプティブは大数の法則が効かず個別性・特殊性が強いため保険会社では引き受けが難しいリスクの移転を可能にし、リスクを一元管理しリスク保有・移転を戦略的に手当てできる仕組みとして、欧米では一般的に活用されている。我が国の企業では90社程度がキャプティブを活用しているが、国内での設立が事実上困難であることもありキャプティブそのものの認知度は低い。ケース14では環境債務移転ビジネスのためにキャプティブを利用する㈱フィールド・パートナーズの取り組みを紹介する。

②ファイナイト保険

　ファイナイト保険は時間の経過に伴うリスクの分散を狙い、保険契約者と保険会社が一対一の関係に立ってリスクをシェアする仕組み保険である。伝統的な保険では大数の法則が成立するほどの大量の同種リスクを集団移転するのだが、ファイナイト保険のリスク移転は限定的である。従来とは桁が2つ3つ大きい保険料を徴求し、事故がなければその大半を契約者に返戻するやり方で、従来の方法では得られなかったリスク・カバーや高額の填補限度額が3〜5年の長期契約で安定的に提供される仕組みである。

　ファイナイトは基本的に伝統的保険と自家保険を組合せたスキームであり、保険料は「自家保険相当の保険料」に一定割合の「伝統的保険相当の保険料」が付加される。この二重構成によって、ファイナイトの契約者は当該リスクに関するコスト負担を一定額に抑えることができる。

ファイナイト保険のスキームを図7-8に従って説明する。
（イ）オーダーメイドの3年～5年契約の複数年契約を結び、契約者は契約期間中、毎年同じ額の保険料を支払い、エクスポージャ・ファンドを形成しリスク発生の支払いに備える。
（ロ）保険引受リスクが移転する部分と移転しない部分との組み合せとなる。（ただし、リスク移転部分とリスク非移転部分とで保険料を峻別できるとは限らない）
（ハ）企業と保険会社間でプロフィット・シェアリングを行う。つまり、予測よりも保険金支払が少なく、一定以上の収支残高が契約期間満了時に発生した場合には、収支残高の一部が保険会社から利益戻しとして契約者に返戻される。逆に勘定残高を超えた保険金支払があれば一部保険料の追徴がある。

このように、保険契約者と保険会社の双方でリスクをシェア、通常の保険で対処が困難なリスクの保険化が可能となる。典型的には、当該リスクについて保険会社が十分に情報を持ち得ない（情報の非対称性）場合や、保険事故の発生や損害額の拡大に被保険者の意図が介在(モラルハザード)するような場合である。

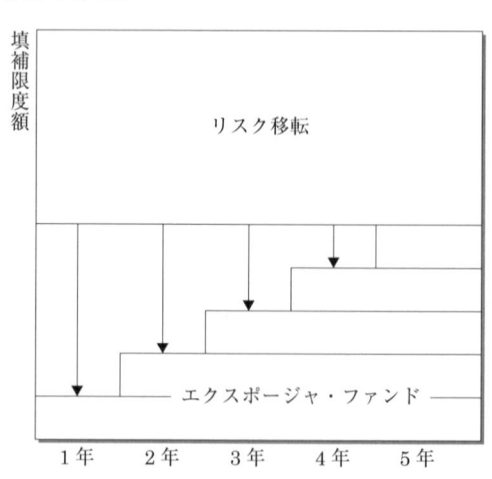

図7-8　ファイナイトの仕組み

欧米の例では、環境汚染賠償責任などの環境保険だけでなく生産物賠償責任、リコール、労災賠償責任などのリスクがファイナイトのマーケットで処理されている。これらのリスクは一般の保険マーケットでは引受けが極めて困難な場合が多い。我が国ではファイナイト保険の利用者は保険会社が大半で、一般事業会社ではシナネン（株）の石油タンク漏洩に備えたファイナイト保険が公表されているにすぎない。

〈排出量取引の用語説明〉

用語	内容
CDM (クリーン開発メカニズム)	Clean Development Mechanism 京都議定書で採択されたメカニズムの一つで、途上国内で行われる排出削減プロジェクトに対して技術や資金の援助を行い、その結果生じた削減量に基づいて発行されたクレジットを2国間で分かち合う制度。
JI (共同実施)	Joint Implementation 京都議定書で採択されたメカニズムの一つで、先進国どうしが共同でプロジェクトを実施し、それによって達成された排出削減に基づいて発行されたクレジットを2国間で分かち合う制度。
CER	Certified Emission Reduction 京都メカニズムのCDMによって発行されるクレジット。途上国で創出されるため、CDM理事会が管理するCDM登録簿内に発行される。
ERU	Emission Reduction Unit 京都メカニズムのJIによって発行されるクレジット。
EU-ETS (欧州排出権取引制度)	EU Emissions Trading Scheme EU域内の主な施設に対し排出量上限を設定し、EUAを交付することで排出量を削減する制度。柔軟措置としてEUAの過不足分の取引を認めるキャップ&トレード方式。
EUA	EU Allowance EU-ETSに基づいて交付された排出枠。
VER (検証済み排出削減量)	Verified Emission Reduction 認証機関によって検証を受けた排出削減量で、排出権取引の対象となるが、制度により取扱が異なる。
キャップ&トレード	Cap & Trade 排出量を設定したうえで、個々の主体に排出枠を配分し、それを相互に取引できる制度。
ベースライン&クレジット	Baseline & Credit CDMやJIにおいて、そのプロジェクトが実施されなかった場合に想定される排出量をベースラインという。このベースラインを基準に排出削減量をクレジットとして発行したのち、排出権取引ができる。
償却口座	Retirement Account 国別登録簿に設置された削減数値目標を達成するめに用いる排出枠を入れる口座。自社の口座からCERが移転された段階で国の目標達成に利用されたことになる。
取消口座	Cancellation Account 国別登録簿に設置された排出枠を取り消すための口座。CERをカーボン・オフセットする場合に利用されることもある。

〈参考文献〉

藤井良広『金融で解く地球環境』岩波書店　2005/12
谷本寛治編著『SRI 社会的責任投資入門』日本経済新聞社　2003/6
筑紫みずえ「個人の環境への投資（エコファンド）の最新動向」『個人金融』2010/2
野村敦子「わが国銀行業における環境配慮への取り組み」『Business & Economic Review』2009/2
天野明弘『排出取引』中央公論新社　2009/8
三菱総合研究所『排出量取引入門』日本経済新聞出版社　2008/7
山口光恒『環境マネジメント』放送大学教育振興会　2006/3
日本証券アナリスト協会「特集　環境問題・排出量取引」『証券アナリストジャーナル』2009/4
日本スマートエナジー『排出権取引の基本と仕組み』秀和システム　2008/9
三菱 UFJ 信託銀行『排出権ビジネスのしくみ』日本能率協会マネジメントセンター　2009/6
平　康一「広がりをみせはじめた排出権取引と今後の展望」『金融ジャーナル』2008/10
吉田麻友美「動き出した国内クレジット制度」『JOI』2009/5
山本美紀子「順調に始動しつつある『国内クレジット制度』」『みずほ政策インサイト』2009/9/7
東京都『キャップ&トレードの全国導入についての提言』2009/11
国際協力銀行「排出権市場動向レポート 2009」『排出権市場レポート』2009/6/23
The World Bank "State and the Trends of the Carbon Market 2009" 2009/5
国土交通省『土壌汚染地における土地の有効利用等に関する研究会　中間とりまとめ』平成 20/4
経済産業省『リスクファイナンス研究会報告書』平成 18/3
星　貴子「わが国における環境保険ビジネスの現状」『Business & Economic Review』2009/2
光成美樹「資産除去債務会計の導入と財務報告における土壌汚染情報の開示」『環境管理』Vol45 No.7（2009）
光成美樹「日本における土壌汚染リスクと保険」『土壌汚染と法政策』有斐閣　2009/11
藤井良広編著『環境債務の実務』中央経済社　2008/10

荒木由紀子「諸外国のキャプティブ規制比較」『損害保険研究』70（1）2008
山下友信「キャプティブに関する序論的考察」『企業法の変遷』有斐閣　2009/5
加藤進弘「災害復興とリスクファイナンス」『災害復興研究』第1号　2009/3
「リスクファイナンス特集」『リスク対策.com』　2008/3
池内光久「日本発のキャプティブは何故低調なのか」『危険と管理』第40号
　　　　RM双書第28集　日本リスクマネジメント学会
保高徹生他「日本におけるブラウンフィールド発生確率の推定」『環境科学会誌』
　　　　21（4）（2008）

〈参考 URL〉
京都メカニズム情報プラットフォーム http://www.kyomecha.org/
環境省『排出量取引インサイト』http://www.ets-japan.jp/
試行排出量取引スキームポータルサイト http://www.shikou-et.jp/
（財）海外投融資情報財団『排出権取引プラットフォーム』
　　　　　　　　http：//www.joi.or.jp/carbon/index.html

ケース12　水質改善定期預金（大和信用金庫）

大和信用金庫 CSR 委員会	
委員会メンバー数	12名
本店所在地	奈良県桜井市
同金庫創立	昭和23年7月
職員数	344名（平成22/9末）
店舗数	20店舗
資金量	4,684億円（平成22/9末）

　全国の一級河川で水質が最悪だった大和川が、2008年の調査でその汚名を返上した。その影の立役者が大和信用金庫の「大和川定期預金」である。水質の改善度に応じて金利を上乗せするというユニークな発想の定期預金である。また同金庫では「大和川生活排水対策社会実験」にも参加し、各家庭における生活排水の軽減を呼び掛けるとともに、河川の清掃活動等にも汗を流している。地域住民一人ひとりの意識改善が大和川の水質良化に繋がり、顧客への利益還元も実現した例である。

1　大和川について

　奈良県には奈良盆地のほぼ全域を流域とし、大阪平野を西に横切って大阪湾に注ぐ全長68kmの一級河川である大和川が流れている。「大和は国のまほろばたたなづく青かき山こもれる大和し美し」（ヤマトタケルノミコト望郷の歌『古事記』より）の歌碑が、桜井市の三輪山麓にある池の堤防に建っている。この池の堤に立って見渡すと、山々に囲まれた奈良盆地の眺めが一望でき、その間を大和川が流れている。その昔、大和川は古代中国との貿易における重要な水路となっており、日本書紀の記述によると、平成20年は推古16年（608年）遣隋使小野妹子を送って来朝した裴世清（はいせいせい）ら一行が難波津（現在の大阪）から船で大和川をさかのぼり、初瀬川から三輪山麓の海石榴市（つばいち）に上陸、飛鳥の宮に至ってから1400年となる記念すべき年でもあった。

　このように万葉の昔から人々に親しまれ、昭和30年代までは清流に親しみ川遊びをする風景がよく見られた美しい川であったが、数年前までの

の大和川は全国の一級河川の中でも、水質の悪さでワーストクラスを争うという汚れた河川となっていた。これは、大和川上流に山間部が少ないという地形的な特徴と、流域の年間降水量が全国平均に比べて少ないことが挙げられているが、最大の要因は各家庭からの生活排水である。水質汚濁要因の8割が一般家庭からの生活排水によるものであるといわれていることについては、大和川の流域人口が終戦後70万人水準であったのが、戦後の高度経済成長における工場進出、私鉄沿線開発による住宅の急増を経て、現在213万人となっていることと、流域の人口が増加する一方で、大和川流域の下水道の普及率は77.9％にとどまっており、特に上流である奈良県の普及率は71.6％（平成19年度末）であることも大和川の水質悪化の一つの要因といえる。

　また、下流である大阪府より上流の奈良県の方が水質が悪いというのが実情であり、上流に位置する奈良県民の責任として水質改善を意識しない訳にはいかない。実際、流域の方々に大和川の印象を聞くと、非常に汚く、臭い、これほど汚れた川がきれいになるわけがない、との否定的な声をよく聞く。しかし、原因の8割を占める生活排水を抑えれば、水質は確実に改善するのである。従って、水質向上の鍵は流域住民が握っているといっても過言ではない。

2　大和川定期預金

(1) 発想の経緯

　古代統一国家の中心舞台ともなった日本文化の発祥の地である桜井市に本店のある大和信用金庫では、「CSR検討委員会」を設置しその活動のテーマを「『Next Generation 〜未来へ〜』次世代のために、私たちは歴史と環境を大切にします」としている。これには、古都奈良を事業エリアとする同金庫が「持続的発展が可能な地域社会づくり」に貢献するという社会的責任を果たすために、地域の歴史と環境と子供たちを大切にすることを活動の柱としたいとの思いがある。委員会で議論を進める中で、従来から

行ってきた地域の清掃活動も大事ではあるが、やはり金融機関はその本業である預金や融資の商品でもってCSRを果たしていくべきではないかとの結論に至り、テーマでもある歴史と環境に結びつけた形で商品を企画しようと考えた。そんな折、奈良県庁の環境政策課担当者との話の中で、奈良県では環境問題として何が一番困っているのかと尋ねたところ、「実は大和川が汚くて困っている」との話を聞き、それならばとこの商品を思いついた次第である。

(2) 商品内容

「大和川定期預金」は、水質の悪さでワーストワンとなった汚れた河川「大和川」の水質が前年対比改善されていれば、預入された定期預金の金利に上乗せ金利を付与するというシンプルなものであり、具体的には国土交通省の発表するBOD値（生物化学的酸素要求量）(注)という水質を示す指標の前年対比の改善度合いに応じて、定期預金の金利を上乗せする。例えば第1回目となる平成18年の金利設定については、大和川における平成17年の年平均のBOD値である6.4mg/ℓ（全国ワーストワン）を基準とし、平成18年の年平均BOD値が大幅に改善（3.4mg/ℓ以下）となった場合は、預入時の店頭表示金利に対して、1.0％の金利上乗せを行う。BOD値が環境基準である5.0mg/ℓ以下となった場合は、預入時の店頭表示金利に対して、0.5％の金利上乗せを行い、BOD値が小幅でも改善（6.3mg/ℓ以下）となった場合は、預入時の店頭表示金利に対して、0.2％の金利上乗せを行う設定とした。水質が改善された翌年には金利上乗せ基準を新たに設定する方式で、以降毎年繰りかえす。

第1回募集時の水質改善度に応じた金利優遇

BOD値	上乗せ金利
6.3mg/ℓ 以下	0.2％
5.0mg/ℓ ～ 6.3mg/ℓ	0.5％
5.0mg/ℓ　以下	1％

(注) BOD値：水中の汚染物質が微生物によって無機化されるために必要な酸素両（単位＝mg/ℓ）で国が毎年公表する。

また、この定期預金の推進に際しては、大和川の水質の悪さの要因の8割が生活排水であることを強調するため、粗品として地元企業が作る「水切りネット」を配り、各家庭での生活排水削減を次のように呼び掛けた。

①食事は食べる分量だけ作り、残らないようにする。
②食器やフライパンなどの汚れは拭き取ってから洗う。
③食べ残しや残りクズは流さず三角コーナーかゴミ箱へ入れる。

各家庭における生活排水削減の意識付けと行動が大和川の水質良化に繋がることをまず知ってもらい、その取組みを同金庫が預金金利の上乗せ商品にて支援することで顧客と地域双方に利益をもたらすプロジェクトである。

(3) 成果

第1回大和川定期預金の実績は、地域の共感を得て募集額50億円を上回る59億円の預入であった。そして大和川の平成18年の水質（年平均BOD値）は、地域住民の意識向上もあって17年の6.4mg/ℓより大幅な改善を示し、環境基準を下回る4.7mg/ℓとなった。その結果、大和川定期預金の金利は年0.5％の上乗せを行い顧客にも喜んでもらった。同金庫の大和川水質改善への取組みが少なからず水質改善に繋がったのではないかと、関係者はその意義を感じている。

平成19年の第2回大和川定期預金については、環境各賞の受賞もあり、募集額70億円に対して80億円の預入となったが、残念ながら水質については18年と同じ4.7mg/ℓとなり改善は認められず、結果として預金金利の上乗せが実現しなかった。（ただし、預入総額の0.01％に相当する金額を後述の「大和川基金」に組入れた。）

平成20年には再び改善して3.7mg/ℓとなりワースト1を脱却、平成21年も3.2mg/ℓに減少、2mg/ℓ台も目前となった。さらに、平成22年には2.8mg/ℓとなり、観測史上最もきれいな水質レベルを更新している。図7-9からは最近目覚ましい成果を挙げている水質の改善状況がみてとれる。

大和川 BOD

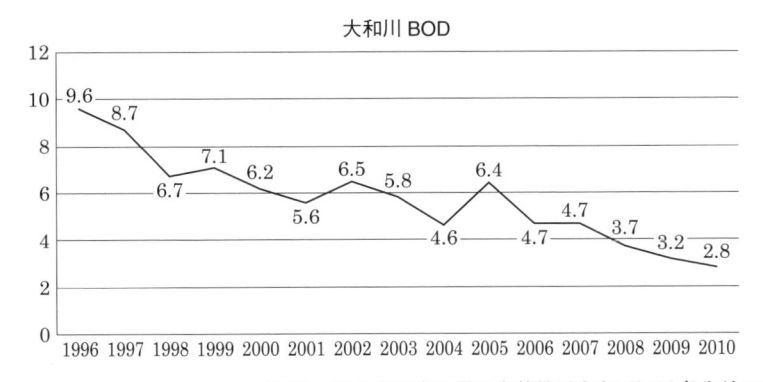

（出典：国土交通省近畿地方整備局大和川河川事務所 HP）

図 7-9　大和川の水質改善状況

3　関連活動と反響

(1) 関連活動

同金庫では次のような大和川に関わる数々の催しを企画、水環境の改善に向けた取り組みを一層強めている。

① 「大和川生活排水対策社会実験」（特定日に向けて各家庭での生活排水を抑えるように呼び掛け、その前後での水質を測定し効果を確認する実験）に加えて、職員自らも「大和川クリーンキャンペーン」という地域の清掃活動に参加している。

② 平成 19 年には預金総額の 0.01％に相当する同金庫の出捐及び役職員からの寄付により総額 112 万円の「大和川基金」を創設した。そして特定非営利活動法人奈良 NPO センターと連携し、大和川の水環境改善に向けた様々な取組みに対し資金の拠出を行うこととしている。この基金の活用により毎年「大和川源流体験ツアー」を実施、

特に子供たちに源流の素晴らしさを実感させることにより環境意識を芽生えさせることができた。今後も、子どもたちとのふれあいイベントや河川浄化の啓発活動等が計画されている。

③　国土交通省、奈良県、大阪府等の各自治体主催による「大和川フォーラム」や「大和川の集い」及び奈良県主催の「環境フェア」において、同金庫の取り組みを展示ブース設置により紹介した。また、JICA（国際協力機構）の外国人留学生セミナーでは、金融と地球環境保護を結びつけた「大和川定期預金」を紹介、自然を愛する心は万国共通であるとの認識を共有。

(2) 反響について

「大和川定期預金」の発売当初から、大和川の水質改善に向けた同金庫の取組みが評価され、新聞各紙を始めテレビやラジオ等の各マスコミでも採り上げられ、多方面から褒章されている。

平成19年	第16回地球環境大賞《フジサンケイビジネスアイ賞》
平成19年	第5回日本環境経営大賞《環境プロジェクト賞》（三重県主催）
平成19年	平成18年度関西エコオフィス奨励賞
平成19年	第5回企業フィランソロピー大賞《地域環境賞》
平成20年	第10回日本水大賞《奨励賞》
平成20年	信用金庫社会貢献賞《特別賞》
平成20年	奈良県環境保全功労賞
平成21年	経営者『環境力』大賞
平成22年	「いきものにぎわい企業活動コンテスト」審査委員特別賞

評価のポイントは
①地域金融機関として金融と環境を結びつけたこと
②河川の水質数値と預金の金利をリンクさせたユニークさと分かりやすさ
③生活排水抑制の呼び掛けや、河川の清掃活動、「大和川基金」の組成等の地域と一体となった活動の実践である。

(3) 今後の抱負

　その昔は万葉人が交易の水路として利用、奈良盆地の稲作における重要な河川であり子供たちが泳ぎ、魚を獲り、遊び親しんだ大和川である。その川が水質ワーストワンの汚れた川として誰にも見向かれることなく、昔のようにきれいになることは不可能だと思われてきた。しかしながら、川は人を映し出す鏡のような存在であり、川を活かすのは住民の意識次第である。地域住民が意識を変え、何とか大和川の水質良化のために一人でも多くの人が行動を起こせば、近い将来に奇跡が起こるかもしれない。実際、清流にしか生息しないと言われているアユの遡上や孵化間近のアユの卵や仔アユの流下が確認されている。「大和は『国のまほろば』と詠われているように、日本のふるさとです。国のまほろばである大和の国の大和川がきれいになることは、日本がきれいになることではないかと思います」の言に同金庫の思いが表れている。

ケース13 国内クレジット制度（山梨罐詰㈱と静岡ガス㈱の共同事業）
〈参考例　Ａオフセット・クレジット、Ｂ排出権信託〉

山梨罐詰（株）	
業種	缶詰製造
資本金	10百万円
従業員数	116人
本社	静岡市

静岡ガス（株）	
業種	都市ガス
資本金	63億円
従業員数	1130人
本社	静岡市

福田ビジョン「『低炭素社会・日本』をめざして」を受けて、国内排出量取引制度の試行が2008年よりスタートした。排出量取引は世界をリードする我が国の低炭素化技術の普及を支援する仕組みである。このうち、大企業の技術を中小企業に生かしてCO_2削減を図ることを狙いとした「国内クレジット」の例（山梨罐詰と静岡ガスの共同事業）を採り上げる。併せて、森林保全のための高知県のオフセット・クレジット（J-VER）と排出権の小口化を図る排出権信託の利用例についても紹介する。

1　国内クレジット認証第1号

山梨罐詰では、静岡ガスの技術支援を得て、Ａ重油貫流ボイラー5台のうち2台を高効率の都市ガス貫流ボイラーへ更新するプロジェクトが実施された。これはその後2008年10月に国内クレジットの第1号として認証された。事業スキームは図7-10の通りである。使用中のＡ重油の貫流

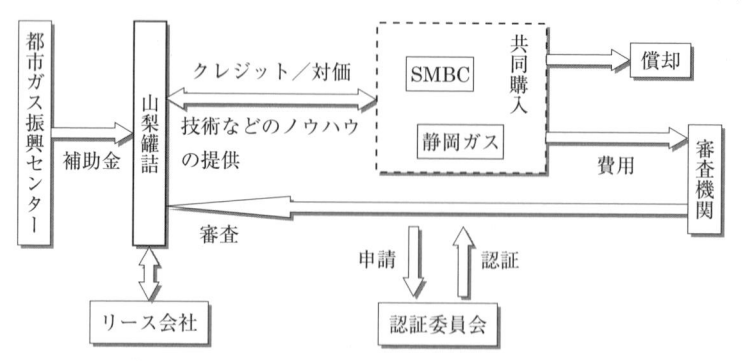

（出典：経済産業省「国内クレジット先進事例セミナー」2009/7 資料）

図7-10　山梨罐詰＝静岡ガスの国内クレジット第1号のプロジェクト

ボイラーは、経年によりボイラー効率が悪化しているため、これを都市ガスの貫流ボイラーへ更新することで燃料使用量およびCO_2排出量を削減することとしたものである。

2 取組の経緯

(1) 山梨罐詰(株)の高いゼロ・エミッション意識

同社は従来からゼロ・エミッションに取り組んできた。魚缶詰製造を例にとると、廃棄物として出る荒カス類（内臓や骨類）は蒸煮後、肥料工場に持ち込まれ肥料として粉砕される。蒸煮時に出る煮汁は煮詰めて、エキス工場に持ち込みエキスを取るというように無駄の無い取り組みを行ってきた。

また同社のカップ食品の原料となる廃シロップは生物化学的酸素要求量（BOD）が高く排水負担が大きい。この有効利用として静岡県工業技術研究所や静岡大学等との共同研究や基礎実験を経て、シロップ廃液の高効率メタン発酵によるバイオガス発電を実用化した。この産学官交流による成果は環境省の地球温暖化対策技術開発事業（競争的資金）の認定を受けるなど注目を集め、創業75年の歴史を持つ同社は「省エネ」に留まらず「創エネ」企業としても評価されるようになった。

(2) 地域のCO_2削減に意欲的な静岡ガス(株)の支援

産業用分野で販売を伸ばし工場のエネルギー管理にノウハウを持つ静岡ガス（株）は、CO_2削減を地域社会全体で実現することを標榜、中小の製造企業の多い静岡県内で様々な取り組みを行なう一方、社内各部署から寄せられた地元中小企業の省エネ情報を分析、山梨缶詰の上記取り組みに注目することとなった。重油ボイラーのガス化は国内クレジット制度の適用が望ましいと考え、早速山梨缶詰へ国内クレジット制度の共同実施を提案した。

時同じくして、山梨缶詰でも重油ボイラーの更新時期を迎えたことから

ガスボイラーの導入を候補の一つとして考えていた。双方の思惑が一致、静岡ガス（株）の強力なサポートのもと、プロジェクト認証第1号のクレジット創出につながった次第である。

3 クレジットの意義

(1) クレジットの計算

都市ガス（天然ガス）はA重油に比べ単位発熱量あたりの炭素含有量が少ない。さらに高効率な都市ガスボイラーに設備転換することにより燃料使用量が削減される。CO_2の排出削減量はベースライン排出量から実際の排出量を差し引くことで測定される。その結果、次のCO_2削減（△35%）が見込まれ、投資回収年数（6.31年）の基準をクリアしている。

```
・国内クレジット認証期間
        H20/9 ～ H25/3
・排出削減量の計画（CO₂/年）
        ベースライン排出量 1,304t → 事業実施後排出量 847t
            （△457t/年    削減率△35%）
・「追加性の検証」 投資回収年数 6.31年
    投資回収年数=（プロジェクト総額－補助金）/エネルギーコスト削減額
```

(2) クレジット収入によるインセンティブ

国内クレジット収入を加味すると、分母にクレジット収入を加えて計算することになるので投資回収年数は短縮され、さらに採算が好転する。

　クレジット収入を加味した投資回収年数
　　=（プロジェクト投資額－補助金）/（エネルギーコスト削減額+クレジット収入）

一般に、投資額に対してCO_2削減量が大きいプロジェクトはクレジットの売却収入で投資効果が高くなる。一定のクレジット期間設定や公的支援施策を組合せれば補助金以上になる可能性があり、CO_2排出削減を促す重要なインセンティブである。

4 共同実施の波及効果

両社による共同実施の成功例を目の当たりにして、静岡県中小企業団体中央会では、国内クレジット制度に中小企業組合を活用することを検討している。中小企業組合が傘下企業のCO_2排出をとりまとめれば一定以上のCO_2規模となり、大企業にとって購入しやすくなる。

国内クレジット制度は導入後間もないこともあり、改善の余地が指摘されている。しかしながら、多様な温室効果ガス削減事業が積み上がっていくことで、地域における認知度が向上していくものと期待される。

5 国内排出量取引の課題

(1) 国内試行制度の課題

2008年に試行がスタートした制度には強制力がなく、十分な取引が行われるか懸念されている。しかし試行であっても、排出枠の取引が可能となり企業の排出削減努力が報われるようになったことは大きな進歩である。産業部門やエネルギー転換部門が大きな削減効果を生み出している一方、問題は家庭部門・業務部門・運輸部門である。国内クレジット制度には、中小企業や事業所などこれまで技術と資金の不足で手がつかなかったCO_2削減のポテンシャルを高め、排出削減対策の裾野が広がることへの期待がある。2010年に施行された改正省エネ法では規制対象先が商業施設・コンビニエンスストア等の店舗・病院等へ拡大されたが、その省エネ対策にも弾みがつくとみられている。

「持続可能な地球」とするには、福田ビジョンが示すように我が国に

2050年までにCO_2排出量を60-80％削減（世界では半減）する責任がある。EU-ETSの第3フエーズやポスト京都議定書へ向けた枠組み作りが開始されており、2009年11月の東京都の提案では「全国キャップ＆トレード制度」（国際炭素市場へのリンクを展望した「国家キャップ＆トレード制度」と国内での幅広い取り組みを促す「地域キャップ＆トレード制度」の両建て方式）が示されている。CO_2削減について、いずれの国家も組織も家庭も「ただ乗り」（何もしないで経済成長する）が許されないところまで来ている。

(2) 排出量取引所の創設

排出量取引の拡大にとって欠かせないのは取引所である。排出量取引所はCO_2削減投資に資金を供給し省エネを支援する役割を果たす。排出量取引所は欧米が先行し、アジアでも取引所立ち上げに向けた動きが活発化している。これを受けてわが国でも東京証券取引所と東京工業品取引所が共同で排出量取引所を創設するための準備会社を2010年に設立している。

我が国は排出量取引では最大の需要国であるが、売買の中心は欧州の取引所であり、価格決定の主導権は欧州の企業や機関投資家に握られてきた。現状の国内制度は試行かつ参加は任意であり活発な取引が見込めない。EU-ETSのように企業に排出権を割り当てるキャップ＆トレード方式の導入待ちとなっている。

もっとも、排出権の取引価格が市場の動向に左右され、それによって取引量ひいては削減量が変動する懸念がある。すなわち、取引価格が高ければコストをかけて排出量を削減するインセンティブが高まるが、市場価格は常に望ましい水準であるとは限らない。そこで排出枠の需給を安定化させるため、排出枠の次年度への繰り越し（バンキング）や次年度からの借り入れ（ボローイング）を認める緩和措置も用意されている。

国内クレジット制度のこれまでの認証例をみると、1事業あたりの国内クレジット発生量は平均約900トンである。京都メカニズムのクレジットと比較すると極めて小規模であり、相対で取り引きされる国内クレジットの価格はその分相当に割り引いて考える必要がある。排出量取引所が創設

されれば価格の透明性が高まり、非上場の国内クレジットの価格水準も一定レベルに落ち着くと思われる。

参考 A　オフセット・クレジット（J-VER）の例

　高知県木質資源エネルギー活用プロジェクトが J-VER 制度の第 1 号として 2009 年 3 月に認証を受けた。図 7-11 に示すように、セメント工場のボイラー燃料を化石燃料から枝葉や根株等の未利用林地残材に代替することで温室効果ガスの排出削減量クレジットが創出された。第三者検証機関による検証を経て、温室効果ガス排出削減量 1938t-CO_2（実施期間は 1 年間）が認証され、高知県に対して J-VER が発行された。

　本事業において発行された J-VER は、都内の商業施設である株式会社ルミネが CO_2 オフセットとして利用すべく、高知県との間で売買契約が結ばれた。このようなオフセット・クレジットによる資金調達が拡大することで、森林整備が進むと期待されている。

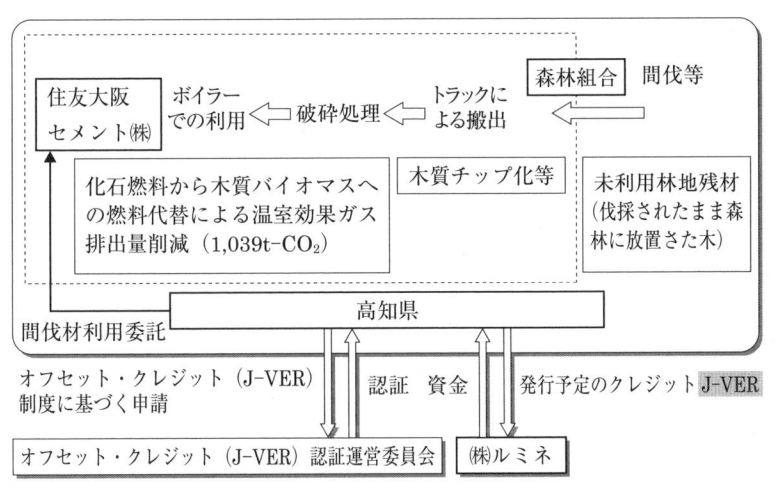

（出典：環境省　オフセット・クレジット認証第 1 号報道発表資料）

図 7-11　高知県の JVER 第 1 号プロジェクト

ルミネは社員一人一人が環境を意識しながら気軽に取り組めるものにしたいと考え、通勤時に排出されるCO_2の削減を図ることにした。「グリーン・プラン」のネーミングのもと、「乗車区間の短縮」、「エコな路線・ルートの選択」、「エレベーター・エスカレーターを利用しない」等の通勤手段を奨励した。それでも排出したCO_2については本件J-VERによりオフセットされる。

森林率全国一の高知県では、2003年から全国に先駆けて森林環境税を導入した。さらに2005年には「高知県協働の森づくり事業」を創設、「CO_2吸収認証制度」（2006年）をスタートさせる等、環境に森林を生かす取り組みを行っている。このような活動の結果が上記のJ-VER第1号プロジェクトにつながったものであり他県や林業関係者のモデルとなっている。

参考B　排出権信託の活用例

排出権取引は従来、数十万トン～数万トン単位の大きな取引ばかりで、利用者は商社や電力、鉄鋼などの大手企業の一部にとどまっていた。そうした中で、三菱UFJ信託銀行は排出権の「小口化」を実現すべく、2007年12月から排出権信託の取り扱いを開始した。三菱商事が韓国でのフロン回収による温室効果ガス削減事業で得られた5万トン分の現物排出権を信託設定し、それを千トン単位の信託受益権に小口化することで、排出権取引参加者のすそ野拡大を目指した。排出権付きエコバッグや排出権付き定期預金の誕生にもつながり、「カーボン・オフセット商品」ブームの火付け役となった。

また、本社ビルから発生するCO_2排出量分の排出権を購入するケースや、消費者向けの商品に排出権を付けて販売する企業が出始めている。あるいは、自社の温室効果ガス排出量の削減が十分でない場合のリスクヘッジとして、取得した信託受益権による排出権を利用することも可能であるなど、様々なニーズに利用されている（図7-12）。排出権信託商品の販売が始まり企業が排出権を手に入れやすくなったことで、今後、CSRや環境意識の高い消費者向けの戦略商品として排出権信託の活用が期待される。

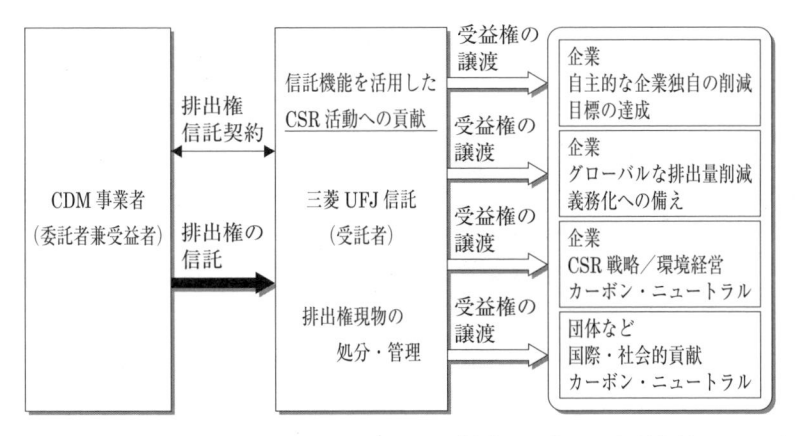

(出典:三菱 UFJ 信託銀行 CSR2007)

図 7-12 排出権信託の利用方法

ケース14　土壌汚染の環境債務移転事業(㈱フィールド・パートナーズ)

㈱フィールド・パートナーズ	
業種	環境コンサルタント
資本金	35百万円
従業員数	16人
本社	東京都千代田区

遮水壁設置工事

土壌汚染の判明した土地は取引が忌避され、土地所有者が汚染の事実公表に消極的になる等、ブラウンフィールド化が進みやすい。また、改正土壌汚染対策法の施行や資産除去債務会計基準の導入により、環境債務が顕在化しだした。限られた国土のわが国では汚染懸念土地の流通促進が必要である。リスクヘッジのためにキャプティブ保険を活用、汚染地買い取りファンドや土壌汚染保証事業に取り組んでいる㈱フィールド・パートナーズの例を紹介する。併せて環境債務の移転に不可欠なリスク・シェアについて、保険設計上の課題を明らかにする。

1　環境債務移転事業の背景

(1) ブラウンフィールドの状況と流動化

　土壌汚染は我が国の産業発展に伴って発生した負の遺産であり、土壌汚染のある土地33万カ所のうちブラウンフィールドが表7-7に示される通り8万カ所も存在する。土壌汚染によって土地の流動化が停滞しているブラウンフィールド問題は世界中で都市再生のネックになっている。
　このような状況下において、2003年の土壌汚染対策法の施行を契機に我が国の土壌汚染ビジネスは拡大（表7-8）、法施行の前後で土壌汚染調査売上は2.2倍、土壌汚染対策売上は3.1倍となっている。ブラウンフィールドの流動化が動き始めたことを表している。

(2) 環境債務の移転ビジネス

　「環境債務の移転」とは、土壌汚染やアスベスト等の環境浄化債務また

表7-7 汚染土壌の状況

	サイト数	面積[イ]	土地資産評価[イ]
ブラウンフィールド（推定）	8万[ロ]	2.8万 ha	10.8兆円
土壌汚染が存在する土地（推定）	33万[ロ]	11.3万 ha	43.1兆円
土壌汚染確認累計	4,006[ハ]	—	—

*イ：環境省「土壌汚染をめぐるブラウンフィールド問題の実態等について中間とりまとめ」2007/3
*ロ：保高徹生「土壌汚染の社会経済影響の定量化とその解決方法に関する研究」横浜国立大学博士論文　2007/3
*ハ：環境省「平成19年度土壌汚染対策法の施行状況及び土壌汚染調査・対策事例等に関する調査結果」2009

表7-8 土壌汚染ビジネスの拡大

	2002年	2005年	売上比
土壌汚染調査売上高	79億円	180億円	2.2倍
土壌汚染対策売上高	474億円	1444億円	3.1倍

（保険毎日新聞 2009/1/26 より筆者が編集）

表7-9 環境債務移転ビジネスの分類

広義の環境債務移転	狭義の債務移転	環境債務・不動産の売買	債務付不動産の売買	債務付の不動産所有権を売却するもの。リースバック契約もある。
			債務のみの売買	環境浄化債務のみを移転する相対契約。
		債務の金銭的な相殺・手続等	保険	コストキャップ保険、第三者賠償保険他。ファイナイト形式等の個別サイトの組み合わせ保険も多い。
			保証 #	保険機能と手続きを併せ行う。
			長期定期支払方式	長期性資産の閉鎖まで長期に亘って固定支払を行うもの。

（出典：光成美樹「環境債務の移転手続き」藤井良広編著『環境債務の実務』、#部分は筆者が追加）

は債務付不動産を売買するビジネスを指し、1980年のスーパーファンド法をはじめ2002年のブラウンフィールド法等様々な立法が行われた米国が発祥の地である。会計基準として環境浄化債務や資産除去債務が認識されるにつれ、環境債務移転ビジネスの対象は債務付不動産や債務のみでなく、これらと不可分な保険や保証まで広がっている（表7-9）。

(3) 資産除去債務会計の導入と改正土壌汚染対策法のインパクト

資産除去債務会計や改正土壌汚染対策法は企業が抱える環境債務を顕在化させる目的で導入された。ブラウンフィールドの情報を開示、対策を推進する企業に対しインセンティブを与えることでブラウンフィールドを抑制できると考えられている。

2010年度に導入された資産除去債務会計では、将来の土壌の汚染除去のための支出を有形固定資産の取得時にあらかじめ見積り、その割引現在価値を負債として計上する。また有形固定資産の取得原価に算入し、資産の耐用年数にわたって費用処理することが求められている。法律上或いは契約上浄化の必要がある場合には、土壌汚染にかかる調査・対策費用を資産除去債務として事前に負債計上する必要がある。

同年度に施行された改正土壌汚染法では、ブラウンフィールド問題に対応すべく、次のように調査対象地を拡大するとともに、従来の指定区域がなくなり措置実施区域と形質変更区域に分類することとなった。

改正土壌汚染法の概要
- 3000㎡以上の土地改変等に調査区域を拡大し、汚染の懸念がある場合には県知事等が調査命令を出す
- 指定区域という用語がなくなり、措置実施区域と形質変更区域に分類
  「措置実施区域」：健康上の被害防止の観点から措置を義務付けている区域
  「形質変更区域」：基準を超える汚染があるものの、地下水汚染を含め健康上の被害がないものとして通常の使用が可能な地域

実質的には、形質変更区域は汚染がない土地と同様の取り扱いとし、行政による認証が与えられ土壌汚染調査の進展に応じて形質変更区域が大きく増えることが予想されている。現在、土壌汚染に対しては、どんな汚染であっても土壌環境基準に適合させるため掘削除去等の措置（浄化対策）が用いられている。これに対し形質変更区域の考え方は、封じ込め工法や盛土・舗装等による合理的な措置や管理（措置対策）を推進するものである。行政によるお墨付きが与えられたとして、ゼロリスクを求めがちな地域住民に対しても理解が得られやすくなるとみられている。

2　㈱フィールド・パートナーズの環境債務移転ビジネス

同社では汚染で低価値になったブラウンフィールドを流動化しようと、汚染地買取りファンド事業と土壌汚染保証事業を2009年から開始した。り国内で10.8兆円の資産価値を持つとされるブラウンフィールドの抜本策の1つとして各界から期待が寄せられている。

(1) 汚染地買い取りファンド事業

土壌汚染がある土地は浄化を行った後に譲渡するのが一般的であるが、浄化対策負担をなくすことで土地を流動化しやすくするスキーム（図7-13）を開発した。

土壌・地下水汚染がある土地を通常売買で処分しようとすると、まず問題になるのが瑕疵担保であるが、買い取りスキームでは基本的にこの土壌汚染に関する売主側の瑕疵担保を買主にあたるファンド側で引き受け、汚染地所有者が抱える様々なリスク負担を売買の時点で遮断するところに特徴がある。

(2) 土壌汚染保証

土壌汚染のある土地には3つのリスクが存在する。すなわち
①調査段階で土壌汚染が見つからず開発段階になって汚染が確認されるリスク

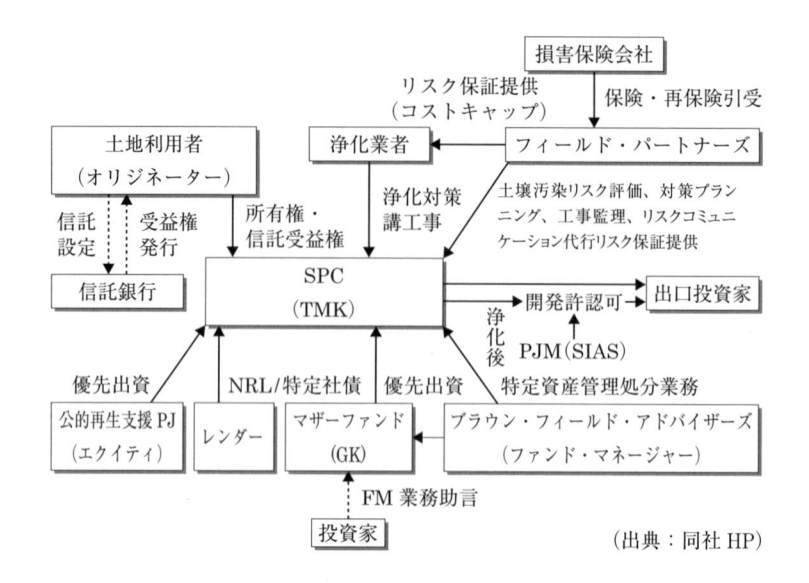

図7-13 汚染地買い取りファンドのスキーム

　②浄化対策の費用が見積を超過、追加費用が必要となるリスク
　③土壌汚染が原因で第三者に損害を与えるリスク
である。

　しかし土壌汚染のリスクを保険でカバーするにも、保険商品そのものが限定的であり、また免責額が大きく現実面では使い勝手がよくない。また仮に土壌汚染に関する保険が付保できたとしても、被害者との交渉、行政との調整などは基本的に被保険者自身が行わなくてはならない。

　同社の開発した土壌汚染の保証は、保険とは異なり汚染地所有者が負担する様々な義務を同社が一括で引き受け、利用者から土壌汚染リスクを切り離すことを狙いとしている。この保証には上記3つのリスクに応じて、図7-14、表7-10の通り3つの種類がある。上記①のリスクに対応した「シロ保証」（調査結果シロ保証）、②のリスクに対応の「コストキャップ保証」（浄化対策費保証）、③のリスクに対応の「第3者賠償責任保証」（リスク管理地保証）である。

第 7 章 環境保全　237

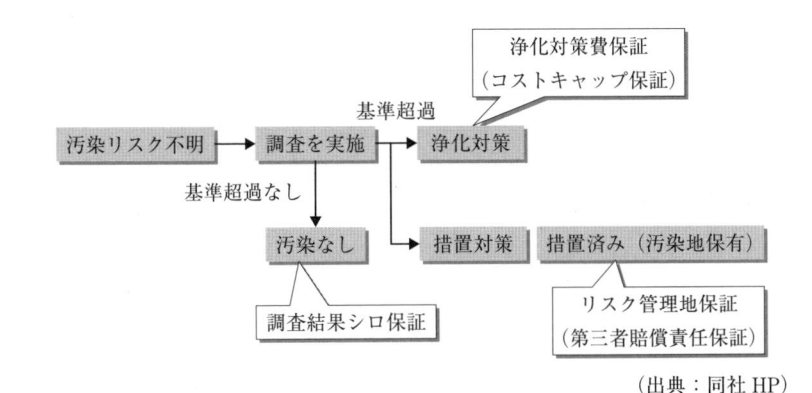

図 7-14　土壌汚染保証の種類

（出典：同社 HP）

表 7-10　土壌汚染保証内容

保　証	保証内容と背景
①シロ保証	地歴調査や概況（平面）調査でシロとなった調査結果について次の保証をする。 ・基準を超過する土壌汚染が確認された場合の浄化対策費 ・行政命令等への対応経費および関連する経費 （法や条例で定めている地歴調査や概況（平面）調査を実施し、シロの調査結果が出れば通常では、そのあとから汚染が見つかるケースは少ない。しかしこの調査はサンプル調査であるため、土壌汚染があるにもかかわらず見逃しているリスクが存在している可能性がある。）
②コストキャップ保証 （浄化対策費保証）	土壌浄化対策において実際にかかった費用が、次の理由で当初予定していた金額より超過してしまった場合にその費用を補てんする。 ・計画数量増加および比重増加に伴うコストアップ ・高濃度汚染の存在等による対策方法の変更 ・行政指導、近隣協議に基づく対策内容の変更 （施工会社の見積り違いだけでなく、浄化対策の実施には調査段階の見落としや突然の行政命令など、結果として発注者が負うべきリスク発生の可能性がある。）
③第三者賠償責任保証 （リスク管理地保証）	適切な措置対策を実施したリスク管理地は、特別な利用上の制限を受けることなく使用できる。しかし、所有者は将来にわたって a 措置状態の確認（モニタリング）、b 行政への届出・報告に加えて c 第三者の方からの賠償責任リスクを負う。このような土壌汚染にかかわるリスクを、土地所有者の方から切り離すべく次の保証をする。 ・第三者からの損害賠償費用 ・法令により命じられる浄化・措置費用 ・その他定期的な措置状態のモニタリングや行政への届出・報告等各種業務 （措置対策費は浄化対策費の約 10 分の 1 と安価である分、汚染土壌を残置することになるので、適切なモニタリングとリスク管理が必要となる。）

（同社ホームページより筆者が抜粋編集）

（3）キャプティブ保険導入によるリスク分担

　土壌汚染のリスクはさまざまであり、時には何億円もの巨額の損害額が発生するケースもある。利用者に土壌汚染の保証を行う同社は、このような不測の事故に備えて保険に加入し財務の安全性を確保している。

　しかしこのような保険の手配は簡単ではなく、保険の供給は不安定である。土地の所有者や浄化会社或いは同社のような環境コンサルタントはリスクの実態を一番良く知る立場にある。そのリスクを知る当事者からの保険手配の要請は、いわゆる「逆選択」に基づくものではないか、或いは保険事故としての偶然性を担保できないなどと保険会社は警戒するのが通例である。このため同社は国内で初めて土壌汚染専門のキャプティブという再保険子会社を設立し、保険会社との間で図7-15のようなリスクを分担するスキームを成立させた。このリスク・シェアリングの仕組みが背景にあることで難易度の高い土壌汚染リスクに対する保険手配を可能とし、信頼できる土壌汚染の保証サービスを実現できた。

　キャプティブとは、特定の親会社やグループ会社のリスクを専門的に引き受けるために当該親会社等により所有され、管理されている保険会社である。一般に保険会社では情報格差が大きく保険引き受けが困難なリスクでも、再保険子会社がリスクを引き受けることで情報格差を排除することができ、保険化が図れるのである。

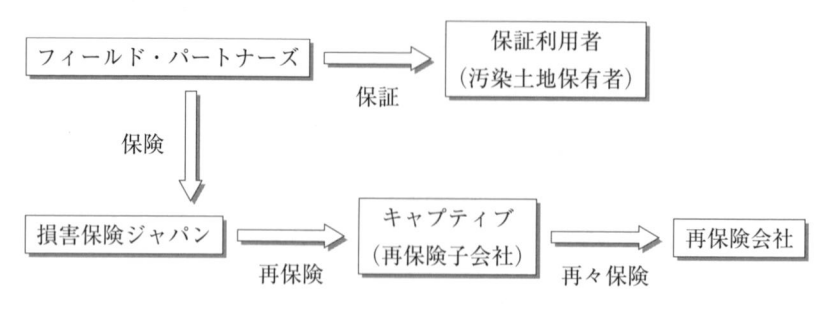

図7-15　土壌汚染保証リスクのヘッジスキーム

3　キャプティブ保険の課題

　日本企業がキャプティブを設立しようとする場合、国内では保険業法上の保険会社を設立する必要があるため、一定のキャプティブ法制（保険会社に比べて設立基準、監督基準が緩和されている）が整備されている国に設立せざるを得ないのが現状である。

　不特定多数の契約者を対象とする一般の保険会社に比べ、親会社等特定の会社を対象とするキャプティブの場合は情報の非対称性が克服されるので監督基準を緩和できる。従って既存のキャプティブ・ドミサイルでは一般の保険会社規制と異なるキャプティブ規制体系を構築している。バーミューダやガンジー等キャプティブのウエイトの高いドミサイルだけでなく、一般保険産業の規模がはるかに大きい米国ニューヨーク州や国内の一般保険業との調整が必要なスイス・シンガポール等で行われている。キャプティブ法制整備の目的は国内企業の利便性向上にある。

　かねてからの懸案である金融特区の名護市にキャプティブ居住地を実現すべく、国際基準等との整合性を踏まえた法律・税務・会計上の指針等のインフラ整備が求められている。土壌汚染のような資産除去債務のリスクをヘッジするためには、ユーザーと保険会社がリスク分担するキャプティブは極めて有効な手段である。今後環境問題が深刻化すると予想されるアジア企業のキャプティブ設立誘致にも繋がる筈である。日本国内のオンショア・キャプティブが設置されるためには、次に示すキャプティブ設置基準をキャプティブ法制実施諸国並みに整備することが求められている。

キャプティブ設置基準の整備
a）キャプティブを"保険業"とする
b）キャプティブに出再した場合の元受保険会社の責任準備金を免除する
c）キャプティブの最低資本金とソルベンシー比率の引き下げ

なお、本章で既述のシナネン㈱が導入したファイナイト保険でも、土壌汚染という個別色の強いリスクを契約者と保険会社がシェアすることで情報の非対称性を克服できる。しかし、我が国では積極的にファイナイト保険を営業する保険会社は少なく、実績も少ない。我が国では欧米と異なり、ファイナイト保険についてその保険性を判断する指針等が明示されておらず、ファイナイト保険活用の際の会計および税務の取扱いは必ずしも明確でない。このことがファイナイト保険の利用が進まない理由の一つと指摘されており、ユーザー・ニーズに応えるインフラ整備が求められることはキャプティブ保険と同様である。

第8章 コミュニティ経営

1 コミュニティの活性化

(1) コミュニティ活性化とPPPの役割

　道州制導入や三位一体改革の議論が深まるなか、地方分権改革推進法の成立 (2008/12) もあり、地方が自らの責任でより広範な公共サービスの提供を行っていこうという動きが目立つようになってきた。他方、公共サービスの提供に当たっては、「民間」の活力を導入しようとする流れが強まり、その手法としてPPP (公民連携Public Private Partnership) に注目が集まっている。PPPとは、公共サービスに市場メカニズムを導入することを目的として、PFIや民間委託・独立行政法人化・民営化などの方策を通じて、公共サービスの効率化を図ろうとするものである (図8-1)。英国の初期のPPPが民間の効率性が高いことを前提にしていたが、その後すべてのサービス・ニーズに行政で対応するには限界があるという見方が主流となった。即ち公共と民間での役割分担を行い、お互いに連携を図る方にメリットがあるとした考え方である。我が国では公共サービスの民間開放や市場メカニズムの活用といったPPPが提唱されている。

　PPPへの注目が集まっている背景は
　①公共サービス施設等の大部分が維持更新時期に移行
　②自治体財政健全化のための公共サービス提供コストの削減
　③住民ニーズの多様化に伴う公共サービスの質の向上
が求められており、山積する課題を解決する方策としてPPPが注目されているからである。さらには、公共サービスの民間市場への開放によって、

```
                        ┌──────────┐
                        │ 日本版PPP │
                        └──────────┘
    ┌──────┬───────┴────┬─────────────────────┐
┌──────┐┌──────────┐┌──────────────────────────────┐┌─────┐
│民営化 ││独立行政法人││民間委託（指定管理者制度、市場化テスト）││ PFI │
└──────┘└──────────┘└──────────────────────────────┘└─────┘
```

> PFI：民間の資金やノウハウを活用して公共サービスの提供や社会資本の整備を行う手法。PFI法は1999年に導入され300件余の事業実績が積み上がっている。
> 指定管理者制度：地方公共団体などが保有する公共施設の管理・運営について、民間企業等も含めて指定を受けることを可能とする制度。地方自治法改正（2003/6）により実施され62千件が導入された。
> 市場化テスト：公共サービスの提供について、官と民が対等な立場で競争入札に参加し、価格・質の両面で最も優れた者がサービスの提供を担う仕組みで、公共サービス改革法（2006/7）により導入された。

図8-1　日本版PPP

サービス産業の振興や地域活性化も期待される。

(2) 地域経済の持続可能性——インフラファンド、社会投資ファンド

　地域経済の持続可能性を高め資金循環を活発にすることは、地域社会形成にとっての土台である。製造業の海外現地生産が進展し、従来のような企業誘致型の地域経済成長モデルだけでは限界がある。このような状況下、グリーン（環境・エネルギー）・ライフ（医療・介護・健康）・観光・農水産等をテーマとした公民連携のプロジェクト等、地域経済の底上げを図る政府の「新成長戦略」がスタート（2010年）し、併せて個性創出特区や地域活性化特区がスタートした。また、各地域に産業クラスターが設置（産業クラスター計画2001年：19地域、知的クラスター2002年：13地域）され、産学官共同で地域における内発型イノベーションに取り組んでいる。ここでは官民協働による「インフラファンド」と「社会投資ファンド」による地域経済成長モデル構想について概観する。

①インフラファンド

　我が国では戦後一貫して、公共債や政府保証を活用したインフラ整備の

仕組みが定着しており、近年の行財政改革の流れもこれを変えるまでには至っていない。ただ、今後の少子高齢化の進展とともに日本の公共債の安定消化を支えてきた個人金融資産が減少すると思われ、現制度の見直しが求められる可能性がある。そうした状況を見すえ、公共団体の資金調達手段としてインフラファンドの活用が提案されている（図8-2）。1990年代の後半ごろから、英国やオーストラリアを中心に、年金基金の資金による「インフラファンド」と呼ばれる投資ファンドが組成され始めた。このファンドは電気や水道・ガス・都市交通・有料道路・空港などの経済的インフラ、学校や病院、庁舎・その他公共建築物などの社会的インフラに特化した投資行動を取る点で不動産ファンドやプライベート・エクイティ・ファンドなどとは異なる。長期的なコミットが求められるPFI、PPPと、年金基金等の長期・安定の投資機会を求めるプレーヤーの志向が合致した結果生み出されたものである。

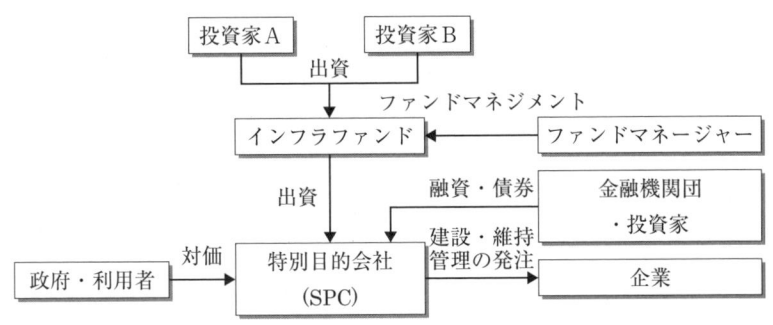

（出典：福田隆之・竹端克利「財政運営におけるPFI,PPPの普及と『インフラファンドの活用の必要性』」『知的資産創造』2009/12）

図8-2　インフラファンドの投資構造

インフラファンドの発想は政府や自治体の行財政改革の側面だけでなく、社会インフラの資金面を誰が支えるのか、金融機関だけで大丈夫なのかという問いかけに対する提案でもある。インフラ事業がPFI、PPPとして実施されるにあたり、国内外の機関投資家や個人投資家が望む投資商品の特性やリスクを把握し、インフラファンドをデザインするのがポイン

トとなる。

②社会投資ファンド

上記インフラファンドへの投資はその収益率（私的収益率）が一般の投資水準に達していることが必要であり、投資収益率が低いものは除外されてしまう。このため、私的収益率の低いインフラ投資に対しては、社会的有用性（社会的収益）を考慮した「社会投資ファンド」（SOITs：Socially-Oriented Investment Trusts）(注)構想が提案されている。表8-1に示されるように、代替エネルギーや防災技術等の投資プロジェクトである。従来、こうした社会的収益性と私的収益性の乖離する分野に対しては政府や自治体が公共財として供給してきた。

表8-1 社会投資ファンドの対象となりうるプロジェクトの例

分野	プロジェクトの例
環境	・風力発電・太陽光発電　　・マイクロタービンの大量購入とリース ・森林資源の購入と管理　　・バイオガス等のリサイクル設備の購入とリース　他
技術	・電子商取引（暗号化技術）システムのリース　他
防災	・GISハザードマップの作成支援　・燃料電池（製品）のリース　他
福祉	・介護用ロボットのリース　　・地域拠点医療施設整備　他
文化	・伝統的工芸品のリース　　　・廃坑になった校舎の保全と活用　他

（西村清彦・山下明男編「社会投資ファンド」より筆者が編集）

社会投資ファンドは「"社会投資税額控除"権利付証券」として投資家に販売される。社会投資税額控除は社会投資ファンドの私的収益率が他の投資証券に比べて低いことから生じるキャピタルロスに対応したものである。社会投資ファンドは募った資金で資本ストックを購入し、リース料や

(注)「社会投資ファンド」の発想は西村清彦氏によるもので、我が国の長期間に及ぶ深刻な経済の停滞が続いた原因は民間投資の収益性の低さにあるとして、従来型の国内総需要喚起策で対処するのは困難であるとしたところからスタートしている。発想を転換し、今まで議論に欠けていた投資の外部性の評価（社会的収益）に目を向ける必要があるとして、21世紀を見据えた国家のシステムデザインとなるよう「社会投資ファンド」の創設と、それによる社会投資の活性化が提案されたものである。

運用収益を投資家に還元する。社会投資ファンドの創成や監督の役割を社会投資監督委員会と独立格付機関が担う。社会投資監督委員会では、社会投資ファンドの対象領域を決定し、社会投資税額控除の適格条件や優先順位のガイドラインを決める。そして格付けの高いファンドから発行市場で入札を行う。

社会投資ファンドは不動産投資ファンド（REIT）に形式上よく似ているものの、私的収益性を追求する不動産投資ファンドとは異なり、社会的収益率は高いが私的収益率の低い資本ストック（設備や建物、あるいはパテントやノウハウでもよい）が投資対象である。

(3) パブリック・ファイナンス

わが国は、中央政府の債務が約900兆円を超え、地方自治体の借入金も地方債を中心に累増して約200兆円という巨額なものとなっている。この債務残高のGDP比を欧米主要国と比較すると、中央政府、地方自治体（除く連邦制国家の自治体）ともに最も高い。我が国が今後、地方分権を進めていくうえで自治体の財政基盤の強化は不可欠であり、自治体による外部資金調達（パブリック・ファイナンス）の改革は急務となっている。

全国銀行協会　金融調査会による「パブリック・ファイナンスの今後の方向性」では、自治体に対し次の通り要求している。

①パブリック・ファイナンスを「財政」としてだけでなく「金融」と捉えること
②効率的な自治体経営を行う観点から民間の知見をPFI、PPPのスキームを通じて活用すること
③実効的な監査体制を整備すること。また自治体の資金調達面では公募地方債に加えて次のような試みにより、自治体への資金提供者層の厚みを増し、より安定的に資金を供給できる市場を形成すること

　a 市場型間接金融の形態であるシンジケート・ローンなど、複数の民間金融機関が参加する形での資金提供
　b 自治体の機動的な資金調達ニーズに応じた、コミットメント・ライ

> ンの設定
> c 地方債の発行者として金利リスク等への管理を強める観点から、デリバティブ取引の活用
> d 民間金融機関による地方債に対する保証の提供
> e 民間金融機関による自治体向け貸出債権の売買の仲介業務
> f 複数の自治体への貸出債権を裏付とした証券化商品の発行により、他の民間金融機関や投資家に販売

2 地域力の向上

(1) ソーシャル・キャピタルの役割

　少子高齢化の進行や地場産業の空洞化・商店街の衰退等、全体として地域格差の拡大や社会の階層化が進んでいる。また育児や高齢者の世話など、これまで家庭内だけではなく自治会・町内会などを含めた地域社会全体で担ってきた機能が低下しつつある。こうしたなかで、地域の問題解決力あるいは地域力の源泉として、ソーシャル・キャピタル（社会関係資本）という概念の重要性が指摘されている。ソーシャル・キャピタルは、「グループ内ないしはグループ間の協力を容易にさせる規範・価値観・理解の共有をともなったネットワーク」と定義（OECD）されている。地域再生法（2005年施行）の地域再生基本方針では、コミュニティをうまく運営するための潤滑油あるいは触媒として、地域再生のキィー概念となっている。図8-3は「環境」「経済」「社会」の持続可能性に対して、主体者となる行政、市民、事業者の関連性を表したソーシャル・キャピタルの概念図である。

　福祉、環境、教育など、さまざまな公益的分野で活動を行うNPO（非営利組織）が登場し、今後ソーシャル・キャピタルの形成にもNPOが大きな役割を果たすと期待されている。NPO法が施行され（1998年）、NPO法人の数は全国で24千超と小学校や郵便局の数に匹敵するまでになった。また、環境や地域づくりの分野では、コミュニティビジネスと呼

ばれる社会性の高い事業を、営利と非営利の境界領域で展開する組織も増加している。これらの組織は行政や営利企業による従来型のサービスにより充足されなかったニーズを満たす役割を果たし、地域社会の問題解決や活性化に向けて中心的な役割を担っている。

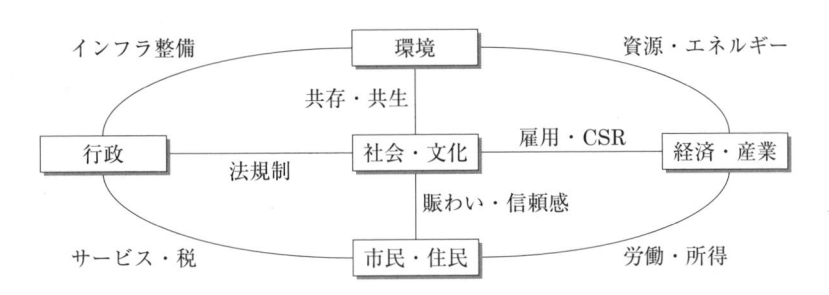

```
        インフラ整備        環境        資源・エネルギー
                      共存・共生
              行政 ── 社会・文化 ── 経済・産業
                      法規制    雇用・CSR
                      賑わい・信頼感
        サービス・税        市民・住民        労働・所得
```

（出典：青山光彦 「ソーシャル・キャピタルと地域経営」『地方行政』2007/12/17）

図8-3 ソーシャル・キャピタルにおける地域社会の構成要素と関連性

(2) ソーシャル・キャピタル担い手の支援

地域社会の抱えるさまざまな問題を解決するうえで、ソーシャル・キャピタルが重要な役割を果たし、NPO活動やコミュニティビジネスはそうした問題解決のために欠かせない機能である。今後とも地域の公共的サービスに対する需要は増加し、サービスを提供する主体も増加するであろうが、そうした主体は資金や経営ノウハウなど有形無形の資産が不足している。NPO・コミュニティビジネスの主要な担い手が事業経験の乏しい主婦や定年退職者などであることや、担保となる資産を保有しない組織が多いことなどから、一般の営利事業者と同様の融資基準ではその需要に応えられない場合が多い。このような状況下、表8-2のようなNPOやコミュニティビジネス向けの金融支援が実施されている。なお、まちづくり公益信託のスキームを図8-4に示す。

表8-2　NPO・コミュニティビジネスへの金融支援

地域金融機関の支援	労働金庫がNPOローンをいち早く取扱開始（2000年）、送金手数料などの免除でNPO・コミュニティビジネス支援している。また信用金庫等の地域金融機関でもNPO向け融資商品の取り扱いが増加しつつある。
市民バンク	永代信用組合（当時）との提携による市民バンク（1989年設立）が発端となり、以降様々な「市民バンク」組織が設立されている。基本的には市民が組合員として「市民バンク」の事業組合に一口数万円の出資を行う。集められた資金は、貸金業登録を受けた事業体がNPOやコミュニティビジネス事業者に対して融資を行う。実施例—「未来バンク事業組合」（東京都、1994年）、「北海道NPOバンク」（北海道、2002年）、「NPO夢バンク」（長野県、2003年）、「apバンク（アーティストパワーバンク）」（東京都、2004年）等
コミュニティ基金	所有する資産や遺産を社会のために役立てたいという高齢者が増加しており、そうした資産の受け皿として自治体が「コミュニティ基金」を設立、NPOやコミュニティビジネス事業者を助成している。実施例—東京都板橋区、杉並区、大阪府池田市等
まちづくり公益信託	地域社会やまちづくり活動を支援及び促進することを信託目的として、その活動を行う団体やNPOに対し助成を行う公益信託。自治体や地域金融機関が委託者となって出捐し、市民や地域企業が寄付をするスキームが多い。例—印西まちづくりファンド、高知市まちづくりファンド、世田谷まちづくりふぁんど、函館色彩まちづくり基金等

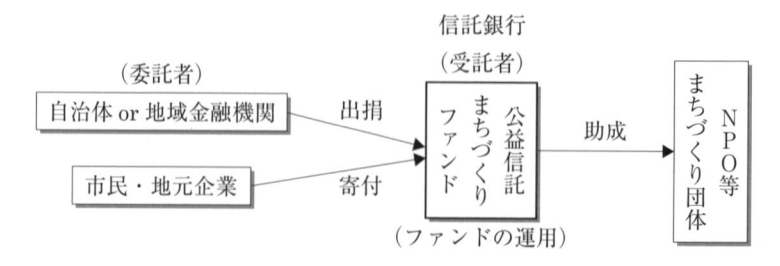

図8-4　まちづくり公益信託のスキーム

(3) 地域プロデューサーの支援

　大都市や地方都市では空室となった中小規模のビルや閉鎖店舗に加え、市町村合併や人口減少により不要となった公共施設や廃校が散在し、地域衰退の一因になっている。こうした状況下、地域再生や活性化に向けて既存施設をコンバージョンしていく地域プロデューサーの役割が注目されている。コンバージョンとは既存の建物の躯体を残して必要な改造を施し、従前用途とは別の用途に転換・活用していく手法である。既存ストックを現在の市場ニーズにあわせて用途転換していくコンバージョンは、地域空洞化の解決や歴史的建造物の活用の視点から、地域づくりの重要なツールと位置付けられている。

　例えば企業向け中小オフィスビルの空室をSOHO（Small Office/Home Office）へ改装し、IT・ソフト・デザイン関連などの起業家育成を図るなど、コミュニティや地域産業の再生を目指すSOHOコンバージョンが実施されている。これは、単なる不動産の改修・維持管理事業とは異なる概念で、空室化の進行によりコミュニティ崩壊が危惧される千代田区神田地域で対策が議論する中で生み出されたものである。企画運営の主体は神田の歴史から引用し家守（やもり）(注)と呼ばれているが、地域プロデューサーが担う。単体のビルだけでなく、複数オフィスビルに散在する空室を地域単位で束ねる等の効率化が図られている。また、このような手法が大阪をはじめ他の地域へも波及しつつある。さらにSOHOだけでなく地域百貨店→介護対応型マンションへのコンバージョンや倉庫→美術大学生向アトリエ付き賃貸しマンションへのコンバージョン等、コンバージョンの多様化も進みだした。

　地域プロデューサーに対する日本政策投資銀行や地域金融機関の資金バックアップ、建築基準法の緩和、自治体による公有財産の弾力運用や助成金付与、民間都市整備機構の出資等、種々の支援がなされている。地域プロデューサー（家守(注)）の役割を図8-5に示す。

（注）江戸期「家守（やもり）＝大家」が地主に代わり敷地内全てを差配した。家守は資産管理者として賃料を確実に得るための店子の業種選定から起業育成までを担い、町全体のマネジメントもしていたとされる。

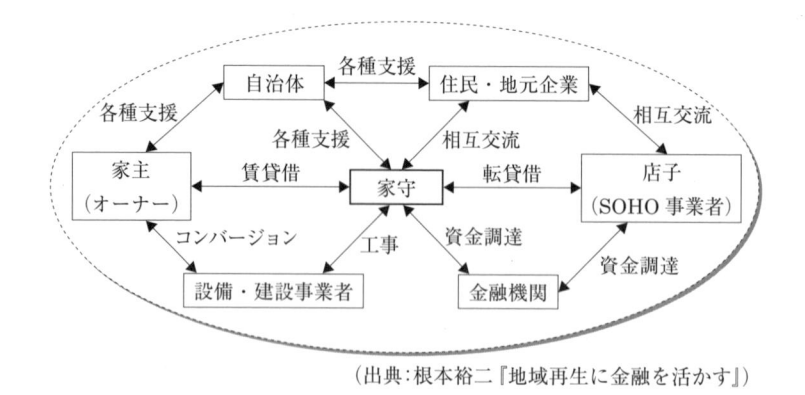

(出典:根本裕二『地域再生に金融を活かす』)

図8-5　地域プロデューサー（家守）の役割

3　コミュニティ・ファイナンス

　多種多様な地域のニーズに対する処方箋は複線的であり、その資金調達（コミュニティ・ファイナンス）のあり方も肌目細かである。ここでは地域起こしのための様々な「ご当地ファンド」、地域事業目的のための「市民出資ファンド」、地域の人々の相互交流を深める「地域通貨」ならびに貧困層への融資としての「マイクロファイナンス」に分けて概説する。

(1) ご当地ファンド

①地域特化型ファンド（投資信託）

　地域特化型ファンドとは、投資対象を特定の県や地域に限定した投資信託のことで、通称「ご当地ファンド」と呼ばれている。ご当地ファンドの多くは、地域の企業を応援することで、地域社会の成長に貢献するというコンセプトを打ち出している。静岡県の企業を応援するファンドに始まり（2002年)、東海や京都ではトヨタ系企業や京都銘柄と呼ばれる企業への投資するものや、特定の都道府県、或いは九州、四国地方等の数県に本社ないしは工場のある企業、縁のある企業に投資するものなど、現在では全国ほとんどの地域に設定されている。また投資信託の販売窓口が証券会社

だけではなく、地域に密着する地方銀行・信用金庫等が地域起こしとして主導したことが普及につながった。

地域特化型ファンド（投資信託）の例

> 「東海3県ファンド」、「九州特化型日本株式ファンド（愛称：がんばれ九州）」、「茨城ファンド（愛称：コラボいばらき）」、「富山応援ファンド」、「香川県応援ファンド」、「奈良応援ファンド」、「瀬戸内4県ファンド」、「おきなわかりゆしファンド」等

　地域特化型ファンドは一般の投資信託と比較すると、投資対象銘柄が少ないため集中リスクや地域固有のリスクを負うことになるので、外国債券や不動産投資信託（REIT）などを一定割合組み入れてリスク分散を図るファンドもみられる。2002年にスタート以降ファンドの総資産額（国内株式にのみ投資するご当地ファンドに限定）は急拡大し2006年は3000億円に達したが近年は約800億円に落ち着いており、「地域応援」の社会貢献ファンドとして定着している。

②愛県債（住民参加型市場公募債）

　群馬県が「愛県債」と銘打って初めて「住民参加型市場公募債」（ミニ公募債）を発行（2002年）したのを皮切りに、都道府県だけでなく全国各地の市町村で発行が相次いでいる個人向け地方債である。自治体の経費を賄うために発行する通常の地方債とは別に、発行目的や対象事業を絞り込み、住民や個人投資家の納得を得て資金を調達する方法である。「県立病院を日本一にしたい」「学校施設を整備したい」等身の回りのインフラ整備を資金使途としていることに住民が賛同してミニ公募債に投資するので、自治体にとって安定した資金調達手段となっている。

　債券の額面は、1万円、10万円、100万円など一般に小口が多い。発行額は東京都の「東京再生都債」のように250億円という大口がある一方で、町村の5千万円などと幅広い。規模の小さな市町村の場合、単独では発行コストが高くなる可能性があることから、複数の自治体と共同で発行する

ことがある。共同発行とすることで債券の信頼性が高まり、発行条件の改善にもつながる。ただ、ミニ公募債だけで自治体が必要とする起債額の多くを賄えるわけではないため、起債額としては限定的な範囲に留まっている。

住民参加型市場公募債の例

愛県債（群馬県）、「義と愛」のやまがた県民債（山形県）、タンチョウ債（北海道）、みやざきアイビー債（宮崎県）、兵庫のじぎく債（兵庫県および三田市等13市1町）、大好きいばらき県民債（茨城県および5市1町）、夢・愛ランド花公園債（福岡市）、ライラック債（札幌市）、北上さくら債（北上市）、宇陀市うるわしの里債（宇陀市）等

自治体としても指定金融機関をはじめとする民間金融機関との恒常的な貸借取引とは異なり、ミニ公募債は個人向けの発行となるので起債時に説明責任を果たす努力が促される点で、好ましい効果も出ている。我が国の地方債の国内個人投資家による保有率向上（現在2％程度に留まっている）や地方分権における住民自治促進の観点から、ミニ公募債の普及が果たす役割が大きいとされている。

③地域不動産の証券化
イ、地域特化型REIT

2001年に登場した不動産投資信託（J-REIT）は現在約40銘柄まで拡大したが、この中に投資対象を福岡・九州に特化したケースがある（福岡リート投資法人）。地域の事情に精通し地域の発展を希求する資産運用会社（㈱福岡リアルティ）を地元経済界がスポンサーとして支援している（図8-6）。J-REIT各社の多くが苦戦する情勢下にも拘らず良好なパフォーマンスを残している。地元を代表する観光名所でもある国内最大級のエンタテイメント型商業施設を中心に、福岡・九州の商業施設やオフィスビルを対象に、ポートフォリオの地域内分散や収益の安定性確保を図りながら、地元の発展に寄与している。地方経済の衰退が危惧されて久しいが、

J-REIT が地域経済に貢献していくことでお互いに成長軌道に乗ってゆくというスタイルは、地方経済再生の有力なモデルとなっている。

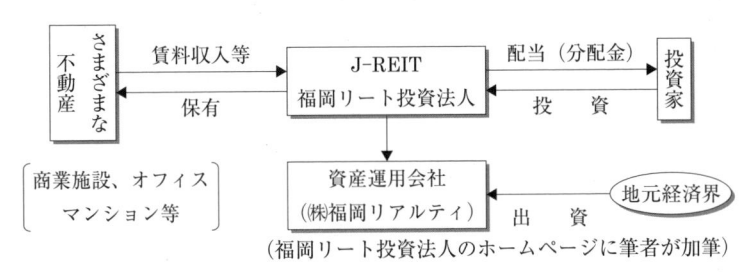

図8-6　地域特化型 REIT の例（福岡リート投資法人）

ロ、町並み保存の証券化

　町並みや歴史的建造物を地域活性化や観光資源或いは地元民のつながりのために保存しようという動きが活発になっている。自治体が事業として採り上げたり、篤志家のバックアップがない場合にはそのまま失われてしまうところであるが、不動産の証券化の導入を公民連携により成功した例が「京町家の証券化」である（ケース1参照）。「京町家再生」に共感し、低利回りでも構わないという投資家を優先部分で、無配当や元本割れでも構わないという篤志家を劣後部分で募集することにより実現できたケースであるが、他の地域における文化財や歴史的建造物・町並み保存の際に応用されることが期待されている。

(2) 市民出資ファンド

　「NPO法」（特定非営利活動促進法）の施行（1998年）以降、数多くのNPO法人が設立されている。財政基盤の脆弱な非営利法人であるNPO法人の活動のための資金源は4つである。市民個々人や企業等の団体から広く集める「寄付金・会費」、国・自治体や助成財団等を出処とする「補助金・助成金」、NPOの活動に伴う自主財源としての「事業収入」、そして第4の資金源としての市民出資である。市民出資と寄付には大きな相違点がある。直接的な経済的見返りを期待しない寄付行為に対し、市民出資

は事業が成功裡に運んだ折の経済的見返り、すなわち配当や契約終了時の出資金返還を期待する行為である。もっとも、多くの市民出資では、出資者が投資先団体のミッションの達成を一義的に考え、収益の一部を社会的な目的に還元するしくみに同意を与えるなど、「市民出資」は比較的低い配当を甘受するパターンが一般的である。市民出資には株式方式・匿名組合出資方式が見受けられるが、ここでは最近増加しているファンド出資に多用されている匿名組合出資方式について概観する（図8-7）。

匿名組合出資は、商法（第535条－第542条）に定められた出資の一手法である。事業体そのものへの直接出資ではなく、契約に基づいた期間限定の「事業への出資」であるところにその特徴がある。匿名組合出資は、株式出資のように出資者が議決権を持つことはないが、プロジェクトの監視権限を持つ。また、利益配当において、株式出資は劣後に回るのに対して匿名組合出資は優先権を有する。さらに、出資金返還請求権や利益配当請求権等が法的に担保されている。出資者にとっては、a）自分の出資した事業が特定できる、b）限定した事業からのみ損益を享受する、c）契約終了時点で出資金が返還される、d）出資金を越える損失を負担することがないというメリットがある（ケース2参照）。

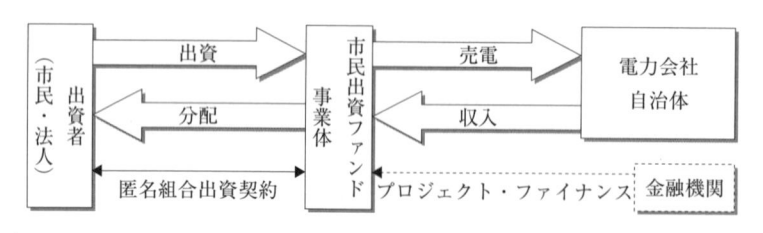

図8-7 市民出資ファンドの仕組み（匿名組合出資によるグリーン電力創出の例）

社会的な活動を持続可能とするためには、経済の原理や市場原理のメカニズムの中に埋め込んでいかないと長続きしない。匿名組合出資という行為は自分が参加している事業だという思いにつながり、事業へのコミットメントが強いので安定的に事業を支える方式として定着してきた。

(3) 地域通貨

　地域通貨はバブル崩壊後の経済・社会的諸問題の深刻化や急速に進む少子高齢化に伴う地域コミュニティの欠落を補完するものとして注目されてきた。また、NPO法人をはじめ市民が参加する新たな社会構造を模索する動きを受けて盛んになり、現在3百件程度が稼働しているとされている。

　地域通貨とは「特定の地域やコミュニティの中で流通する価値の媒体」と定義（総務省の研究会報告書）されている。地域通貨は、法定通貨のように「どこでも」「誰でも」「何とでも」支払い・決済の手段として利用可能な汎用性を持たないが、地域におけるコミュニティ活動やボランティア活動など、法定通貨では表現することが難しい価値を表現することができる点に特長である。地域通貨はそれらを分かりやすく「可視化」することで、価値の流通や交換を促進する効果があるとされている。

　例えば地域通貨に参加する住民は、自身が「できること」、「してほしいこと」を登録するなどして、地域通貨を使って他の参加者とサービスをやり取りする。これにより、希薄になりつつあった住民の共同体意識が再構築され、コミュニティ活動活性化の契機となる。また地域通貨を活用することで、商店街・農業生産者等と住民との間に「顔の見える関係」を構築し、商店街の活性化や農業生産物等を地域内で消費する地産地消の促進など、地域経済活性化につながるとされている（ケース15参照）。

　地域通貨は次に掲げる特徴を有している。

- 特定の地域内（市町村など）やコミュニティ（商店街、町内会、NPO）などの中においてのみ流通する。
- 市民ないし市民団体（商店街やNPOなど）により発行される。
- 無利子またはマイナス利子である。（法定通貨のように「価値増殖機能」を持たない）
- 人と人をつなぎ相互交流を深めるリングとしての役割を持つ。
- 価値観やある特定の関心事項を共有し、それを伝えていくメディアとしての側面を持つ。

・原則的に法定通貨とは交換できない。

　我が国で流通している地域通貨は、紙幣方式か通帳方式が主流であるが、今後、地域通貨のネットワーク型またはICカード型の電子マネーへの応用が進むと考えられている。インターネットのさらなる普及とともに電子マネー化が進み、従来地域通貨が基盤とした商店街・小学校区など「顔が見える」コミュニティだけでなく、環境・福祉・ボランティアなどのバーチャル・コミュニティの性格をもつものが増えている。地域通貨の電子マネー化が進めば各個人はいくつもの地域通貨に参加することが可能となる。相異なる目的を持つ多数・多様な地域通貨が大きさの異なる流通範囲のレベルに多層的に存在することになると、経済・政治・文化のあり方が影響を受けるだけでなく、社会を構成する企業・行政・市民の意識や価値観も変わる可能性があり、スケールの大きな視野での活動も見られる。

(4) マイクロファイナンス

　我が国は少し前まで「GNP世界第2位の経済大国であり1億総中流の国」と信じられていたこともあり、貧困に対する関心は低かった。しかし生活保護世帯や非正規雇用者・ネットカフェ難民などのワーキングプア、多重債務者などの貧困は決して遠い世界の出来事ではなく、地域社会に大きな影を落としている。広範に拡大し深刻化した貧困に対しては、「公」が社会福祉、雇用、教育、財政金融などの政策を総動員して取り組むことが基本である。しかし、「公」だけで貧困問題を解決するには限界があり難しいし、「民」だけでも手に負えない。そこで第三の道として注目されているのがマイクロファイナンスである。

　マイクロファイナンスとは、担保資産を持たず、金融サービスから排除された貧困に苦しむ人々のために提供される少額の無担保融資や貯蓄・保険・送金などの幅広い金融サービスを指す。バングラディッシュのグラミン銀行により始められた5人1組のグループローン方式は貸倒率が1～3%と極めて低く、マイクロファイナンスが貧困削減に有効であるとともに収益性の高いビジネスとして、世界的に注目を集めるようになった。貸倒率

が高く成り立たないと見られていた貧困層への融資が成功したのは、表8-3のような情報の非対称性等を克服する工夫が行われたことによる。これは我が国でかつて行われていた頼母子講の発想である。

表8-3　貸倒率を低くするマイクロファイナンスの工夫

グループローン（初期のグラミン銀行の場合）	個人ローン
・連帯責任制 　（・グループメンバーが相互に対して保証する 　・借り手同士で投資活動をモニターする） ・動学的インセンティブ 　（完済した借り手に対する貸付限度額が増加） ・女性へターゲットを絞った信用供与	・融資前の隠された情報をなくす工夫 　（自立支援や就労支援などを通じて借り手との間にきめ細かな信頼関係を構築する） ・融資後のモラルハザードなくす工夫 　（借り手の事業などをフォローアップし、問題を早めに察知し問題解決の助言などを行う）

（庄司匡宏「マイクロファイナンスの経済学」『成城大学経済研究』H21/11 等をもとに筆者が編集）

　マイクロファイナンス事業は、貧困削減という社会的課題に取り組むことが第一義となるが、同時に事業の持続可能性を維持するために利益を追求する。現在、マイクロファイナンス事業は、開発途上国のみならず欧米先進国を含む世界の130数カ国において実施され、累計投融資額は300億ドル、1.5億人がこのサービスを利用している。マイクロファイナンスの社会的意義と高収益性に関する認知度の高まりを背景に、欧米の機関投資家や個人投資家などがマイクロファイナンス事業者に対してファンド等の形態によって出資することで、全体の資金量が大きく拡大している。また欧米の金融機関が貸出債権の証券化等により、マイクロファイナンス事業者と提携する動きも活発になっている。

　一方、我が国では未だ認知度が低いものの、国内の雇用所得環境が悪化していることや、消費者信用業全体が縮小傾向にあることから、マイクロファナンスに注目が集まり始めている。実際、多重債務者に生活再生資金を融資する図8-8のような消費者信用生活協同組合方式（岩手消費者信用生活協同組合 等）や個人再生ファンド（一般社団法人生活サポート基金 等）など日本版のマイクロファイナンス事業者がすでに誕生している。またケース2の神戸コミュニティ・クレジットでは、阪神淡路大震災の被災

地企業がコミュニティを形成し借入企業を部分保証するスキームが構築されたが、まさにグラミン銀行流の企業版マイクロファイナンスの例といえる。

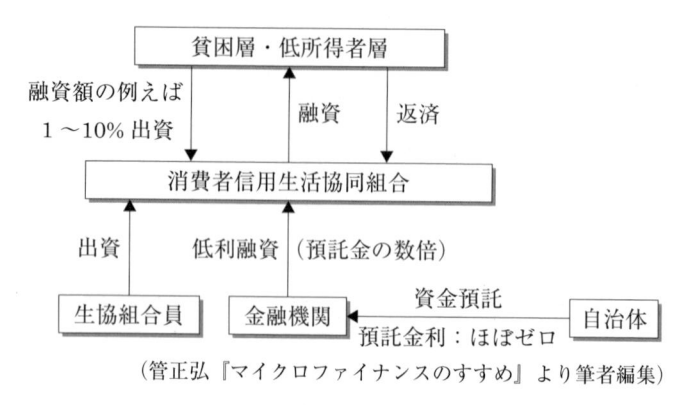

```
              ┌──────────────────┐
              │  貧困層・低所得者層  │
              └──────────────────┘
           融資額の例えば    ↑融資  ↓返済
           1～10% 出資
              ┌──────────────────┐
              │  消費者信用生活協同組合  │
              └──────────────────┘
           ↑出資  ↑低利融資（預託金の数倍）
                            資金預託
        ┌────────┐  ┌────────┐ ←──── ┌────────┐
        │ 生協組合員 │  │ 金融機関 │       │  自治体  │
        └────────┘  └────────┘ 預託金利：ほぼゼロ └────────┘
```

（管正弘『マイクロファイナンスのすすめ』より筆者編集）

図 8-8　消費者信用生活協同組合方式によるマイクロファイナンス

（5）コミュニティ・ファイナンスの課題

　これまで見てきたように、地域に愛着を持つ投資家や自然エネルギー創出、貧困者救済等の事業主旨に賛同する出資者或いは融資する金融機関は、事業体が形成する金融プラットフォームに対して資金を供与する。これらの資金供与者は金融プラットフォームが構築するリスクとリターンに加えてコミュニティや事業の価値に対して投資（出資・融資）を行うのである。コミュニティ・ファイナンスを活性化し持続性を持つためには、金融プラットフォームを構築する金融仲介機能を如何に育成するかが課題となる。

　マイクロファイナンスの場合でいえば、金融機関が信用リスクを把握できないので直接融資することがむずかしくても、金融仲介機能を果たす協同組合や個人再生ファンドあるいはコミュニティ・クレジットという金融プラットフォームが形成されてはじめて資金供与が可能となる。従って、信用リスクを把握し情報の非対称性を克服してモラルハザードを起こさせないコミュニティのプラットフォームを、如何に形成できるかがポイント

となる。このためには様々な金融手法を理解した金融人材の育成と担い手へのサポートが欠かせない。

またコミュニティ・ファイナンスを発展させるには金融仲介機能の育成の他に、コミュニティへの投資を促進させる政策や制度が必要であるが、我が国には欠けている部分である。持続可能なコミュニティ・ファイナンスを実現するには、私的利益と同時に社会的利益も追求するという複線的価値観によって市場の論理を超えた仕組みを作ろうとする考え方が必要であり、コミュニティの絆を再構築するためのインセンティブのあり方を社会や自治体・国が打ち出していく時期が到来していると思われる。

〈参考文献〉

総務省『新しいコミュニティのあり方にかんする研究会報告書』 H21/8
国土交通省　新たな結研究会『「新たな結」による地域の活性化報告書』 H21/3
東京財団『新しい時代の地域再生政策』（中間報告） 2010/3
小関隆志「コミュニティ投資と金融の役割」『季刊　個人金融』 2010 秋
経済産業省・経済産業研究所・日本版 PPP 研究会『日本版 PPP の実現に向けて』 H14/5
石上圭太郎「公民連携（PPP）による経済成長モデル」『知的資産創造』2009/8
福田隆之・竹端克利「財政運営における PFI,PPP の普及と『インフラファンドの活用の必要性』」『知的資産創造』2009/12
西村清彦、山下明男編『社会投資ファンド』有斐閣　2004/3
西村清彦監修　御園慎一郎等編『地域再生システム論』東京大学出版会 2007/10
全国銀行協会　金融調査研究会『パブリック・ファイナンスの今後の方向性』 2008/2
神野直彦『地域再生の経済学』中央公論新社　2003/5
土居丈朗『地方債改革の経済学』日本経済出版社　2007/6
宮川公男、大守隆『ソーシャル・キャピタル』東洋経済新報社　2004/9
稲葉陽二編著『ソーシャル・キャピタルの潜在力』日本評論社　2008/9
内閣府　経済社会総合研究所『コミュニティ機能再生とソーシャル・キャピタルに関する研究調査報告書』2004

青山光彦 「ソーシャル・キャピタルと地域経営連載④」『地方行政』2007/12/17
根本裕二『地域再生に金融を活かす』学芸出版社　2006/4
日本政策投資銀行地域企画チーム『市民資金が地域を築く』ぎょうせい　2007/1
小林重敬編著『コンバージョン、SOHOによる地域再生』学芸出版社 2005/12
地方債協会「『住民参加型市場公募地方債に関する説明会』講演録」『地方債情報』2009/12
樽見弘紀「市民出資の可能性：NPO法人北海道グリーンファンド等を事例に」日本行政学会年次大会報告論文　2002/5
　　　http://www.fukuoka-reit.jp/index.php
　　　http://www.kyomachiya.net/saisei/report/11.html
岡内幸策『証券化入門』日本経済新聞　2007/4
総務省『新しい経済活動を伴う地域経済の活性化に関する研究会』報告書　平成16年3月
西部　忠『地域通貨を知ろう』岩波書店　2002/9
丸山真人「経済成長と地域通貨」室田武他編著『循環の経済学』学陽書房　1995/4
坂本龍一、河邑厚徳『エンデの警鐘——地域通貨の希望と銀行の役割』日本放送出版協会　2002/4
廣田裕之『地域通貨入門』星雲社　2005/8
菅　正広『マイクロファイナンスのすすめ』東洋経済新報社　2008/10
庄司匡宏「マイクロファイナンスの経済学」『成城大学経済研究』第186号　H21/11
福井　龍、他「特集　マイクロファイナンス」『アジ研　ワールドトレンド』第173号　2010/2

ケース15 地域通貨（おうみ草津）

NPO 地域通貨おうみ委員会	
所在地	滋賀県草津市
設立	2002年
事業内容	「草津コミュニティセンター」をバックに地域通貨の開発と運営

　地域通貨は人と人をつなぎ、信頼と感謝をメッセージとして伝え、価値や関心を分かち合うためのコミュニティ形成ツールといわれる。また地域通貨が、環境・福祉・介護など一定の課題やテーマの下で導入されれば、参加者は仲間としての意識をより強く感じることができるとされている。売買・貸借・賠償などの金銭問題では人々はどうしても利己的になり、当事者間の関係はよそよそしく冷たいものになりがちである。しかし、地域通貨を介在させれば、それを使う人々の間に同じ「地域」の一員としての信頼と協同の関係を築き、友好的で対等なコミュニケーションを可能にできる。ここでは、琵琶湖の環境改善や商店街の活性化を目指した地域通貨「おうみ」を紹介する。

1　地域通貨「おうみ」誕生の背景

　古くからの宿場町である滋賀県草津市は、今や京都、大津のベッドタウンとして人口が増え続けている。その面では活性化が順調に進んでいるように見えるが、地方都市の例にもれず、全国展開する大型スーパーマーケットに押され古くからの商店街が活力を失いかけている。さらに地元の人々の高齢化と他の地域からの人口流入は近隣や世代間のコミュニケーションを希薄なものに変えつつある。
　また、草津市は西に日本最大の湖、琵琶湖に接する水の都市でもあり、その琵琶湖も大きな問題を抱えている。無責任に放流された外来魚のブラックバスやブルーギルが大量に繁殖し生態系が破壊されている。特に近年は在来種の減少などの被害が目立つようになっており、このままだと琵琶湖でしか見られない貴重な動植物が絶滅するといわれている。
　一方、草津市の中心部を流れる草津川のゴミの問題も深刻さを増してお

り、休日になるとNPOの人々によるゴミ拾いが行われているが、このような住民ボランティアの努力もむなしく状況はさほど改善されていない。これらは行政の対応だけでは限界があり、市民一人一人の協力とそれを後押しするうまい仕組み作りが求められてきた。

そこで考えだされたのが地域通貨「おうみ」である。登場したのは1999年4月で、当初は草津コミュニティ支援センター（1989年設立）における市民活動をサポートするための1つの方法として誕生した。センターの使用料を現金だけではなくクーポン券で支払い可能としたのだが、次第に地域全体の連携を促進する活動になっていった。やがて「おうみ」は施設内の支払い機能はなくなったが、「支援センター」から独立して、地域通貨として広がりをみせる。

2002年4月にNPO「地域通貨おうみ委員会」が発足、事務局の役割を担うことになった。専用の活動拠点「ひとの駅」を開設し、商品券的性格を持った「おうみありがとう券」や琵琶湖の生態系を守るための「ノーリリースありがとう券」の発行などを通じて地域活性化に貢献してきた。また、地域通貨の手本として全国から大勢の研修、視察を受け入れている。

2　地域通貨とは

地域通貨とは中央銀行が発行する法定通貨とは違い、コミュニティが独自に発行するものである。物やサービスを特定の地域やグループの中で循環させることによって、社会的に必要とされながら市場では成り立ちにくい価値を支えていくための独自通貨である。

お金のように何にでも使える訳ではなく、利子もつかない。環境や福祉、まちづくりなど人々が地域で抱えている社会的問題を解決しつつ地域を元気にしていくための媒体である。このため、地域通貨は、まちづくりや市民活動・環境・福祉・商店街の活性化などと深く関わっている。

地域通貨は世界中で利用されており、その導入の社会背景も一通りではない。例えば、1930年代欧米で盛んに行われた地域通貨の発行は当時の世界恐慌が大きな引き金だといわれている。カナダのLETSや米国のイ

サカアワーが有名だが、日本の場合は、中小企業庁が地域活性化の観点から、また中央教育審議会が青少年の社会貢献の観点から普及を促している。最近になって地域通貨が再び注目された背景には、金融システムの破たんや地域経済の停滞、コミュニティの崩壊、地球環境問題の深刻化などがあると考えられる。現在全国でおよそ300の地域通貨が流通している。ここ滋賀県だけでも彦根で「げん」、野洲で太陽光発電ファンド、仰木で棚田を守るための「地域通貨おおぎ」等が発行されている。

3　地域通貨「おうみ」の進化

(1)「おうみ」

　地域通貨「おうみ」は「おうみマーケット」で「もの」や「サービス」を提供して手に入れることができる。また、寄付金やカンパに対しても「おうみ」がそのお礼として発行される。目安として、90分のサービスが10「おうみ」に、1おうみは約100円の社会的価値に相当するが、換金はできない。寄付金から構成されるのが「おうみファンド」で、各種プロジェクトの運営費や地域通貨の作成、維持管理費用等に充てられる。

　普通の「お金」とは違い地域通貨はコミュニティの力を高めるための道具なので利用者の広がりが重要である。おうみの例では、多くの商店やタクシー会社が参加し流通の促進が図られた。

　また、「おうみ貸出」や「おうみ交換券」の制度がある。「おうみ貸出」制度は「おうみ」を活動に組み入れようとする団体に一定期間無償で貸し出しするものである。大津市のNPO法人や守山市のリサイクルステーションがこの制度を利用した。また「おうみ交換券」は自分が発行者となることができる仕組みで、おうみをより多くの人々に知ってもらうために導入された。

(2)「びわこづち」

　しかし、おうみがしばらく流通し始めて問題がでてきた。それをクリア

する新しいタイプの地域通貨として登場したのが「びわこづち」である。「びわこづち」は、琵琶湖の水質保全のために浚渫された泥土で作った陶製のコインであり、名前の由来は、琵琶湖の古い土という意味と「うちでのこづち」のように様々な夢を実現する道具のイメージである。

「びわこづち」は、地域通貨としての機能を持つと同時に、エコライフや地域活性化を担うユーザーの証でもある。特に琵琶湖の環境に配慮しながら商店街の活性化や各種事業所との連携を築いていくために開発した新しいタイプの地域通貨である。近年、商店街においては一過性の企画やポイントカードなどの導入だけでは大型店・量販店などとの差別化が困難になってきていた。そこで、商店街は地域の伝統・文化、対面販売、情報、人的資源、通行人などといった固有の資源を最大限に活かしながら、循環型社会の形成やNPO・ボランティアとの協働を図ろうと考えたのである。「びわこづち」の具体的な仕組みは次のとおり。

①資源ゴミの回収や地元産品・無農薬農作物の購入など、地域経済に貢献することで協力店から「おうみシール」を配布される
②シールを10枚集めると「びわこづち」と交換できる
③手に入れた「びわこづち」は協力店で1個100円の商品券として買い物が可能。また、福引券にもなり、その景品は企業が環境商品として提供する。企業は自社製品をコミュニティでより直接的にアピールでき、高い宣伝効果を得る
④このようにして発行された「びわこづち」は商店で流通したり買い物客に再度プレゼントされたり、おうみシールに生まれ変わったりしながら地域内で循環していく。

(3) 「おうみありがとう券」

しかしこの「びわこづち」は県から補助金を受けて製作されており、支援が打ち切られるとコスト面で採算が合わなくなった。つぎに考え出されたのが「おうみありがとう券」である。これは市民活動団体と商店街を結

びつけ、福祉や環境・まちづくりなどのボランティア活動の促進と地元経済の活性化を実現するためのものである。2002年10月にスタートしたが、その後市民が地元の商店を見直すきっかけになったようだ。

「おうみありがとう券」は新草津川の植樹や清掃作業のほか、各種イベントを行っているNPO、「琵琶湖ネット草津」がボランティアとして協力してくれた人に配布したいとの要請で導入された。受け取った人は草津市商店街連盟に加盟するおよそ350店舗全店で1枚に付き100円の買い物ができるようになっている。商店は換金することもできるが、他の商店で使う場合も多く、再利用がさらに大きな経済効果を生み出している。

(4)「ノーリリースありがとう券」

最後に紹介するのが、「ノーリリースありがとう券」である。これは2003年4月の「滋賀県琵琶湖のレジャー利用の適正化に関する条例」の施行に伴い導入された。外来魚のリリース禁止を推進するために、ブルーギルやブラックバスなど外来魚を釣り上げて所定の交換所に持参した人へのお礼として配布された。結果、初年度は3万枚が配布され、16トンの外来魚が駆除された。「ノーリリースありがとう券」は県内の協力店で1枚につき50円の買い物ができる。なお、持ち込まれた外来魚は共同作業所が回収し堆肥にして農作物の栽培に用いる。地域内で循環構造を作り出すことにより琵琶湖の自然生態系を守っている。

4 地域通貨「おうみ」の意義

地域通貨を立ち上げることは容易でも、継続して利用、循環させることは難しい。地域通貨「おうみ」のケースでは、住民間の交流を図るため「ふれあい交流会」が開催されている。また、農家とタイアップ、生ゴミを堆肥化し農家に提供することで「おうみ」を手に入れ、逆に「おうみ」を使って農家から野菜を購入する「たさいくるプロジェクト」を実施している。川の清掃に携わったボランティアに「おうみありがとう券」を出すなど、住民が参加しやすい環境を創りだし地域活動の定着化を図っている。

コミュニティの活性化、地域住民相互の助け合いは、単に経済的豊かさを追求するだけでは達成されない。行政の支援は無論大切だが、何より社会的、精神的に自立した市民の存在と成果が目に見えることが必要である。それを形にしたものの一つが地域通貨だ。自己実現と奉仕精神を結びつける歯車のような働きをする。

　ところで、地域通貨は流通して初めてその真価を発揮する。そこで重要な役割を担っているのが草津の商店街である。地域通貨の浸透に伴って街がどのように変わってきたのだろうか。ここ近江には、近江商人の伝統が今も息づいている。「三方よし」の教えに学び、売り手、買い手のメリットに加え地域の連携、活性化が進んでいる。

第9章 産学官の連携

1 情報のハブ化

(1) つながり力

「つながり力」は自立した経済主体同士の連携が新たな価値を生むとして、政府の「経済財政改革の基本方針（骨太の方針）」（2008年）に盛り込まれたキーワードである。人口減少下にあって持続的な成長を図るためには、従来の大企業と中小企業、官と民などタテの関係だけでなく、産学官の連携や農商工連携などヨコの関係における情報の共有や協働が不可欠である。地域金融では、金融機関が企業との長期的な関係を重視し貸出し等を行うリレーションシップバンキング（地域密着型金融）の重要性が指摘されている。信用保証協会による信用保証の提供は深刻な貸し渋りに直面していた中小企業の資金繰りを助ける上で効果があった。公的な関与が企業と金融機関の間のつながり力を補完する。

自前の経営資源に限りがある地域の中小企業では、大企業に比べて他の経済主体に依存する程度が強く、つながり力が大きな意味を持つ。IT技術の普及により情報を入手するコストが低下し、各主体が新たな関係を円滑に築きやすくなった。地域金融機関や公的機関或いは民間の情報サービス企業によるワンストップ型の情報のハブ機能は地域力そのものの今後を左右する。

持続的成長を可能にする情報のハブ化状況と産業部門・金融部門・公的部門・学部門のネットワークについて、つながり力をキーワードとして概観することとする。

(2) ビジネス・マッチング

①地域金融機関によるビジネス・マッチング

　地域金融機関では、リレーションシップバンキングの観点からビジネス・マッチングに積極的に取り組んでいるところが多い。販路開拓・人材紹介・異業種交流・海外進出・M&A・事業承継・IPO（新規株式公開）支援など様々な取り組みがなされている。ビジネス・マッチング活動を展開するためには、自前の優れたコーディネータの育成が必要である。また、地域金融機関単独では支援に限界があるので、中小企業支援に取り組む地域機関や産・官・学連携が不可欠である。

　前者の代表的な例として、多摩信用金庫（本店：立川市）と「サイバーシルクロード八王子」との連携が挙げられる。「サイバーシルクロード八王子」は、地域の中小企業を支援する任意団体であり、公認会計士や中小企業診断士、弁理士、企業OB等が登録する「ビジネスお助け隊」を組織し、中小企業から寄せられる様々な相談の解決に取組んでいる。ビジネスお助け隊には大手企業を定年退職した人材も多く登録されており、長年の職場経験から得た知見やノウハウを中小企業の支援に活かしている。経験豊富な人材による実践的なアドバイスは高い評価を得ている。

②「官」によるビジネス・マッチング

　従来、中小企業の経営課題については商工会議所や商工会、或いは都道府県の支援センターがサポートしてきた。しかしながら、農商工連携等、異分野の企業との共同事業や他府県にまたがった事業などでは十分に力を発揮しているとはいえず、経済産業省（中小企業庁）は表9-1に示される連携拠点を構築した。

　農商工連携・地域資源活用・事業承継等において地域の企業を支援するにはワンストップ型のサポート体制を構築することが必要として、「中小企業応援センター」が全国に84カ所設置されている（2008年度に「地域力連携拠点」316カ所、「事業承継支援センター」102カ所が設置されたが、2010年度より統合改組された）。この中には地域金融機関や大学も含まれ

表9-1 「官」によるビジネス・マッチングの主要なネットワーク

中小企業応援センター	農商工連携・地域資源活用・新連携（異分野・新事業開拓）・事業承継等を目的とした中小企業のための連携拠点。中所企業支援センターや商工会議所や等84カ所（うち地域金融機関12カ所）が国により指定され、専門家の派遣等を通じてビジネス・マッチング等をワンストップで支援。
中小企業支援センター	都道府県と政令指定都市に設置された中小企業の総合的な支援センター
中小企業再支援協議会	地域中小企業の事業再生の取り組みを支援すべく都道府県単位で設置
起業支援ネットワーク	インターネット上に構築された起業支援のための双方向型ネットワーク
知財かけ込み寺	中小企業の知的財産活用のためのゲートウエイ。商工会議所約3000カ所
新事業支援機関協議会	都道府県と政令指定都市に設置されたインキュベーションのための支援機関

るほか、コーディネータとして税理士や中小企業診断士のほかに企業OBなどの専門家が採用されている。これらの拠点は都道府県や政令指定都市の「中小企業支援センター」（呼称は産業創造機構や活性化センター等様々である）と共に、新事業・販路の開拓・事業承継などの情報と人材のハブ的役割を担うこととなっている。このほか国のネットワーク機能として中小企業再支援協議会・起業支援ネットワークや知財かけ込み寺・新事業支援機関協議会が設置され、ビジネス・マッチング等の支援を実施している。

なお、ベンチャー育成や事業再生・事業承継については、地域金融機関とともに中小企業庁の外郭団体である中小企業基盤整備機構（以下、「中小機構」と略称する）がベンチャー・ファンドや地域再生ファンド・事業承継ファンドを組成してリスク・マネーの供給を図っている。

(3) M&A

地域経済にとって経営不振企業の存在は大きな悩みであり、他の有力企業がスポンサーとなって「よい事業」の支援を行えば再生する可能性は高くなる。適切なM&Aは債権回収の可能性を高めるだけでなく、地域経

済を活性化させる原動力でもある。地域の M&A 案件は数億から数十億円と小規模で、後継者難に伴う事業承継が中心である。「家業」的経営から脱却し、M&A によって新しい経営手法に変えていくことができる。図 9-1 は売り手側からみた M&A 件数の動向をみたものであるが、M&A の取り組みは着実に増加基調にある。

M&A 件数

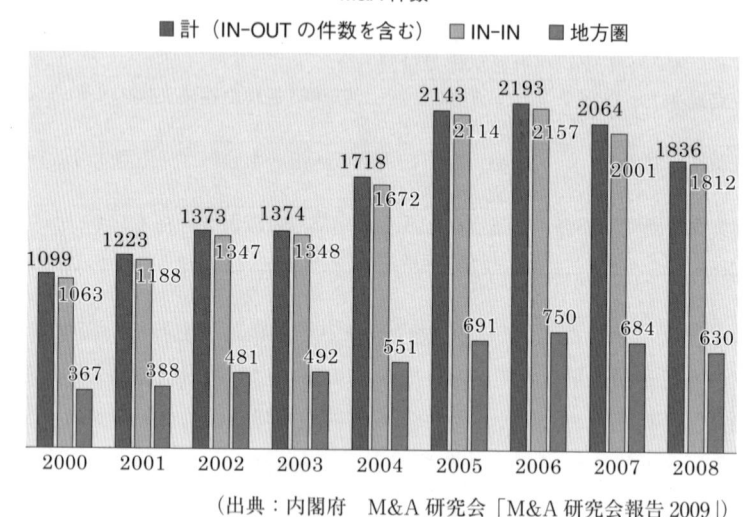

■計（IN-OUT の件数を含む）　IN-IN　■地方圏

年	計	IN-IN	地方圏
2000	1099	1063	367
2001	1223	1188	388
2002	1373	1347	481
2003	1374	1348	492
2004	1718	1672	551
2005	2143	2114	691
2006	2193	2157	750
2007	2064	2001	684
2008	1836	1812	630

（出典：内閣府　M&A 研究会「M&A 研究会報告 2009」）

図 9-1　売り手側からみた M&A 件数の動向

　地域の M&A では地域金融機関の役割が重要である。地域金融機関が本格的に M&A 業務に取り組み始めたのは金融庁の「リレーションシップバンキングの機能強化に関するアクションプログラム（2003 年）」以降である。先進的な地域金融機関では、証券会社や大手コンサルティング会社の出身者や弁護士・公認会計士の資格保有者等を配置している。しかし、一般的には地方圏の M&A をサポートする組織、体制は手薄であり、専門の仲介機関とのネットワークを利用する必要がある。その場合は守秘義務契約等を順守に留意しなければならない。

M&Aは大きなリスクを伴う活動であり、地方の中小企業はメインバンク・自治体・企業再生支援機構・政府系金融機関等の多様な機関の後押しがないとなかなか取り組めない。官民一体となったマッチングのための市場の構築が不可欠である。

2 「学」との連携

わが国の国際競争力向上や産業振興を図るため、「知財立国構想」や「産業クラスター形成」等の施策とともに、地域の企業が大学等の知的財産を活用する取り組みが進められている。また、改正教育基本法（2006施行）において、従来から大学の役割とされていた「教育」「研究」に加えて「社会貢献」が明示された。これを受けて大学では「研究成果の実用化を通じた社会貢献」を目指した様々な産学連携が推進されている。

大学発ベンチャーは大学の技術シーズを産業化するための大きな役割を担っている。また同時に大学の研究成果を特許化し企業に技術移転、その対価を大学の更なる研究資金に充当することも重要であり、その機能をTLO（Technology Licensing Organization）が担っている。大学・TLO・企業の連携がより密になれば大学発ベンチャーの成功確率も高まると考えられ、最近はベンチャー創出の本命ともいわれだした。

新技術開発やベンチャービジネス創生を目的として全国の大学・研究機関・TLOによる産学連携の組織が生まれている。産学連携を成功させるための重要なファクターが人材である。とりわけ、シーズとニーズのマッチングを的確に行い、商品開発のマーケティングや販路開拓までに精通したコーディネータの存在が鍵である。しかしながらそうしたコーディネータ（産学官コーディネータ等）は希少であり各組織で囲い込むか埋もれているケースが多いため、その育成が急務とされている。

(1)「産学官+金」連携

大学が企業からの技術相談や共同研究提案などを受けて産学連携のきっかけをつかむことが多かったが、最近では金融機関との連携を通じて企業

とのマッチングに成功するケースが増えつつあり、「産学官＋金」連携と称されている。信用金庫が中小企業のニーズと大学のシーズを結びつけた「コラボ産学官」の例がある（ケース16参照）。

①大学発ベンチャー

大学発ベンチャーが増加している。ハイリスクではあるものの、将来大きく成長し、ハイリターンを生む可能性がある大学発ベンチャーのエクイティ資金を供給するのはベンチャー・ファンドである。民間資金を集めてベンチャー企業に投資し株式公開（IPO）によりリターンを狙うファンド（ケース9参照）や、地方公共団体が民間企業とともに出資するファンド等がある。ケース16の「コラボ産学官」も、コラボ産学官ファンドを組成してメンバー大学のベンチャーに投資している。

一例として、中小機構が出資するファンドのスキームを図9-2に示す。中小機構が有限責任組合員としてファンド総額の2分の1以内を出資することで、ベンチャー・キャピタルやプライベート・エクイティ・ファンド（PEファンド）等の民間投資会社の出資を呼び込み投資ファンド（投資事業有限責任組合）を組成する。また、ベンチャー・キャピタルは出資にとどまらず培った経験とノウハウを生かしてベンチャー企業にハンズオンの支援を行う。

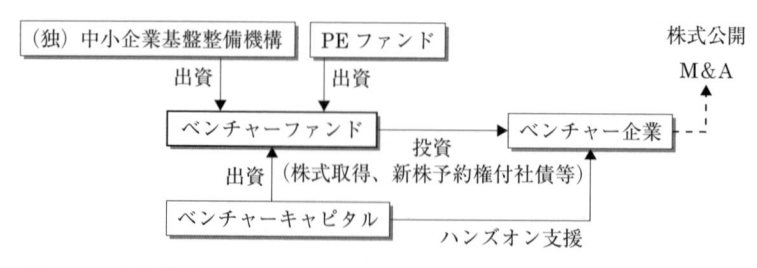

図9-2　中小機構の出資する大学発ベンチャー・ファンドのスキーム例

②知財信託

大学発ベンチャーが保有する特許権を信託し、信託銀行が特許権の管

理・ライセンスのコーディネートや特許料の管理を行う方式が注目されている。信託銀行は収受した特許利用料を配当として大学発ベンチャー企業に支払う。図9-3では委託者である大学発ベンチャー企業が受益権を保持しているが、この受益権を投資家に売却して資金調達を図ることも可能である。

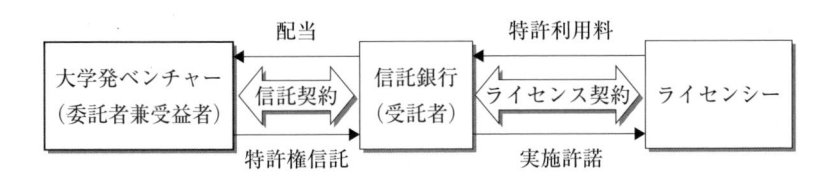

```
                配当              特許利用料
  ┌─────────┐ ←──── ┌─────────┐ ────→ ┌─────────┐
  │大学発ベンチャー│ ⇐信託契約⇒ │ 信託銀行 │ ⇐ライセンス契約⇒ │ライセンシー│
  │(委託者兼受益者)│           │ (受託者) │                 │         │
  └─────────┘           └─────────┘                 └─────────┘
              特許権信託                実施許諾
```

図9-3　大学発ベンチャーの知財信託

③官のサポート

　資金調達はベンチャー企業の大きな課題である。事業基盤が脆弱な時には間接金融が期待できないので、公的な助成制度を活用する必要がある。科学技術振興事業団の「プレ・ベンチャー事業」資金の利用もその一つであろう。ベンチャー企業の支援策として、信用保証協会では新株予約権の取得によって借入の保証を行なっている（2008年法改正）。創業や新分野に挑戦する企業に対する信用保証協会が行う一歩踏み込んだ支援策である。当該ベンチャー企業の事業が成功した場合には、たとえIPOに至らなくとも関係企業が新株予約権を買い取ることによって信用保証協会が果実の一部を享受できる。

(2) 産業クラスター

　産業クラスターとは、「ブドウの房」に例えられ、核となる産業に周辺産業の人材・技術・ノウハウ等が連結されている集積体のことである。産・学・官の協力のもと、既存産業の連携を図りながら新技術や新製品を創出、競争力のある産業集積体の形成を目的としている。イノベーションはこれまで大企業や巨大研究施設の内部から生み出されるものだったが、米国シ

リコンバレーに見られるように今では大学等の研究機関・企業・ベンチャー同志の自由な交流がもう一つの源泉となっている。

　こうした動きを背景に、経済産業者の「産業クラスター計画」(2001年度) と文部科学省の「知的クラスター創成事業」(2002年度) が開始された。それぞれ19地域、13地域が指定されている。従来型の企業誘致に重点を置いた地域経済振興が限界に達しつつある中で、人的ネットワークによりイノベーションを創出する環境を整備し内発型の地域経済活性化を実現しようというものである。これらのクラスターが苗床となって、中堅・中小企業の新事業展開が促進され世界レベルの革新技術や大学発ベンチャーが生み出されることが期待される。

　クラスターの総合力は表9-2に示されるように、産業力・大学力・産業仲介力・地域力・他の産業クラスターとの連携可能性から生まれる。この中で、地域力は全体のベースであり、専門人材集積・金融機能・教育力などが産学官連携の基盤となる。

表9-2　クラスターの総合力評価項目

産業力	大企業立地、部品・材料企業、起業家創出	地域力	専門人材集積、金融機能、地域教育力、都市文化力、アメニティ、高速交通機能
大学力	研究開発力、教育力		
産業仲介力	ネットワーク機能　技術移転機能（TLO）		他クラスターとの連携可能性

(西川太一郎「産業クラスター政策の展開」より筆者編集)

　上記の金融機能については、「産業クラスターサポート金融会議」が立ち上げられており、多くの地域金融機関がメンバーとなっている。同会議の活動成果として次のようなものがあげられる。

　(イ) 産業クラスター計画関連補助金つなぎ融資制度

　産業クラスター計画関連補助金のうち技術開発関連の補助金は対象事業が完了してから支払われることになっている。しかし、補助金の交付決定から実際の交付までに約1年間の期間があり、手持ち資金が不足する恐れがある。「つなぎ融資」はその支援のための制度である。特に北部九州地

区では、原則として無担保・第三者保証人不要といった融資制度が導入されている。

（ロ）産業クラスター支援ファンド

西武信用金庫（本店：東京都中野区）では、首都圏西部（TAMA）地域産業クラスターの研究開発型中小企業や創業期のベンチャー企業を支援対象とする「TAMAファンド」を設立し、研究開発段階から事業化に至る間の「死の谷」を乗り越えるべく優れた研究開発案件にリスク資金を供給している。

3　官民連携

(1)「民」の活用── PFI

PFI（Private Finance Initiative）とは、従来国や地方公共団体等が行ってきた公共サービスを一定期間、民間事業者に委ねる手法である。これにより公共機関が直接実施するより効率的あるいは質の高い公共サービスを提供できると期待される。第3セクター方式の行き詰まりもあり、英国の実施例を参考として日本版PFI法が1999年に導入された。道路・病院・学校・刑務所等、国や地方公共団体が財政資金を用いて整備してきたインフラストラクチャについて、民間資金を活用するとともに民間事業者に施設の設計・施工・運営・維持管理までの一連の業務を委託することによりVFM（Value For Money）(注)を高めようとするものである。

日本版PFIの事業形態は「料金徴収型」「公共・民間の一体整備型」「公共サービス購入型」の3つに分類されるが、その資金調達にはプロジェクト・ファイナンスが利用される。プロジェクト・ファイナンスでは、特定のプロジェクトから生み出されるキャッシュフローが返済原資であり、キャッシュフローの不確実性に対しては契約を通じたリスク分担がなされ

(注)　VFM：納税者等の負担（納税者の税金や利用者の利用料── Money）に対して、最大の価値（Value）を生み出しているかどうかの指標で、従来方式の財政負担に対するPFI方式の財政負担の差額として示される。

る。図9-4は「料金徴収型」PFI方式における、公共団体や事業体・金融機関をはじめ関係者とのリスク分担のイメージ図である。公共団体は事業体に対して事業権を付与し住民へのサービスを提供する責任を委ね、事業体は利用者から利用料金の支払いを受ける。そして事業体は、プロジェクトの完工リスクについては建設契約により工事請負業者に、操業については運営管理会社やユーティリティ供給者、限定的な各種リスクはスポンサーに、そして残余のリスクは金融機関にといった具合に、それぞれの契約を通じてプロジェクトのリスクを分担させる。

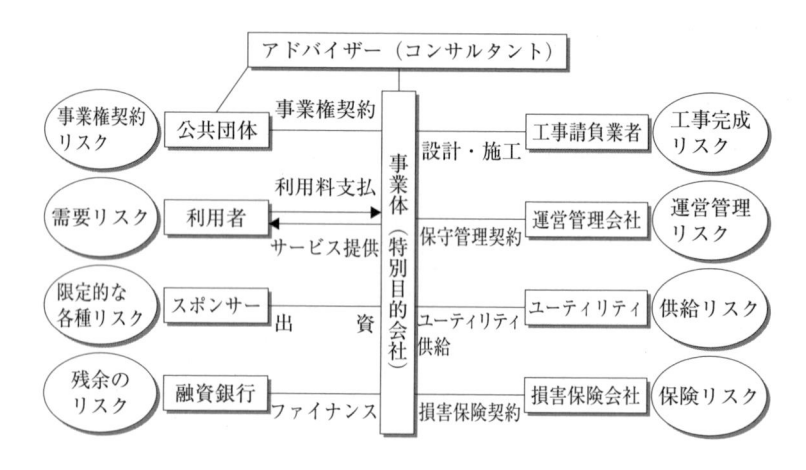

図9-4 PFIのリスク分担イメージ

しかしこのようなリスク分担のセキュリティ・パッケージを決めるのは容易ではない。例えば利用料収入が見込める事業では、需要リスクをどちらが負担し、利用料収入をどちらの収入とするか、その収入でどの費用部分を賄っていくかで対応が異なる。変動要素の大きい需要リスクについては、原則公共団体が取るという考え方もあれば、収入を上げるための民間の創意工夫や努力を引き出すためにPFI事業者が需要リスクを取るべきという考え方もある。個別ケースの状況を勘案しながら民間が需要リスクを負担できるかどうかを見極めて決定していくことが肝要となる。需要リスクをPFI事業者に負担させる場合には、そのリスクに見合う形でリター

ンが得られる仕組みを設けるべきである。このほか法令・税制の変更や技術革新、金利・物価の変動、近隣住民、地震などの天災におけるリスク分担を決定する過程を経て、VFM を最大化していく。

　PFI の目的は民営化の流れの中から発想されたもので、民間にできる事業はまず民間に移すことにある。PFI 導入により硬直化し非効率的になりがちな公共事業を民間事業に移管する一方、公共に対する民間の過度な依存体質を変革することが期待される。

(2)「官」によるリスク・マネーのサポート

①地域再生ファンド

　地域振興の観点から企業の事業再生を目指して設立されるファンドは地域再生ファンドと呼ばれ、都道府県ベースで数多く設立されている。地域再生ファンドは地域金融機関から再生対象企業の債権を買い取り、大口債権者等の立場で事業再生のための経営指導を行い、地域にとって有益な事業の再生を図っていくものである。地域再生ファンドは地域金融機関を核にした全くの民間ベースのものから、中小機構や政府系金融機関・地方公共団体等の出資サポートを得るものなど様々である。図 9-5 には中小機構が出資する地域再生ファンドのスキームを示している。

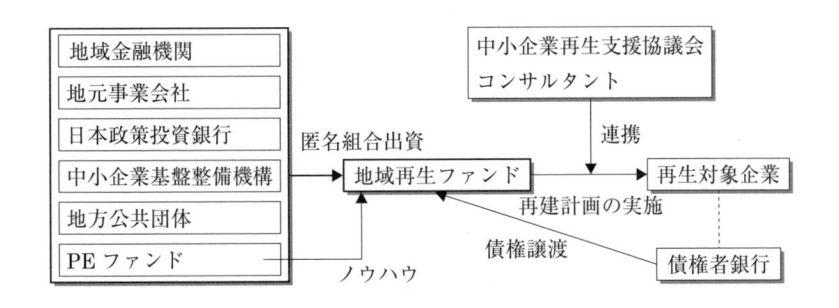

図 9-5　中小機構が出資する地域再生ファンドのスキーム例

　中小機構が出資する地域再生ファンドは投資事業有限責任組合のスキームをとる。つまり、有限責任組合員（リミテッド・パートナー）である地

域金融機関や中小機構と組合業務を執行する無限責任組合員(ジェネラル・パートナー)である投資会社(PEファンド)等で構成される共同事業体になっている。中小機構はファンド総額の2分の1を上限に出資することで地域金融機関をはじめ投資家のリスク・マネーを呼び込み、PEファンドは出資とノウハウを提供し中小企業支援協議会と連携しながら再建計画の実施を進める。地域再生ファンドは再生対象企業の株式取得や債権買い取りを行い、地域金融機関とともに債権放棄や債務の劣後化(DDS)・債務の株式化(DES)を進め、ハンズオンでの経営支援により企業価値を高める。その後、ファンドの存続期間7年(原則)以内に投資資金を回収し出資者に分配する。

　地域再生ファンドの課題として次の3点が指摘されている。
　　(イ)ファンド出資というリスク・マネーの出し手を確保する
　　(ロ)事業再生に経験のある人材を養成する
　　(ハ)地域固有の事情やしがらみを克服し経済性を追求する
(イ)については2008年の法改正により信用保証協会が地域再生ファンドに出資することが可能となった。また、(ハ)については、中小機構等のような公的資金を再生に使うと経済性の追求があいまいになりやすいといった問題を抱えており、かえって民間のリスク・マネーを遠ざけるという悪循環に陥る。PEファンド等未公開企業の株式により資金調達を図る市場を育成することが益々重要になっている。

②事業承継ファンド
　近年、事業承継においてはその約4割が親族外承継といわれ、事業の売却・合併等(M&A)や経営陣・従業員等への売却(MBOやLBO)による事業承継が珍しくない時代となった。この場合、特別目的会社が出資の受け皿になったり事業承継ファンドが資金供給役として介在することでよりスムーズな展開が図れる。事業承継ファンドには地域金融機関が大手銀行をパートナーにするなど民間だけで組成するものと、中小機構等の出資を得て官民でファンドを組成するものなど様々な形態がある。
　中小機構が民間の投資会社・金融機関・事業会社等とともに組成する事

業承継ファンドは、優れた技術やノウハウをもっているが後継者不在等の問題を抱えて新商品の開発・新たな事業展開が困難となっている中小企業の事業承継支援を目的に設立された。中小機構が有限責任組合員としてファンド総額の50％を上限に出資することで民間出資の梃子の役割を果たす。事業承継ファンド（2010年4月より中小企業成長支援ファンドと改称）はオーナー経営者等からMBOやLBOなどによる経営権の取得や事業資金の提供を行いハンズオンの支援が行われる。ファンドの存続期間（12年）以内にM&AやIPO等により投下資金の回収を図る。

〈参考文献〉

日本中小企業学会論集『新連携時代の中小企業』同友館　2006/7
長平彰夫、西尾好司編著『産学官連携マネジメント』中央経済社　2006/12
内閣府　M&A研究会『M&A研究会報告2009』
西川太一郎『産業クラスター政策の展開』八千代出版　2008/9
石倉洋子、藤田昌久、他『日本の産業クラスター戦略』有斐閣　2003/12
産業クラスター研究会『産業クラスター研究会報告書』H17/5
二神恭一、日置弘郎『クラスター組織の経営学』中央経済社　2008/8
出井信夫『都市・地域政策と公民連携・協和』地域計画研究所　2002/3
杉本幸孝監修　内藤　滋、他著『PFIの法務と実務』金融財政事情研究会　H18/4
柏木昇監修　三原　融、他著『PFI実務のエッセンス』有斐閣　H16/12
野田由美子『PFIの知識』日本経済新聞社　2003/1
町田裕彦『PPPの知識』日本経済新聞社　2009/11
熊谷弘志『脱『日本版PFI』のススメ』日刊建設工業新聞社　2007/9
日本中小企業学会論集『中小企業と地域再生』同友館　2009/8

ケース16　産学官ファンド（コラボ産学官）

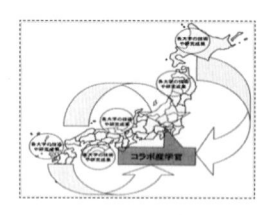

一般社団法人コラボ産学官	
本部所在地	東京都江東区
支部所在地	青森・熊本・埼玉・千葉・富山・三重
設立	2004年（後に一般社団法人化）
事業内容	「産学官+金」連携の推進や「コラボ産学官プラザ in Tokyo」の運営等

コラボ産学官は中小企業のニーズと大学のシーズをコーディネートすべく設立された団体であり、朝日信用金庫の遊休スペースを借り受けそこに地方の国立大学法人等に研究やコーディネートの拠点を提供している。現在は全国の信用金庫を核に6支部(青森、埼玉、千葉、富山、三重、熊本)が立ち上がっている。大学の敷居が高いと思っている企業でも信用金庫へは気軽に足を運べるので、これらの支部は中小企業と大学の良い接点の役目を果たしている。このような組織づくりが全国に広がるにつれ、新しい「産学官+金」連携モデルとして期待されている。

1　コラボ産学官

(1) 設立の背景と経緯

一般社団法人コラボ産学官は2004年に朝日信用金庫（本店：東京都台東区）が中心となり一般任意団体として設立された。地域金融機関は地元企業の情報は持っているが、大学の研究シーズについては十分な情報を持っていなかった。一方、地域産業の活性化や産学連携を目指そうにも、地方大学は保有する研究シーズと中小企業のニーズをコーディネートする人材が不足していた。また、地域によっては、近隣に適当な連携相手を持たない大学があり、首都圏に連携先を求める動きが活発になっていた。そんな中、同金庫の合併で生じた遊休施設を某国立大学が産学官連携を目指す東京サテライトとして利用することとなり、それを契機に電気通信大学のTLO（㈱キャンパスクリエイト）が全国の大学に共同利用を呼びかけ、当初は10大学が参集して「コラボ産学官 in TOKYO」が発足した。

産学官連携にはそれぞれの事情に精通したコーディネータが不可欠である。産学官コーディネータとは企業側のニーズを大学の研究対象に取り上げてもらい、大学の研究成果（シーズ）を企業側の製品に仕立てる能力を持ったエキスパートである。その後、コラボ産学官の主旨に賛同した著名なコーディネータが各地より参集し、産学官連携で実績を持つ㈱キャンパスクリエイトが加わるなど、体制が徐々に整っていった。

(2) 地方支部の発足

地方支部設立の動きはあおもり信用金庫からはじまった。経済後進県といわれる青森県において産業の芽の発掘や産業構造の転換に取り組むには、単一の信用金庫の取り組みでは限界があった。コラボ産学官との提携は一歩の前進となるが、より本格的に展開するには県内の信用金庫がまとまって行動することが必要でありコラボ産学官の青森支部が発足した。また大学が地元企業だけを対象に産学連携しようとしても限界があるとして熊本支部が設立され、埼玉・千葉・富山・三重が順次これに続いた。現在は図9-6のような状況である。地方支部の活動は各地の信用金庫が事務局となり、コーディネータは信用金庫の職員が務めている。

（出典：一般社団法人コラボ産学官HP）

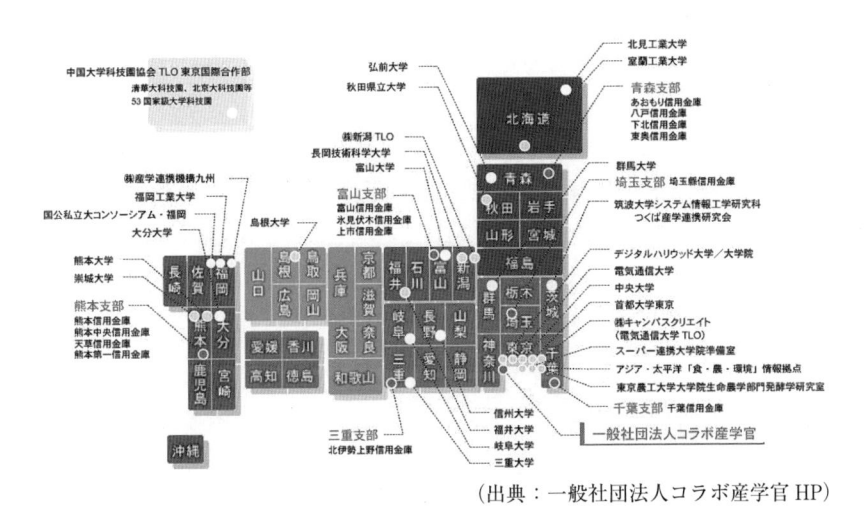

図9-6　コラボ産学官の全国組織

2　コラボ産学官ファンド

(1) ファンド設定

　コラボ産学官の活動に参加する大学の数が急ピッチで増加する中、経済産業省の「大学発ベンチャー企業 1000 社構想」や「大学発の株式公開企業 100 社構想」が 2005 年 4 月よりスタートすることが発表されるや、大学サイドから支援ファンドを待望する声がコラボ産学官に寄せられるようになった。このような要望に応えるべく、事業に直接資金を供給できる仕組みとして㈱コラボ産学官（資本金 1000 万円）が 2005 年に設立された。

　㈱コラボ産学官はエヌ・アイ・エフ SMBC ベンチャーズ株式会社（現、大和 SMBC キャピタル株式会社）と共に GP（General Partner）となり、2006 年にコラボ産学官ファンド投資事業有限責任組合を設立した（図 9-7）。全国の信用金庫を中心に機関投資家や事業法人が有限責任組合員として出資を行い、ファンド総額は 25 億 6 千万円となった。産学官連携支援に特化したファンドとして、日本国内で屈指の規模である。対象となる投資先は

① 産学官連携案件であること
② 大学ないしは企業が「コラボ産学官」の会員であること
③ 将来、株式公開をめざす意志のある企業であること

が要件である。1 社当たりの投資金額は平均 3 〜 4 千万円程度を想定し、1 社でも多くの株式公開企業を生み出していくことを目標に現在の投資先は 20 件余となっている。金融危機に続く経済停滞のため株式公開（IPO）が延びているが、「全国規模の地域活性化ファンド」「日本のエンジェルは信用金庫」を目指している。

(2) 案件の審査

　図 9-8 示すように、各投資案件に対しコラボ産学官ファンド審査委員会を組織して目利き審査を実施する。審査委員会は一般社団法人コラボ産学

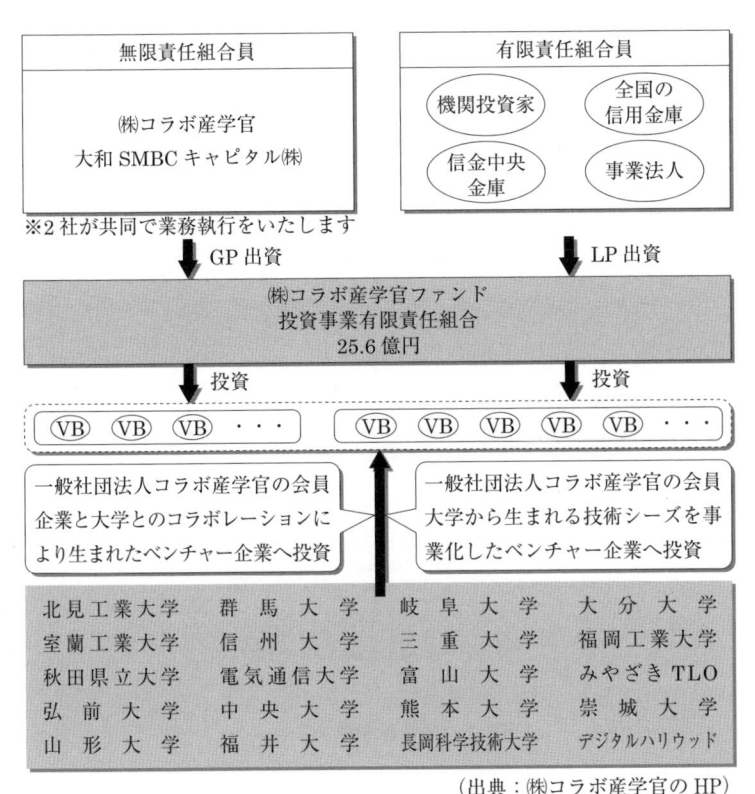

図9-7 コラボ産学官ファンドのスキーム

無限責任組合員	有限責任組合員
㈱コラボ産学官 大和SMBCキャピタル㈱	機関投資家／全国の信用金庫／信金中央金庫／事業法人

※2社が共同で業務執行をいたします

GP出資 → / ← LP出資

㈱コラボ産学官ファンド
投資事業有限責任組合
25.6億円

↓投資　　↓投資

(VB) (VB) (VB) ・・・　　(VB) (VB) (VB) (VB) ・・・

一般社団法人コラボ産学官の会員企業と大学とのコラボレーションにより生まれたベンチャー企業へ投資

一般社団法人コラボ産学官の会員大学から生まれる技術シーズを事業化したベンチャー企業へ投資

北見工業大学　群馬大学　岐阜大学　大分大学
室蘭工業大学　信州大学　三重大学　福岡工業大学
秋田県立大学　電気通信大学　富山大学　みやざきTLO
弘前大学　中央大学　熊本大学　崇城大学
山形大学　福井大学　長岡科学技術大学　デジタルハリウッド

(出典：㈱コラボ産学官のHP)

官の学識経験者等により構成され、専門家からの視点で技術評価が行われる。さらに専門性の高い案件に対応するため、審査委員の他に専門委員と称する技術顧問が多数登録されており、必要に応じて審査に参加する。そのうえでコラボ産学官ファンド投資委員会にて投資の可否を決定する。

　投資案件決定後のハンズオンに力を入れるべく、案件を紹介した信用金庫がケアすると共に、成長過程に必要なサポートは「コラボ産学官」の会員大学・企業等が行う。特に「コラボ産学官」には我が国の2大ベンチャー・キャピタルと信金キャピタルが会員となっており、コラボ産学官ファンドだけで十分な資金が提供できない場合でも、会員に協力を呼びかけることで支援が可能になる。

| ファインディング | 投資見込先の発掘 |
| | 事業計画・諸資料の収集 |

デューデリジェンス	事業計画のヒヤリング
	技術評価／市場性評価
	審査委員会

| 投資実行 | 投資委員会 |
| | 投資実行 |

| ハンズオン | 組合員への報告 | モニタリング 各種支援 |

| エグジット | I P O ・ M & A |

(出典：㈱コラボ産学官の HP)

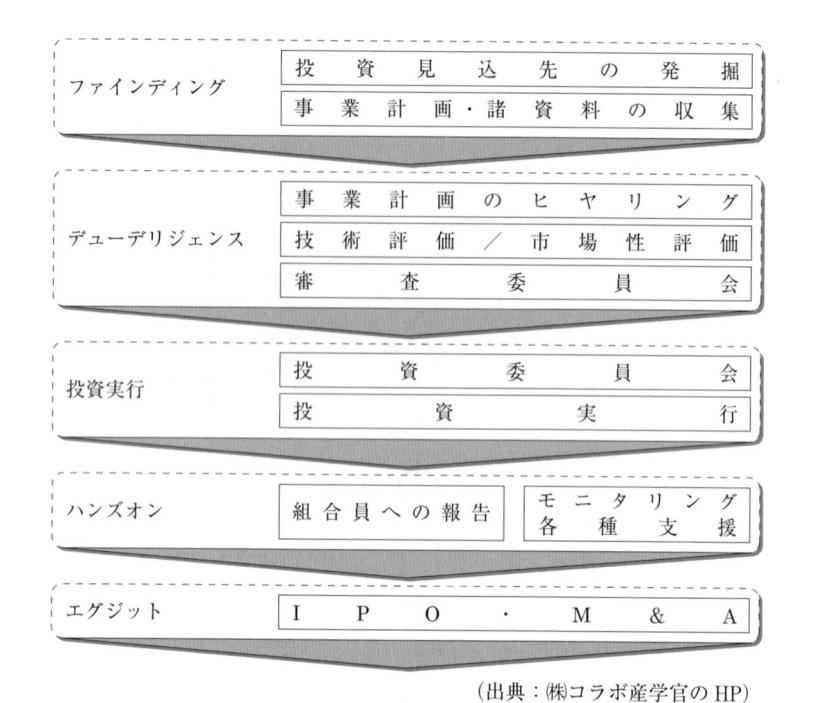

図9-8　投資業務のフロー

3　コラボ産学官の将来

(1) 信用金庫のビジネスモデル

　全国の278信用金庫には120兆円の資金があるが、預貸率は50％を下回る状況となっている。取引先が原則地域に限定される信用金庫にとって近隣の商店主、経営者、住民との共存共栄が生命線ともいえる。リレーショナルバンキングを進める上で信用金庫のビジネスモデルは変えていかなければならないと、コラボ産学官の関係者は感じていた。事業に対する「目利き」が求められるケースが増えてくる時代において、果たして十分対応できる能力や仕組みを持ち得ているだろうかといった危惧もあった。この

ような信金業界特有の経営基盤を鑑みると、結局、コラボ産学官はそのような切羽詰まったところから生まれたといえる。21世紀型産業の経営資源は知的財産であり、その意味で大学とのタイアップは必然的な流れである。信用金庫業界の保有する資金のわずか0.1%を市場に振り向けただけでも、公開をめざす企業に提供される資金は倍増するといわれている。残念ながら、我が国にはエンジェルと呼べるような投資家はほとんど存在しない。その中で地方大学と信用金庫を結びつける「全国規模の地域活性化ファンド」の重要性が高まっている。

　参加している信用金庫（現在15信用金庫）は「コラボは業界の宝」と絶対的な信頼を寄せている。産学官連携事業に取り組むようになって、信用金庫マンは県や地方経済産業局との接触機会が増え営業ネットワークが拡大した。また融資先の業種が広がるといった成果が出ていると、述べている。ところでコラボ産学官では地方銀行からの支部設立の申し込みは断っている。というのは、地方銀行は営業・融資が地方に縛られておらず地域の利害を最優先にしない可能性があるからとの見解である。その点、信用金庫は営業・融資のテリトリーが限られており、コラボ産学官のミッションとの整合性が高い。

(2) コーディネータ・ネットワーク会議

　コラボ産学官はつくば研究支援センターと共にコーディネータ・ネットワーク会議の運営に参画している。コーディネータは技術開発を担う大学や研究機関と実際にビジネス化する企業の間を結びつけるという難しい仕事を行う。大学側と企業側の間には商品化に対するポリシーの違いがあり、この異なる世界にブリッジをかけねばならない。産学官連携の要がコーディネータであるといわれながら、コーディネータの質と量が不足している。コーディネータ・ネットワーク会議とコラボ産学官の多様な連携先を融合させれば、コーディネート活動の豊富な実践的経験が共有できると期待されている。こうしてコーディネータの養成が可能になる。

(3) スーパー連携大学院の構想

　地方が活力を保つためには、知的拠点としての地域大学の存在は不可欠であり、大学の活性化を図ることが地方の活性化に結びつく。そこで、小規模な博士課程を持つ地方の大学が連携しイノベーション博士を育成しようという構想、「スーパー連携大学院」構想が動きだした。ノンアカデミア分野で活躍する博士の養成や「産学官＋金」連携を担う人材育成を狙いとしており、地方大学発のベンチャー企業がスーパー連携大学院のインキュベーション機能を活用し都心で販路開拓を行うことが期待できる。

第10章
金融機関の役割

1 地域金融機関の現状

　金融機関はビジネスの世界におけるリスクのバッファであり、事業者の相談相手であると同時に投資家と事業者を結ぶ緩衝剤である。投資家と事業者の間には、そもそも資金の期間ミスマッチやリスク許容度の差が存在する。それらを埋め合わせるのが間接金融、金融機関の役割であり、それゆえ金融機関が強くないと産業は活性化しない。

　スコアリングモデルを活用した融資手法「自動審査」はともすれば机上の判断に終始し最も重要なはずの経営現場のモニターを疎かにしがちである。経営の実態は半年や1年毎の決算数字ですべて理解できるほど簡単でない。

　地域の衰退はそこを活動拠点にする中小企業の衰退を招く。これは製造業でも金融業でも同様で、いわば一蓮托生の関係にある。県別の預貸率をみると、東京圏に比し地方にいくほど小さくなっている。東京における地銀の活動は運用業務が中心で、支店を置いている地銀、第2地銀の合計で預金4.8兆円に対し融資額はその4倍近い（2004年）。地域のお金が他に流れるので預金が増えても地域の発展につながらない。

　米国には地域再投資法 Community Reinvest Act があり、銀行の融資が地域の経済、地域住民のニーズに応えることを強く求めている。もともと低所得の少数民族が住む地域への融資差別を禁じた法律であったが、その後順次適用対象を拡大し今や零細企業への融資も含まれるようになった。企業の自由を何より尊重する米国でもこの状況であり、わが国も導入を検討することがあってもよい。

中小企業に対する支援制度が整備されてきた。2004年に中小企業総合事業団、地域振興整備公団、産業基盤整備基金の3法人の統合により中小企業基盤整備機構が発足した。「地域資源活用事業」「農商工等連携」「まちづくり」「事業再生・事業承継」などの政策課題に取り組んでおり、最近の主な事業内容は
　①ファンド出資
　　　ベンチャー育成、新分野や新製品開発、地域資源活用の事業展開、事業再生、事業承継の分野に重点出資
　②経営支援
　　　ビジネス・マッチング、農商工連携、異分野連携、知的産経営支援、事業承継支援
　③ベンチャー支援
　④債務保証・出資
等である。

中小企業の活動をバックアップする法律も新たに施行されたものを含め、中小企業新事業活動促進法・中小企業地域資源活用促進法・農商工等連携促進法・中小企業創造活動促進法・中小企業経営革新支援法・大学等技術移転促進法・中小企業における経営の承継の円滑化に関する法律・中心市街地活性化法・産業再生法等、多岐にわたる。

2　リレバンの経緯

2003年を境に金融行政は守りから攻めへ転じた。不良債権処理をはじめとした「金融システムの安定」路線から「金融システムの活力」を重視した路線への転換である。2002年10月に政府が大手銀行への不良債権の処分促進を指示した結果、劇的な減少を実現したが、地域金融機関の問題は依然手が付いていなかった。具体的には、大手銀行は公的資金を積極的に受け入れて不良債権を70%以上削減したが、地方銀行は30%に過ぎなかった。地域金融機関の強化策として採用されたのがリレーショナルバンキングである。

金融審議会は2003年3月に「リレーションシップバンキング（以下、リレバン）の機能強化に向けて」と題した報告書を公表した。その中で「金融サービス立国」への挑戦を求めているが、とりわけ地域経済への貢献という視点が打ち出された。具体的には、地域の再生・活性化、中小企業金融の円滑化、及び中小・地域金融機関の経営力強化の観点から、進行中の「リレーションシップバンキングの機能強化に関するアクションプログラム」の評価を行い、これを承継する新たなアクションプログラムを策定するものであった。

　この報告書を受けて2005年3月に「『リレーションシップバンキングの機能強化に関するアクションプログラム』の実績の評価等に関する議論の整理」がまとめられ、金融庁が2005年度からの2年間を「重点強化期間」とする「地域密着型金融の機能強化の推進に関するアクションプログラム」を公表した。

　「新アクションプログラム」に基づき、すべての中小・地域金融機関は
　①事業再生・中小企業金融の円滑化
　②経営力の強化
　③地域の利用者の利便性向上
を大項目とした「地域密着型金融推進計画」を策定、公表することとなった。

　「リレーションシップバンキング」とは、長期継続する取引関係の中から借り手企業の経営者の資質や事業の将来性などの情報を得ることで的確な融資等に結びつける金融機関の経営手法をいう。地域金融機関は金融庁の指導のもと、中小企業の発展、再生支援を通じて地域経済の活性化を図ること、さらに、リレーションシップバンキング機能の強化により金融機関自身の経営状態を健全化させることが求められる。

　金融機関は「リレーションシップバンキングの機能強化に関するアクションプログラム」を提出し、その成果が厳しくモニターされることになった。一方、金融機関が融資先企業に対しより詳細な企業情報の開示を求めることで、中小企業の経営者の意識変革も期待された。

　中小企業金融の再生（創業や新事業支援）と金融機関の健全性・収益性の両立を図るのが第1次リレバンの主要な目的であったのに対し、その後

の第2次リレバンでは、経営力の向上と地域の利便性向上が付け加えられた。この結果、経費削減とともに投信、保険の販売、住宅ローン融資の拡大による収益増が強力に推し進められた。

これらは一定の成果を上げたものの、保証人や担保に依拠した融資方法の見直しの要望が利用者から多く寄せられる等、まだ課題は残っている。これまでの実績を集約し、金融審議会から2007年度報告書「地域密着型金融の取り組みについての評価と今後の対応について」が出された。そこでは、
　①事業再生などのライフサイクルに応じた取引先企業の支援強化
　②目利き機能の向上等、事業価値を見極める融資手法をはじめ中小企業に適した資金供給手法の徹底
　③地域の情報集積を活用した持続可能な地域経済への貢献
の3項目が示され、各金融機関は引き続き取り組みの強化が求められた。

3　資金提供から経営相談まで

地域の金融機関に求められているのは、資金供給者の役割だけでなく企業や地域の問題解決者としての役割である。地域の特性を知り、それに合った町づくり、村づくりを進めていくには、事業再生のノウハウの提供、問題解決のリーダーシップ発揮、企業間ネットワークの構築等が必須である。これらを踏まえた新しいビジネスモデルの開発が地域金融機関に期待される。

同時に、企業側の取り組み姿勢も変わらなければならない。経営課題の解決に協力を頼める金融機関の選択と企業情報のタイムリーな提供、それらを可能にするディスクローズ体制の整備等である。資金調達を難しくしているのは中小企業と金融機関の情報の非対称性であり、この縮小を図る必要がある。

これらを可能にする鍵は人材の育成であり、金融機関、企業双方にとって喫緊の課題となっている。人材の足りない部分は産学官ネットワークの活用で補うのも一法である。特に、企業の将来性、技術力に対する評価能

力、ビジネス・マッチング情報の収集が重要である。新しい金融技術、金融制度に対する理解、利用促進は官の支援が有効である。

・企業再生ファンド、デット・エクイティ・スワップ、DIP ファイナンス等の活用
・RCC、産業再生機構の活用
・証券化、ABL に対する積極的な取り組み

4　金融仲介機能の発揮

(1) 情報の非対称性

　地域金融の問題の所在の一つに地域企業と金融機関における情報の非対称性がある。融資対象は情報開示が進んでいない中小企業等であり、少額な融資から金融機関がコストをかけて審査し信用情報を把握するのは割が合わないと捉えるからである。融資審査に必要な情報は財務データだけでなく、人・物・情報システムの非財務情報がある。財務情報は定量評価が可能であるため、ポジティブ（良い）・ネガティブ（悪い）両面が対称的に評価されるのに対して、非財務情報に関しては第3章の図3-1に示した通り、定量評価が難しくネガティブにバイアスのかかった評価をされる傾向がみられる。このため、経済産業省では第3章で記述したように、非財務情報である人的資産・組織資産・関係資産等の知的資産について、企業による「知的資産経営報告書」の作成、開示によって自らの技術力や成長性を理解してもらうように促している。また、リレバンを推進する金融機関に対しては、これら知的資産情報を適正に判断する能力（目利き能力）の向上が求められる。

(2) リスク分散とリスク低減

　情報の非対称性問題を克服するため、従来は非対称性の解消より不動産担保等の活用で解決を図ってきたが、バブル崩壊後の担保価値下落によりその限界が露呈された。こうした状況から貸し手と借り手の間で単純にリ

スクを移転することが無理なため、リスクの低減や分散を図る工夫がなされるようになった。その一つがリレバンや知的資産経営融資を機に増加したビジネス・マッチングなどのハンズオン型金融である。またファンドによる出資やプロジェクト・ファイナンスには分散投資によるリスク軽減効果がある。メザニン・ファイナンス（債務の株式化や劣後化、新株引受権付融資等）などを含めた金融手法を、リスクの処理方法（分散や軽減）とリスクの度合い（ハイリスク・ハイリターン or ローリスク・ローリターン）で区分すると、図10-1のマトリックスに整理される。例えば、不動産証券化や自治体CLOの手法はファンドに比べローリスク・ローリターンである。また、ハンズオン型の融資やファンドあるいは地域構成員の信用をベースとするマイクロファイナンスやコミュニティ・クレジットは、リスクを低減させる手法となっていることが分かろう。金融機関や自治体は様々な金融ツールを通じて資金循環に伴なうリスクの分散・軽減を進めることで、地域内の金融仲介機能を構築することができる。

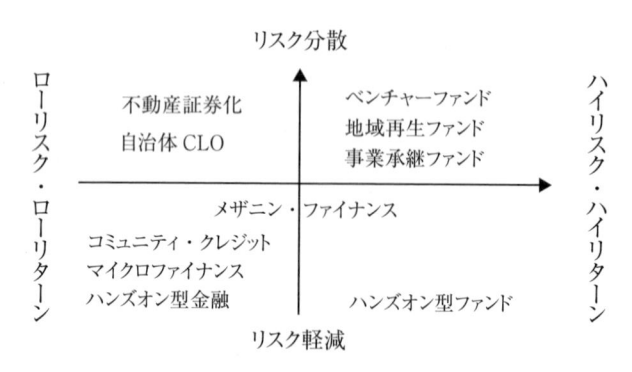

```
                    リスク分散
                      ↑
ロ          不動産証券化  │  ベンチャーファンド          ハ
ー          自治体CLO    │  地域再生ファンド           イ
リ                       │  事業承継ファンド           リ
ス                       │                            ス
ク ──────────────────────┼──────────────────────→    ク
・          メザニン・ファイナンス                      ・
ロ          コミュニティ・クレジット                    ハ
ー          マイクロファイナンス                       イ
リ          ハンズオン型金融  │  ハンズオン型ファンド    リ
タ                          │                        タ
ー                      リスク軽減                     ー
ン                                                    ン
```

（野田健太郎（日本経済研究所）氏資料より筆者編集）

図10-1　リスク分散とリスク軽減

(3) 地域金融のプラットフォーム

　一般に地域金融といえば、地域銀行・信用金庫・信用組合・農業（漁業）協同組合などの民間金融機関と公的金融機関である商工中金・日本政策金融公庫・信用保証協会により行われる金融仲介機能を指す。しかし地域金融のプラットフォームはそれだけではなく、地域の証券会社・保険会社（保険代理店）・農業（漁業）共済組合・リース会社・ファクタリング会社等の担う証券・デリバティブ・保険・共済・リース・ファクタリングなどの金融仲介機能も地域には欠かせない。またこれらの他に、地域ベンチャー・ファンド・地域（事業）再生ファンド・市民ファンドなどのファンド形態や特別目的会社（SPC）・匿名出資組合、コミュニティ・クレジット、生活協同組合などが、金融プラットフォームとなって新しい金融仲介機能を果たしており、その状況は本書のケースでもみてきた通りである。

　よくいわれるように金融仲介機能は情報生産機能、リスク負担機能、資産転換機能の3つに機能に分解される。自治体CLOの例（ケース3）では、中小企業への融資債権が特別目的会社で投資信託や証券に資産転換され、リスク負担機能をもつ市民や投資家により購入された。また、天候デリバ

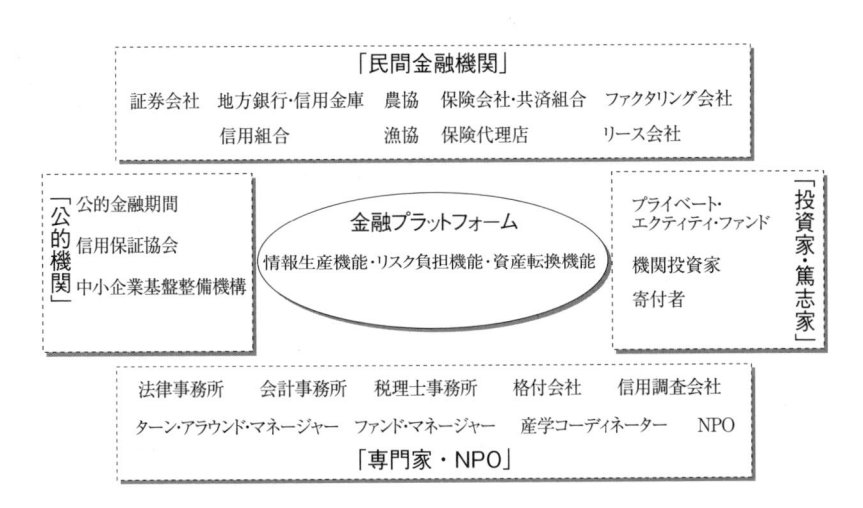

図 10-2　地域の金融仲介機能の構図

ティブや地震デリバティブ、コモディティ・デリバティブの例（ケース5、6、8）では、地域金融機関が保険会社や証券会社と顧客との媒介・仲介・紹介契約のためのパイプとなり、情報生産機能を果たしている。或いは神戸コミュニティ・クレジット（ケース4）では、地域企業のコミュニティに審査機能（情報生産機能）や信用力（リスク負担機能）を付与するため、信託口を使った部分保証の仕組みが構築された。地域金融の成否は多くの専門性が結集できるかに依存している。図10-2が示すように、金融機関と投資家だけでなく、法律事務所、会計事務所、税理士をはじめ格付会社やターン・アラウンド・マネジャー、産学コーディネータ等の専門家さらにはNPO等の連携が必要である。

（4）地域における金融仲介機能の再構築

　不動産バブルの崩壊から金融危機を経て抜本的な不良債権処理に至る1990年代の半ばから2000年代の前半にかけて、おびただし数の法律改正や会計制度の変更、税制改正が断行された。明治以来といわれるこれらの大変革によりメザニン・ファイナンスの導入や事業再生ファンド、ベンチャー・ファンド創設が容易になり、地域の事業再生や事業承継、M&A、或いは創業や新事業の展開を後押しした。当事者の努力もさることながら、金融仲介機能の強化にはインフラ整備や法律等のサポート体制が欠かせず、今後ともその面のたゆみない努力が必要である。

　例えば、天候デリバティブ（ケース5）や地震デリバティブ（ケース8）、コモディティ・デリバティブ（ケース6）は金融商品取引法の施行により取扱いが厳格化されたため、地方銀行の仲介件数が減少した。デリバティブ取引はそもそも保険と同じリスク移転の役割を果たすもので、危険性を強調するあまり取引を過度に規制することは適切ではない。また、地域で多発する土壌汚染問題（ケース14）を解決するには情報の非対称性を克服するキャプティブやファイナイト手法が効果的である。しかしながら、我が国では欧米諸国とは違ってこれらの手法の取り扱い細則が明示されておらず、未だ利用は限られている。

　地域金融を持続可能とするには市場の力を借りることが欠かせない。地

域金融機関どうしの健全な競争の確保が難しい状況のもとでは、地方銀行・信用金庫・信用組合とその株主や地元住民との緊張関係を保持することが必要となる。例えば信用金庫による水質改善定期預金の例（ケース12）では、地元住民による河川の水質改善努力を促進するため、水質が目標水質基準より改善されれば上乗せ金利を支払う定期預金を開発し、全国ワースト1水質の脱却に貢献した。また、産学官ファンドの例（ケース16）では各地の信用金庫が連携してベンチャー企業育成のためのファンドを作り、地方大学の技術を中小企業のニーズに結びつけるべくベンチャービジネスのサポートを行っている。これらの例は信用金庫の出資者の期待やニーズに応える行動として、地域金融機関の将来を示唆する動きといえる。地域レベルの事業展開ポテンシャルを高めるためには、シンプルで外部環境の影響を受けやすい日本の地域金融を複層的で自立的なものとすることが必要である。そのためには金融人材の育成と図10-2に示した地域金融を取り巻く多様なプレーヤーのコラボレーションが求められている。

索 引

欧 字

A～C

ABCP(Asset Backed Commerical Paper) 57, 72, 77
ABL(Asset Based Lending) 33, 53-54, 63-65, 68, 72, 173, 175, 177, 188, 191-192, 291
ABS(Asset Backed Security) 54, 57-59, 72
BCM(Business Continuity Management) 91, 104, 109, 135
BCP(Business Continuity Plan) 5, 57, 72, 77, 104-105, 129-132, 134-135
CAT(Catastrophe)デリバティブ 92, 106-107
CAT(Catastrophe)ボンド 92, 106-108, 138
CAT(Catastrophe)ローン 92, 106, 108-109, 132
CBO(Collateralized Bond Obligation) 72, 75-76
CDM(Clean Development Mechanism) 202-203, 207, 214
CDO(Collateralized Debt Obligation) 54, 58
CER(Certified Emission Reduction) 201, 202-203, 206-207, 214
CLO(Collateralized Loan Obligation) 54, 57-58, 72, 75-77, 79-83, 292-293
CSR(Corporate Social Responsibility)ファンド 36

D～F

DDS(Debt Debt Swap) 54, 146-147, 149-150, 153, 163, 278
DES(Debt Equity Swap) 54, 141, 146-150, 153, 163, 278
DIP(Debtor in Possession)ファイナンス 146-147, 150-151, 291
ERU(Emission Reduction Unit) 214
EUA(EU Allowance) 206-207, 214
EU-ETS(EU Emissions Trading Scheme) 200, 206, 214, 228
EXIT ファイナンス 151

G～N

IPO(Initial Public Offering) 161, 268, 272-273, 279, 282
ISDA(International Swaps and Derivatives Association) 174
JI(Joint Implementation) 214
J-VER(Japan Verified Emission Reduction) 202-204, 224, 229-230
JVETS(Japan's Voluntary Emissions Trading Scheme) 200, 202
LBO(Leveraged Buyout) 155, 278-279
M&A(Merger and Acquisition) 5-6, 67, 153-156, 161, 188, 198, 268-271, 278-279, 294
MBO(Management Buyout) 155-

索 引　297

157, 178, 278-279
MBS（Mortgage Backed Security）
　　54, 58, 72

O～S

PFI（Private Finance Initiative）　6,
　　184-185, 241, 243, 245, 275-277
PPP（Public Private Partnership）
　　6, 241-243, 245
REIT（Real Estate Investment Trust）
　　29, 58, 72, 245, 251-253
SATOYAMAイニシアティブ　185
SPC（Special Purpose Company）
　　39-40, 44, 48-49, 58, 62, 293
SRI（Social Responsible Investment）
　　ファンド　199

T～Z

TEEB（The Economics of Ecosystems
　　& Biodiversity）　185
TLO（Technology Licensing Organization）
　　271, 274, 280
VER（Verified Emission Reduction）
　　201, 214
VFM（Value For Money）　275, 277

かな

あ行

愛県債　251-252
アグリファンド　177-178, 188

育成者権信託　178
インフラファンド　6, 242-244
受渡決済　125

か行

家畜防疫互助事業　181
環境格付け融資　197
環境金融　6, 195-196, 199
環境債務移転　211, 232-235
環境保険　198, 209-210, 213
キャップ　70-71, 101, 120, 122-123
キャップ＆トレード　200, 214, 228
キャプティブ　92, 110, 210-211, 232,
　　238-240, 294
金融仲介機能　3, 6, 53, 258-259, 291-
　　294
金利オプション　70, 73
金利キャップ　73
金利先渡し　69-72
金利スワップ　70-71, 73
金利スワップション　73
クレジット・デリバティブ　34, 60,
　　92
クロス・コモディティ市場　103, 118,
　　119
限月制度　125
県民債　33, 252
公益信託　197-198, 247-248
国内クレジット　186, 200, 202-204,
　　224-229
国内統合市場　200, 202
コストキャップ保険　210, 233
ご当地ファンド　6, 29, 33, 36, 250-
　　251
コミュニティビジネス　32, 246-248
コミュニティ・ファイナンス　3-4,

250, 258-259
コモディティ・デリバティブ　92, 120-121, 128, 294
コンタンゴ　98

さ行

債務の株式化　139, 141, 147-148, 278, 292
債務の劣後化　139, 147, 149, 278
先物取引　99-100, 103, 120-127, 207
差金決済　124-125
産業クラスター　6, 242, 271, 273-275
事業再生ファンド　141, 146-147, 151-153, 163-164, 294
事業承継ファンド　6, 269, 278-279
資産除去債務会計　209, 232, 234
資産流動化　54, 57-60, 65
指定管理者制度　32
資本の劣後ローン　149-150
市民出資ファンド　6, 49, 250, 253-254
社会投資ファンド　6, 242, 244-245
種類株式　139-140, 142-143, 146
償却口座　214
証券化　4-5, 33-34, 37-39, 41-44, 53, 57, 60, 65, 72, 75-76, 78, 82, 92, 175, 246, 252-253, 257, 291-292
証拠金制度　125, 127
情報の非対称性　3, 54-55, 84, 87, 89, 110, 177, 210, 212, 239-240, 257-258, 290-291, 294
シロ保険　210
新株予約権付融資　54, 139, 142-144
シンジケート・ローン　245
信用保険　92, 131-132, 176
森林環境税　185, 230
スーパーL資金　172

ストラクチャード・ファイナンス　54, 58-59
スプレッド・オプション　101-102
スワップ取引　101-102
清算制度　125
ゼロ・コスト・カラー取引　115-117
ソーシャル・キャピタル　3, 6, 246-247

た行

地域再生ファンド　6, 141, 153, 165, 269, 277-278
地域通貨　5-6, 29, 31, 33, 36, 250, 255-256, 261-266
知的財産権信託　57, 142, 145, 178
知的資産評価融資　53-55, 73
デット・ファイナンス　139, 150, 154
天候デリバティブ　92-96, 103, 113, 118-119, 181, 293-294
匿名組合出資　48, 139, 254
土壌汚染　6, 195-198, 208-210, 232-240, 294
取消口座　214

な行

値洗い制度　125
農業共済制度　179
農業近代化資金　171-172
農業信用保証保険制度　171, 175-176
農協プロパー資金　171
農商工連携　173, 182-183, 267-269, 288
ノンリコース・ローン　34, 61, 72,

154-155

は行

バイオマスタウン　　184-185
バイオマスリファイナリー　　183
排出権信託　　207, 224, 230-231
排出権取引　　34, 186, 196, 203, 205-206, 214, 230
バックワーデション　　98-99
パブリック・ファイナンス　　6, 245
ハンズオン　　152, 158, 161, 183, 194, 272, 278-279, 283, 292
ビジネス・マッチング　　6, 268-269, 288, 291-292
ファイナイト　　92, 110, 210-213, 233, 240, 294
不動産証券化　　34, 37-38, 44, 292
プライベート・エクイティ・ファンド　　141, 146, 152, 178, 243, 272
ブラウンフィールド　　208-209, 232-235
ふるさと納税制度　　32
フロアー　　73, 101
プロジェクト・ファイナンス　　5, 53-54, 61-62, 92, 196, 207, 275, 292
ベースライン＆クレジット　　214
ヘッジ会計　　71, 102-103, 128
ヘッジ・ファンド　　141
ベンチャー・キャピタル　　141-143, 158-159, 178, 272, 283
保証予約　　104, 109, 129-132

ま行

マイクロファイナンス　　6, 250, 256-258, 292
メザニン・ファイナンス　　4-5, 54, 139-142, 144, 147, 150, 155, 292, 294
モラルハザード　　87, 212, 257, 258

や行

家守　　249-250

ら行

リスク移転　　106, 210-212, 294
リスク・シェアリング　　210, 238
リスク・テイカー　　53, 96, 117, 127-128, 207
リスク・ヘッジャー　　127-128
リレーションシップ・バンキング　　3, 6, 53, 55, 75, 86, 158
6次産業化　　178, 182

編著者略歴

甲斐良隆（かい よしたか）
1973 年　　京都大学工学部数理工学科卒業
1975 年　　京都大学工学研究科数理工学修士課程修了
1975 年～1987 年　帝人（株）
1987 年～2003 年　三菱信託銀行（株）
2003 年～2005 年　神戸大学経営学部助教授
2005 年～現在　　関西学院大学経営戦略研究科教授

宍戸栄徳（ししど はるのり）
1970 年　　京都大学工学部数理工学科卒業
1975 年　　京都大学工学研究科数理工学博士課程修了
1977 年～1988 年　香川大学経済学部助教授
1988 年～2004 年　香川大学経済学部教授
2004 年～現在　　香川大学大学院地域マネジメント研究科教授

加藤進弘（かとう のぶひろ）
1966 年　　神戸大学経済学部卒業
1966 年～1994 年　三菱信託銀行（株）
1994 年～1998 年　菱進エージェンシー（株）
1998 年～2002 年　菱進インシュランス・ブローカーズ社長
2006 年～現在　　関西学院大学災害復興制度研究所客員研究員、フェロー

心とお金を繋ぐ地域金融

2012 年 2 月 15 日初版第一刷発行

編著者　　甲斐良隆・宍戸栄徳・加藤進弘

発行者　　田中きく代
発行所　　関西学院大学出版会
所在地　　〒662-0891
　　　　　兵庫県西宮市上ケ原一番町 1-155
電　話　　0798-53-7002

印　刷　　大和出版印刷株式会社

©2012 Yoshitaka Kai, Harunori Shishido, Nobuhiro Kato
Printed in Japan by Kwansei Gakuin University Press
ISBN 978-4-86283-105-7
乱丁・落丁本はお取り替えいたします。
本書の全部または一部を無断で複写・複製することを禁じます。
http://www.kwansei.ac.jp/press/